介護現場で活かす
フィジカルアセスメント

利用者の生命と生活を支える知識と技術

監修●山内豊明　編集●株式会社パリウムケア　著●大澤智恵子

中央法規

監修の言葉

六朝時代に書かれた『小品方』(陳延之著)に「上医医國、中医医民、下医医病」と記されています。この意味については、上医は国を治し、中医は人を治し、下医は病気を治す、との解釈があります。しかし、上医は国だけを、中医は人だけを、下医は病気だけを治す、というものではありません。真意としては、下医は病気だけかもしれませんが、中医は病気と人とを、上医は病気と人、生活のすべてをカバーするというものです。つまり上医、中医、下医は排他的な区別ではなく、中医は下医を含み、上医は全てを包括するのです。

在宅に医療依存度の高い方が増えている昨今、利用者さんの一番近くで働く介護職が生活を支える役割だけでなく、生命を護る役割を担う、つまり生活と病気をカバーする包括した力を発揮することが今後は求められていくことでしょう。そして、そのためには、「生活」「生命」のいずれについても見きわめる能力が欠かせません。生活だけ把握できればよいというものではなく、身体の異変にだけ気づければよいというものでもありません。その両者を結びつけて考えていく力が必要なのです。

これからの介護職に求められる存在意義の一つは、生活者を支援する専門職であるということです。そのためには、暮らす「人」を見守る力量、すなわち「生きていく」ためのフィジカルアセスメント力が重要です。さらには、その根底に「生きている」生命体である「人間」を観察するためのフィジカルアセスメント力も不可欠です。

また、これらには優先順位があります。その人らしい暮らしを送る、つまり「生きていく」という意思をはたらかせることの前提として、まずは「生きている」という状態を安定確保させなくてはなりません。そして、人間の生命維持を脅かしかねない危機に対応するための医療ケアにつなげるためには、その危機を見抜くことができるフィジカルアセスメント力があらゆる場面で不可欠です。この命を救う医療ケアとフィジカルアセスメントは、必ずしも特定の医療職が単独に行うものではなく、利用者さんや患者さんに接する機会が一番多い介護職がフィジカルアセスメントの役割を担い、その変調に気づけることが今後の在宅ケアのキーポイントとなるでしょう。

このような理由から、本書の前半では、利用者さんの生命を護るために優先すべきものとして、生死に直結し得る機能、すなわち呼吸・循環を中心にした実践的なフィジカルアセスメントに焦点をしぼって解説しています。また、

後半では、周りの人や環境とかかわる際に機能する中枢神経系・感覚系・運動系といった、より生活に結びつくフィジカルアセスメントを解説しています。

　フィジカルアセスメントの結果を活かすためには、観察やアセスメントは専門職の個人的な営みに終始してはならず、依頼主である利用者さんや患者さんはもちろんのこと、ケアを提供する関係者との間で適切に共有されていかなければなりません。そのためには個人の内的活動を可視化し、共有する方法が必要です。その方法が「言語化する」ことです。一方で、伝えるべきもののすべてが必ずしも可視化できているとは限りません。言語化できないものが少なからずあります。また、何でもかんでも言語化・共有化することは、結局はすべてを中途半端にしかねません。何ができることで何ができないことなのか、あるいは何がすべきことで何がしなくてもよいことなのか、この見きわめがフィジカルアセスメントの最大の勘所であると考えます。

　本書を通してまずは、介護現場に必要なフィジカルアセスメントにふれてください。そして、前述したような包括的な能力をもった介護職としてフィジカルアセスメント力をみがいていきましょう。

2016年10月

名古屋大学大学院　医学系研究科教授
山内豊明

目次

監修の言葉

序章 介護職（介護現場）にフィジカルアセスメントは必要なのか？　1

第1部　基礎知識編

第1章　介護現場におけるフィジカルアセスメントの意義と概要　8

- 第1節 ● フィジカルアセスメントとフィジカルイグザミネーション　8
- 第2節 ● 利用者の状態を事実として正確に伝えるために必要なコミュニケーション能力　12
- 第3節 ● バイタルサイン（体温・脈拍・呼吸・血圧・意識）の基礎知識　18
- 第4節 ● チームケア　25
- 第5節 ● 看護師と介護職のアセスメントの違い　29
- 第6節 ● リスクを未然に防ぐ介護職の倫理　34

第2章　高齢者の身体の特徴と観察のポイント　36

- 第1節 ● 高齢者によくある疾患や症状　36
- 第2節 ● 高齢者の観察ポイント　68
- 第3節 ● 認知症を理解する　97

第3章　介護現場における生命維持のフィジカルアセスメント　107

- 第1節 ●「胸が痛い」と訴える利用者さんの場合　107
- 第2節 ●「おなかが痛い」と訴える利用者さんの場合　115
- 第3節 ●「何か変！」いつもと何か違う利用者さんの場合　122
- 第4節 ● いつもと違い「ボーっとしている」利用者さんの場合　127

第4章　介護職が生活支援のために行うフィジカルアセスメント　132

- 第1節 ● 食事介助とフィジカルアセスメント　132
- 第2節 ● 清潔保持とフィジカルアセスメント　153
- 第3節 ● 排泄介助とフィジカルアセスメント　163
- 第4節 ● 移動・移乗の介助とフィジカルアセスメント　174

第2部　応用編

第5章　介護現場のフィジカルアセスメントの応用〜事例で考える演習〜　192

- 第1節　演習の方法　192
- 第2節　演習1『足が太くなっている、浮腫?』　202
- 第3節　演習2『こぶなら大丈夫?』　211
- 第4節　演習3『足が変！　歩くと痛い』　219
- 第5節　本章のまとめ　229

参考文献
おわりに
索　引

介護職（介護現場）にフィジカルアセスメントは必要なのか？

　看護師にはもはや常識ともいえる『フィジカルアセスメント』ですが、介護の現場ではまだまだ聞き慣れない言葉だと思います。しかし、今、介護職（介護現場）にこそフィジカルアセスメントが必要だと感じています。そのことについて私自身の経験を通して（少し長くなりますが）、お話ししたいと思います。

● 何かが違った頃

　私は、30年前、大学病院から故郷の病院へ移った時に「何かが違う」と感じていました。当時、高圧的な医師から「馬鹿！ おまえは看護婦失格だ！ 死ね！」とまで言われている看護師の姿に理不尽さを感じ、なぜ私たち看護師はこんな思いをするのか？　と憤慨している自分がいました。そんな時、目にする雑誌にはアメリカの看護師の活躍ぶりが鮮明に映し出されていました。

　私は「なぜ、日本とアメリカでこんなにも違うのか？」と思い、それを探るためにアメリカへ行くことにしたのです。短期間でしたが、看護師の家にホームステイをしながら、彼女の勤める公立病院のICU（Insentive Care Unit；集中治療室）で見学実習をさせていただきました。そこには日本とは全く違う医療の世界がありました。看護師自身の知識やシステム、環境まで何もかもが日本の何年も先を走っていると感じ、大変なショックを受けました。しかし、本当にショックだったのは『自分自身の知識と技術とマインドに大きく不足しているものがあった』という事実でした。自分を振り返ることもせずに、社会やシステム、環境が悪いと思い込んでいた浅はかな自分を知ったのです。日本との違いを探りに行ったアメリカで、「周りを変えるのではなく、まずは自分が変わることから始めないといけない」ことを私は悟ったのでした。

● 自分を変える

　アメリカで身に付けたことは、「何事も自分の偏った一方通行の視点で判断することをやめよう！　多角的に物事を見て判断しよう！」ということでした。

当時、日本では、医療、福祉はサービス業だからと接遇教育が盛んに行われていました。私は当たり前のことと思っていましたが、「本当の接遇って何？知らないのに当たり前なんて言えない」と考え、思い切って、その接遇の世界に飛び込んでみようと思ったのです。私のベースは看護師でしたので、看護の知識や技術が使える場所はないかと考えて、思いついたのが『ホテル』でした。ホテルなら、本当の接遇が勉強できますし、急病人が出た時には、私の看護師としての知識や技術が役に立つ、そう単純に考えての選択でした。

また、ホテルで急病人が出た際には病院へ搬送されますので、病院や看護師を第三者的に見ることができ、地域、社会の評価も肌で感じることができるのではないかと考えたのです。こうして私は、ホテルのフロントクラークとして新たな出発をしました。

私の勤めたリゾートホテルに常駐の医師はいませんでした。そのため、急病人が出ると必然的に元看護師の私に判断がゆだねられます。ところが、あれだけ医師に対して不満を言っていたのに、いざ医師のいない現場に出ると、まったく何もできない情けない（看護師の）自分を知りました。そこで、急変に対応できるようになろうと考え、救急救命士の資格を取ったのです。そのためにたくさんの勉強もし、これで大丈夫と思ったのですが、急変したお客様を目の前にして、自信なくおどおどする私には何かが足りませんでした。その何かが、その方の状態を判断するための**フィジカルアセスメント力**だったのです。しかし、それをどのように学んでいいかわからずにいました。

● 看護現場のフィジカルアセスメントの普及

当時から、アメリカではナースプラクティショナー（診療看護師）制度があり、開業ナースとして医師と対等に仕事をしていました。ナースプラクティショナーになるためには、そのための大学院で学ぶ必要がありますが、その大学院へ入学するためには『フィジカルアセスメントの知識と技術を一定ラインまで学びました』という証明が必要となります。そのフィジカルアセスメントのコースをニューヨークのペース大学が開催していたのですが、ちょうど日本人のために短期集中コースが開催されることを知りました。私は「これだ！」と思い、その研修に参加することにしたのです。

この研修では、私は看護師として「目から鱗が落ちる体験」の連続でした。実は、当たり前に行っているケアには、きちんと根拠があります。根拠に基づく看護を行うためには、得られた情報を共通用語でもってチームで共有し、看護につなげることが必要です。そのためにはフィジカルアセスメント力が必要

でした。私は「フィジカルアセスメントの知識と技術を習得すれば看護師は変われる！」と直感し、日本で看護のフィジカルアセスメントを広めるために、ペース大学の研修でお世話になった山内豊明先生（現・名古屋大学大学院 医学系研究科 基礎・臨床看護学講座 教授）と一緒に、フィジカルアセスメントの研修会を日本中で開催してきました。そうして14年が経ち、時代の流れの中で看護現場のフィジカルアセスメントは看護系大学などの教育カリキュラムに入るようになりました。さらには、卒後教育として各病院の新人研修でも学ばなければならない環境になったのです。

● 介護現場のフィジカルアセスメント

　私は、以前、在宅介護・看護などの在宅系の会社を起業していました。多職種協働で行われる在宅ケアの中で、利用者さんの生活を支える中心の役割は介護職が担っていました。日々の生活の中で、その方の心身の変化を観察し、ケアに活かすためには基本的な知識と技術が必要になります。それらは介護のプロとして学んできた知識と技術ですが、しかし、日々の生活を支えるだけでなく、その方にふだんと違うことが起こった際に、その緊急性を見抜くためには絶対に必要な知識と技術が存在します。それこそが、**介護現場のフィジカルアセスメント**なのです。

　介護職にこそフィジカルアセスメントが必要だと感じていた私は、起業した会社のスタッフ教育でフィジカルアセスメントの研修を行ってきました。その結果、介護職のアセスメントによって、利用者さんへの緊急対応やケアが変わることをさまざまに経験したのですが、その経験を2例ほどご紹介します。

● 介護職による観察と判断が活きた例

　ある日、ご家族から「母が転倒して足を痛がっているのでみてほしい」と訪問看護に連絡がありました。看護師が訪問したときに、その方はストーブの前で正座して待っていました。「痛い」と言いながらも軽介助でベッド上に移動しました。特に、内出血も腫脹もなく1人でベッドから降りたりしているため、看護師は「痛みはあるがすぐに受診しなくてもいい」と判断し経過観察することにしました。ところが、その夜に食事のケアに入った介護職が、本人の身体を観察し、すぐに電話をくれました。

　「看護師さん、Aさんの右足が5cmほど短くて外側を向いています」という報告でした。

　看護師は、その情報から大腿骨頸部骨折をしている可能性があると推測し、

すぐに救急車で病院へ行ってもらい、診察の結果、手術することになりました。介護職が、フィジカルアセスメントの学びの成果を現場で見事に発揮したからこその緊急対応でした。

利用者さんを一番よく理解し、知っているのは当然、介護職です。その方の生活を支えるチームの中で、介護職がこうした観察や判断をできることが、チームにとってとても重要ではないでしょうか。そして、こうした知識と技術は、日々のケアにも活かされています。

● 最善のターミナルケアにつながった例

老衰でターミナル期にあるBさんは、全盲で難聴の妹さんと二人暮らしで、その介護は妹さんと介護職が協力して行っていました。往診をはじめ、介護支援専門員（ケアマネジャー）、訪問看護師が入り、チームで最期の時を過ごす段階に直面していました。

そんな折、医師から、「意識レベルが低下しているので、経口摂取は禁止しましょう」との指示がありました。この段階で食事介助をすることに怖さを感じていた介護職は、願ってもない指示と喜びましたが、妹さんは「早くに両親を亡くし、親代わりとなって姉妹のために一生を捧げてきた姉の一番の喜び、楽しみはおいしい物を食べることなのに、それができないのなら、最期の時を過ごす場所として在宅を選んだ意味がないじゃないですか。何とか少しでも食べさせてください」と言われたのです。

ケアマネジャーは担当者会議を開きました。そこで、チームメンバー皆で頭を抱えてしまいました。このチームはBさんと妹さんの生活を支えて10年間、一緒に歩んできていますから、皆、妹さんと同じ気持ちです。でも、もし、窒息や誤嚥性肺炎を起こしたら……と考えると躊躇してしまうのでした。

その時、ある介護職がこう言ったのです。

「看護師さん、おいしいって感じるのは、お腹に入って満足なんじゃなくて、口の中で味わっておいしいって感じるのですよね。だったら、嚥下しなくても味わうことでBさんの満足を満たすことができるんじゃないでしょうか」

この一言で、チームのケアは大きく方向転換しました。経口摂取禁止を止め、それぞれの介護職が自分とBさんの今までのかかわりの中から工夫をして、Bさんが味わうことができるようにケアをしたのです。もちろん、主治医の許可をいただいたうえでのことです。

ある介護職は「この時期になると、いつも庭のイチジクを甘露煮にしてお出ししました。喜んで召し上がってくださったから」と、イチジクを煮た汁を

ガーゼに浸して舌の上に置きました。Bさんは、口を動かして幸せそうな表情を見せてくれました。別の介護職は、「ほうじ茶が好きなBさんだから」と、ガーゼにほうじ茶を浸して舌の上に置きました。Bさんはその優しい香りを楽しんでいるように穏やかな表情をされました。それぞれの介護職が、その状況を全盲の妹さんに実況中継してお伝えしていました。もちろん、意識レベルや身体的状態をきちんと判断できていたからこそできるケアでした。

　万が一のため、看護師が吸引できる環境で一緒に食事の時間をつくり上げていきました。そしてBさんは、妹さんの腕の中で穏やかに安らかに息を引き取りました。

　本人が主役のケアを行うために、心身の状態観察と知識の組み合わせで適切な判断ができること、職域の部分で、その不足部分を補うチームワークと家族支援があってこその最期の形でした。このケアが最善だったかどうかは、グリーフケアの際に妹さんに言われた「この会社にお任せして本当によかった。最期まで姉らしく生きることができたのは、介護職さんのおかげだと思います」という言葉にすべて集約されていると思います。

● 介護職のためのフィジカルアセスメント

　当たり前の行動だと言われれば、それまでですが、本当にこうしたケアをしようと思ったら、適切なアセスメントができないと成り立ちません。だからこそ、はじめに戻りますが、介護職（介護現場）にフィジカルアセスメントが必要だと考えるのです。ただし、フィジカルアセスメントは、単に身体的な観察をするのではなく、観察から必要な情報を意図的に収集し、そこから判断をくだして、その内容をチームで情報共有して初めて意味をなします。そのためには、必要最低限の知識と技術が必要となります。本書では、必要最低限の知識と技術から、さらに理解を深めるための演習の方法まで解説しています。

　本書を読んだ介護職や看護職の皆さまが「利用者さんの生活を一番身近で支えている介護職にこそ『介護現場のフィジカルアセスメント』が必要なんだ」ということに共感していただき、本書で学んだ内容を現場にフィードバックしていただけましたら、私にとって望外の喜びです。

第 1 部

基礎知識 編

第1章 介護現場におけるフィジカルアセスメントの意義と概要

> **Summary**
>
> 　本章では、介護現場でのフィジカルアセスメントについて、6つの視点でその意義と概要を解説します。
> 　まず、第1節では、フィジカルアセスメントとフィジカルイグザミネーションについて解説しています。そして、それらが介護現場で意識せずに行われている側面とそれを意識して深めていくことの意義について解説し、つづく第2節では、フィジカルアセスメントで得た情報を正確に共有していくためのコミュニケーション能力について、第3節では、観察の視点ではずすことのできない「バイタルサイン」について基本的な内容を解説しています。第4節では、フィジカルアセスメントを有効に活用するためのチームケアの重要性について、第5節では、看護師と介護職のアセスメントの違いについて解説し、最後に第6節では、リスクを未然に防ぐために身につけてほしい介護職の倫理の考え方とフィジカルアセスメントの関係性について解説します。
> 　本章全体を通じて、介護職にこそフィジカルアセスメントが必要な理由を散りばめており、その意義と概要の理解を目的としています。

第1節　フィジカルアセスメントとフィジカルイグザミネーション

　「フィジカルアセスメント」は直訳すると、「身体的な評価（フィジカル＝身体的な、アセスメント＝評価）」となります。一方、「フィジカルイグザミネーション」という言葉がありますが、こちらは「身体的な検査（フィジカル＝身体的な、イグザミネーション＝検査）」を指し、簡単に言えば「手技」となります。両者とも言葉からはなんだか難しくて特別なことをしているように思われますが、実は、「フィジカルアセスメント」として意識していないだけで、実際に介護現場では日々行われていることです。

● 無自覚に行われているフィジカルアセスメント

　例えば、利用者さんがいつもと違う赤い顔色をしていて元気がなかったら、介護職のあなたはどうしますか？　まずは、次のように聞くのではないでしょうか。
「Aさん、少し顔色が赤いように感じるのですが、どこか具合が悪いですか？」
すると、Aさんが
「何となくだるくて……」
と答えました。
　それを聞いたあなたは
「そうですか、それはおつらいですね。すみませんが、ちょっと触らせてください」
と言って、おでこを触るのではないでしょうか。ここで、私たちは観察をしながら評価をして、さらに観察をして評価をするといった流れを繰り返しています。

　顔色がいつもと違う、と感じるのは、日頃からAさんの顔色を意識して見ているからこそです。まず、視診をしているのです。次に「元気がない」と感じるのも、Aさんを意識してよく見ているからこそ感じることです。

　そうすると、今度は「具合が悪いですか？」などと聞くでしょう。**問診**でだるさの原因を探っているわけです。**視診**で「赤い顔色なのは熱があるのかもしれない」と感じて、次におでこを触ったら、熱いと感じました。これが**触診**ですね（図1−1）。

図1−1 ■ フィジカルアセスメントの過程

　この後、あなたはきっと「少し熱があるかもしれませんので、体温を測りま

しょう」と言って体温計で熱を測るでしょう。そして、併せてバイタルサインを測るのではないでしょうか。ここが、介護を業として行う職種のプロたる部分であり、この行為（視診や触診）が**フィジカルアセスメントの過程**なのです。つまり、熱があると思われる状況を、問診、視診、触診で観察し、体温計で測るという検査（イグザミネーション）で根拠を見出しているのです。

　Aさんは何となく元気はないけれど、聞いたことにはきちんと返答ができている状況で、この時のAさんのバイタルサインは「体温＝37.5℃、脈拍＝84回／分、呼吸＝18回／分、血圧＝138／76mmHg」でした。

　さて、次はどうしますか？　きっと、次のように聞くのではないでしょうか。
「少し、熱があるようですが、痛いところはないですか？」
「だるい症状のほかに、喉が痛かったり、咳が出たり、痰が出たりしていないですか？」
　では、あなたは何を考えてこうした質問をしているのでしょうか。
　それは、「もしかしたら、風邪ぎみなのかな？」と思い、咽頭痛や咳、痰の有無を聞いているのですね。
「喉は痛くないですが、咳と痰は出ます」
とAさんが答えれば
「痰は、どんな痰ですか？　咳はどんな時に出ますか？」
などと重ねて聞くでしょう。そしてAさんが
「ちょっと、黄色っぽくて堅くて汚い痰です」
と言われたら、「これは、呼吸器で感染を起こしているかもしれない」と考え、「もしかしたら、風邪ぎみかもしれませんから看護師にみてもらいましょう」と対応するかもしれません。

　では、もし、Aさんが「喉も痛くないし、咳も痰もありません」と言われたら、どうしますか？　「ほかに、どこか痛いところやいつもと違うことはないですか？」と聞くのではないでしょうか。

　例えば「おしっこはちゃんと出ていますか？　その時に痛みがあったり、残っている感じがしたりしませんか？」と聞くとすれば、この時は、「もしかしたら膀胱炎のような泌尿器の感染症があるのかもしれない」と考えて聞いているのでしょう。

　Aさんから「そう言われれば、何かおしっこが残っている感じがして、気持ち悪いです。痛みはないですが」と返答があったとします。

　そこで、あなたは「膀胱炎だったらいけないので、医師にみてもらいましょう」などと言って対応するのではないでしょうか。そして、併せて氷枕で冷

やしたり、水分を摂っていただいたり、食べやすいもので栄養を摂ってもらう工夫をしたり、安静にして体力を温存していただいたりすると思います。

実は、この当たり前に行っている一連の行為の中で、「フィジカルアセスメント」が行われているのです。

● 観察→評価→対応・対処→情報共有＝フィジカルアセスメント

まずは、**観察**です。観察をするためには、利用者さんを理解している（心身に関する情報をもっている）ことと、一般的な疾患に対する知識や観察をするための知識をもっていることが必要です。「利用者さんが赤い顔をしている」という視診から、「何かがいつもと違う」と感じなければ何も始まりません。これは五感の部分です。また、「何かが違う」と感じても、肝心の疾患や観察の知識がなければ何を聞いていいかもわかりませんね。

そして、ここで、情報が集まったら、さらに**アセスメント**が必要となります。判断するための根拠として、イグザミネーションを有効に使い、その結果を用いてさらに**評価**をしていくのです。

そして、**対応・対処**へと移行していくわけです。このように介護職が日々のケアの中で大なり小なり行っていることがフィジカルアセスメントでありフィジカルイグザミネーションなのであって、何も特別なことではないのです。

今回の事例は、緊急性があまりなかったものの、フィジカルアセスメントでは特に**緊急性の評価**が重要となります。緊急度が見抜けて、利用者さんの急変の対応が適切に行えることは、利用者さんの一番近くにいる介護職にとって、なくてはならない知識と技術だと考えますが、その点は特別な意識がないと深めていくことはできません。その意識とは、「医療的な処置や判断は看護師や医師にまかせればいい……」ではなく、「ケアのゴール（目的）は、利用者さんが望む生活を自分らしく送れること」ととらえ、そのために身体的評価であるフィジカルアセスメント力をみがいていくという**積極的な意識**です。

私たちは、チームで動いており、それぞれの職種がそれぞれの職域でフィジカルアセスメントを行います。例えば、前述のバイタルサインの情報を得たのち、看護師はさらに聴診器を使い呼吸音を聞くなどの看護師の職域でのフィジカルアセスメントを行うでしょう。そして、それぞれの職域で集めた情報の**共有と有効利用**が、利用者さんの生活をよりよく支えることにつながっていきます。そうした生活を支えることに力点をおいたチームケアの中で、介護職が『介護現場におけるフィジカルアセスメント』の知識と技術を身につけ、その能力を発揮することには大きな意義があるのです。

第2節 利用者の状態を事実として正確に伝えるために必要なコミュニケーション能力

　介護はチームで行うため、身体の状態をアセスメントできたとしても、その情報をチームで共有できなければ意味がありません。「○○さん、なんだか具合が悪そうです」だけでは、プロとは呼べませんね。身体的な症状の評価に対しては、最低限の知識が必要なだけではなく、「どこが、いつから、どのように具合が悪いのか？」「それは、目で見てどうなのか？」「触ってどうなのか？」「においはどうなのか？」など、**観察力と聞く力**が重要となります。

　また、『聞く』と『聴く』は違います。『聞く』は、音や声などが自然と耳に入ってくること、または、知りたいことを言葉として受けとることです。一方、『聴く』は、言葉の背景にある感情や思考を積極的に耳を傾けて『きく』ことです。問診のように症状や経過を具体的に聞く時は、一般的に、「何を、どのように聞くか？」を知っている必要があります。コミュニケーションというと、相手にどのように伝えるかがポイントのように考えがちですが、実は、『聞くこと』『聴くこと』が重要なのです。

　コミュニケーションには、『バーバルコミュニケーション』と『ノンバーバルコミュニケーション』があります。バーバルコミュニケーションとは、言語的コミュニケーションのことで、そのまま言葉（会話）で伝え合うコミュニケーションです。一方、ノンバーバルコミュニケーションは、非言語的コミュニケーションであり、言葉以外で思いを伝えるコミュニケーションのことです。例えば、表情から「今日は、何となく元気がないけど、何かあったのかな？」と感じたり、表情や様子から心の声を聴き「なんだか不安そうだから、背中をさすって一緒にいよう」とかかわったりすることがノンバーバルコミュニケーションの一例です。ここでは、簡単に言えば、『聞く＝バーバル』であり、『聴く＝ノンバーバルを含むこと』を意味します。

● 「聞く」能力（事実を聞き取る）

　まずは『聞く』ということの典型である問診を例にあげて解説します。医師は診断をするときに問診さえしっかりできれば、検査などはせずに8割のことがわかるといわれています。

　では、あなたは利用者さんの状態を知るために何を聞きますか？

　症状がある場合、大体**表1－1**の内容が聞ければ十分でしょう。

表1-1 利用者さんの状態を知るために聞く内容

> ❶いつから、その症状があるのか（発症と経過）
>   その症状は、急に出てきましたか？　徐々に出てきましたか？
> ❷今も続いているのか（始まりと持続時間）
>   最初の頃と比べると、その症状に変化はありましたか？（よくなりましたか？　悪くなりましたか？）
>   今はその症状がないとすると、どのようにすると症状が再度出てきますか？
> ❸その症状の程度（量や質）
>   今まで経験したことがないくらいの症状ですか？　常にその症状が気になっていますか？
> ❹どのようにすると変化があるのか（緩和因子、悪化因子）
>   どのようにすると楽になりますか？　逆に、どのようにすると症状は悪化しますか？
> ❺どこか他に具合の悪いところはあるのか（随伴症状）
>   どこか他に気になるところはありますか？

　常に利用者さんの身近にいて一番理解している介護職だからこそこうした聞く能力が重要です。それは、聞くことによって原因を推測し、緊急度を見抜くことができるからです。例えば、「息苦しい」という症状があった時に、表1－2のような可能性が考えられます。

表1-2 「息苦しい」という症状から考えられる可能性

> ❶　突然の発症なら、気胸・肺梗塞・誤嚥・窒息・心筋梗塞などが考えられ、急速に進行していれば、喘息発作などが、緩徐に進行していれば、肺炎・慢性心不全・貧血などが考えられます。
> ❷　息苦しさが増悪していれば、緊張性気胸等が考えられ、緊急の処置が必要となります。逆に改善していれば、喘息発作等が考えられ、動くと息苦しさが再燃するなら、労作性狭心症等が疑われます。
> ❸　上半身を起こしていたほうが、息苦しさが楽ならば呼吸器系の問題があると考えられます。
> ❹　息苦しさに随伴して咳や発熱があれば、肺炎や気管支炎の可能性があり、動悸とめまいがあれば、貧血や頻脈等が疑われ、胸痛があれば、狭心症や心筋梗塞、肺梗塞などの緊急性があります。

出典：山内豊明『フィジカルアセスメントガイドブック――目と手と耳でここまでわかる 第2版』医学書院、15～17頁、2011年を元に著者改変

以上のような可能性を見抜くためにも、的確に聞く必要があります。もちろん、このような判断は、介護職ではない他のチームメンバーがするかもしれませんが、情報を共有できないと緊急性を見抜くことはできません。チームメンバーに必要な情報を適切に伝えるためにも聞く能力が重要なのです。
　一方、使っている言葉の意味が理解できないと情報共有ができない場合もあります。例えば、『悪寒戦慄（おかんせんりつ）』と看護師が情報を記載していても、介護職が、悪寒戦慄が何を意味するかがわからないと、大切な情報が有効に使われず、利用者さんの苦痛を軽減することに支障をきたすことにもなりかねません。プロとして情報を共有するためには、やはり、相応の知識が必要となるのです。

● 「聴く」能力（心を聴く）

　また、認知症の人や失語症のある人、精神的に不安定な人の場合などは、『聞く』ではなく『聴く』のほうでなければ、その言葉の背景にある思考や感情を聴くことはできません。そして、ここでは言葉以外の非言語的コミュニケーションが重要となってきます。
　私たちは、意識して聞くことをしています。その代表的なものが、問診での聞くであり、聞くことで情報を集めることができます。ここでいう、もう一つの『聴く』とは、その言葉の背景にある心を『聴く』ということです。人は、自分の思考や感情を言葉で表す以外に言葉以外のもの（表情や行動等）でも表しています。
　例えば、認知症でBPSD（Behavioral and Psychological Symptoms of Dementia；行動・心理症状）が出現した場合、うまく自分の思考や困りごと等の感情を言葉で表現できない状況にあるため、BPSDの形で症状が現れてきます。この時、観察はもちろん、この『聴く』ことが求められます。「なぜ、そのような行動をとるのか」というその行動の背景にある利用者さんの思いや思考、感情を『聴く』ことができないと、利用者さんの本当の困りごとが解決できず、利用者さんの苦しみが続く事態に陥（おちい）ってしまいます。ですから、『聞く』能力だけでなく、『聴く』能力も利用者さんの症状や状況を正確に知るためには重要なのです（図1－2）。

● 伝える能力（伝わらない理由を知る）

　利用者さんの状態（事実）を把握した後は、それをチームメンバーに正確に伝えなければなりません。ところが、介護現場では「きちんと私は伝えました。伝えたのになぜ……」といった言葉がしばしば聞かれます。あなたも、こ

図1-2 ■ 『聴く』と『聞く』

| 聴く
利用者さんの思いや思考、感情を聴く
＝
心を聴く | 聞く
利用者さんに起こっている状態を聞く
＝
事実を聞き取る |
| --- | --- |

んな言葉を聞いたことがありませんか？ あるいは使っていませんか？ 利用者さんへ伝える、スタッフ同士で伝える、この時に、「伝えたはずなのに、伝わっていなかった」ということがよく起こっているのです。

記録する際に「○○（−）」とか「○○なし」という記載をすることがあります。これで、状態や状況を次にケアに入る仲間に伝えたつもりで、実は、正しく伝わっていないことがあります。

例えば、既往に一過性脳虚血発作を起こした利用者さんの訪問の記録で、「意識（−）」と書かれていたら、どのように考えますか？ もしかしたら、意識レベルに異常がないという状態を次に訪問する訪問介護員（ホームヘルパー）に伝えたいのかもしれません。あるいは、意識レベルが低下していて意識がなかったと伝えたいのかもしれません。「瞳孔（−）」と書かれている場合も、瞳孔に異常がないということを伝えたいのか、瞳孔を見ていないことを伝えたいのか、次に訪問するホームヘルパーにはわかりません。このように、本人は次の人に情報を伝えたつもりでも、正確に伝わっていないということが起こるのです。

この場合は、言葉であればきっと伝えたいことが伝わるはずです。「意識レベルには異常がなかったです」とか、「瞳孔は大きさや左右差などに異常がなかったです」などと言葉にすれば伝わることが、記録になると安易に「（−）」とか「（なし）」という記載をしてしまい、自分はわかっているつもりでも、相手には伝わらないということになるのです。だからこそ、**記録は何を伝えたいのかを意識して書かないと、相手に正確には伝わらない**ことを知っていることが重要です。

利用者さんやご家族と私たちの間でも、「伝えた」と「伝わった」は違った形で問題となることがあります。

以前、「施設などへの入所は考えていません。入院も考えていません。在宅でみていきたいと思います」と話すご家族がいました。訪問介護（ホームヘルプサービス）の利用が始まって１週間が経った頃(ころ)に、ホームヘルパーが訪問すると、利用者さんの意識レベルが低下していてJCS300（⇒22頁参照）の状態でした。ホームヘルパーは看護師に状態を報告しました。看護師から「在宅でみたいと言っても、命がかかわる場合は別だから、命を守ることが優先なので救急車を呼んでください」と言われ、病院に搬送し、一命をとりとめました。

　しかし、ご家族から「なぜ、病院へ送ったのですか？　私たちは在宅でみたいと言ってあったはずです」と強い口調で迫られました。なぜ、このようなことが起こるのでしょうか。これは、「入院は考えておらず、在宅でみたい」という、その言葉の背景にある感情や思いを聴いていないために起きたミスです。つまり情報不足です。

　「看護師は命を守ることが自分たちの仕事だから」と、一方的な看護師側の価値観で動いたことが間違いのもとでした。「在宅でみたい」とはどういうことなのか、この点を掘り下げて利用者さんやご家族の思いを聴いていれば、利用者さんもご家族も望んだ形になったかもしれません。利用者さんは「介護が必要となって生きていくようになったら、自然に任せて死なせてほしい。入院で点滴や管やいろいろ入れられて生かされるのは嫌だから、家で何もせずに死なせてほしい」とご家族に話していたそうです。ご家族も本人の意思を尊重して、「たとえ、気がついたら死んでいたとしても、それは本人の望みだからそれでいい」と覚悟を決めていたそうです。しかし、言葉の背景にある思いを聴いていなかった結果として、利用者さんは管につながれたまま病院に入院することになってしまいました。

　こうしたことが起こらないようにするためには、利用者さんやご家族の言動、行動の背景にある感情や思いを『聴く』ことが大事です。「なぜ、そうするのか」という根拠を知っていることが重要なのです。

　また、『正確に伝わらない』要因として、**人は皆違った言葉の辞書をもつ**ことがあげられます。

　入所中のBさんが、「便秘していて便が出ないので、薬がほしいのですが……」と言われました。介護職は、「わかりました。では、看護師さんに伝えますね」と言って、看護師にBさんが便秘だと伝えました。

　看護師は、状態を医師へ伝えて薬を出してもらわなければなりません。そこで、Bさんの状態を観察に行きます。

　「Bさん、便秘だとお聞きしましたが、いつから便が出ていないのですか？」

「はい、一昨日くらいから出ていないんです」
「そうですか。今まで便秘でお困りのことはうかがったことがなかったですが、つらいですね」
「そうなんです。便秘はなったことがなかったので……。一昨日から、おなかが急に痛くなってトイレへ行くのですが、出るのは水ばっかりで便が出ないんです」
「えっ！ Bさん、水のような便は出ているんですね」
「いいえ、水ばっかりで便は出ていません」
「あ～そうですか。そういうことでしたか」

　皆さんもおわかりですね。Bさんの便秘という言葉は、私たちが考える便秘とは違った意味だったのです。私たちがBさんの様子を言葉にしたら、「一昨日から、下痢（げり）で、水様便が出て腹痛があります」となります。「人は皆違った言葉の辞書をもつ」ということは、このようなことなのです（図1-3）。

図1-3 ■ 人は皆違った言葉の辞書をもつ

　もし、このままBさんに下剤を差し上げていたら大変なことになってしまっていました。ですから、こうした誤解が起こることを頭の片隅（かたすみ）においてコミュニケーションをとることが重要なのです。

　このように、正確な情報共有のためのコミュニケーション能力の基礎は『聞く』と『聴く』であり、そうして把握した情報が正確に伝わるように『伝える』努力が必要なことがわかりますね。

第2節　利用者の状態を事実として正確に伝えるために必要なコミュニケーション能力

第3節 バイタルサイン（体温・脈拍・呼吸・血圧・意識）の基礎知識

利用者さんの言葉や行動の背景には、必ず理由があります。「そう考えたからそう言った」「そう感じたからそう動いた」など、その言葉や行動の背景まで探るコミュニケーション能力が重要だと前節で述べましたが、それとともに重要なことは **観察** です。そして、その観察で必要な知識が、**バイタルサイン** です。

バイタルサインとは、直訳すると生命徴候（せいめいちょうこう）、生きている徴（しるし）です。

私たちは通常、体温・脈拍・呼吸・血圧を意識せずに日常生活を送っています。生きているためには、この体温・脈拍・呼吸・血圧が生理的に常に一定の範囲内に調整されていることが必要であり、この状態を恒常性（ホメオスタシス）といいます。

ここでは、バイタルサインの簡単な知識について解説します。

● 体温

体温とは生体内部の温度で、身体の部位によって温度差があります。肝臓（かんぞう）や脳が一番高いといわれています。一般的には、測定に便利な皮膚温（ひふおん）（腋窩温（えきかおん））、体腔温（たいくうおん）（口腔温（こうくうおん）・直腸温（がいじどう））、外耳道の鼓膜温（こまくおん）などを体温と呼んでいます。体温は、食事、運動、入浴などのADL（Activities of Daily Living；日常生活動作）や年齢、行動、性別などによる生理的変動があります。

直腸温は腋窩温より0.5℃高く、口腔温、鼓膜温は腋窩温よりも0.1～0.3℃高いといわれています。平均的な体温は、腋窩温で36.5℃前後で、36.0～37.0℃が正常範囲となります。

体温の異常には、**高体温** と **低体温** があります。高体温とは、体温が異常に高くなった状態をいい、体温調節中枢（たいおんちょうせつちゅうすう）に異常が生じ、平熱よりも体温が1℃以上高くなった状態を **発熱**（はつねつ）といいます。また、上昇した体温が平常に戻ることを **解熱**（げねつ）といいます。

また、異常な暑さによって、体温の放熱が障害されたり、運動によって体熱が放熱以上に産生されたりして体温上昇した状態を **うつ熱** といいます。

低体温 は、平熱より低く、35℃前後の状態をいいます。

● 脈拍

心臓の収縮により、動脈血が全身に送り出される際に末梢動脈（まっしょうどうみゃく）で拍動とし

て触知できる脈波を**脈拍**といいます。脈拍はその数だけではなく、リズムや強弱から、身体的・精神的変化を知る材料にもなります。

脈拍数は、心臓の活動状態を現しており、原則、規則正しいリズムで拍動します。しかし、年齢、性別、運動、病状、食事、入浴、睡眠、精神状態などによって生理的な変動がみられます。

通常は、洋服などの影響を受けにくい橈骨動脈（とうこつどうみゃく）で測定します。ほかに、浅側頭動脈、上腕動脈、総頸動脈（そうけいどうみゃく）、大腿動脈（だいたいどうみゃく）、足背動脈（そくはいどうみゃく）などでも測定できます（図1－4）。

図1－4 ■ 脈の測定

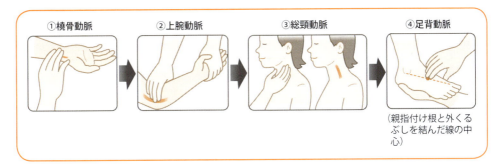

正常な脈拍数は、表1－3のとおりです。

表1－3　正常な脈拍数

新生児	120～140回／分
乳幼児	100～120回／分
学童	70～90回／分
成人	60～80回／分
高齢者	50～70回／分

100回／分以上の脈拍を**頻脈**（ひんみゃく）といい、60回／分以下の脈拍を**徐脈**といいます。脈拍の異常には、「数やリズム」「左右差」「緊張度」などがあります。

● 呼吸

呼吸とは、生体が酸素を取り入れて、物質代謝（ぶっしつたいしゃ）をし、その結果生じた炭酸ガスを排出することをいいます。

一般にいわれる呼吸とは、外呼吸（肺呼吸）のことで、肺胞内の空気と血液間でガス交換を行う呼吸のことをいいます。一方、内呼吸は、血液と末梢組織

との間でガス交換を行う呼吸のことを指します。規則正しい呼吸は、延髄にある呼吸中枢からの指令で酸素と二酸化炭素のガス交換が適切に行われ、規則正しいリズムで行われています。

正常な呼吸数は、表1－4のとおりです。

表1－4　正常な呼吸数

- 新生児　● 40〜60回／分
- 乳児　　● 30〜40回／分
- 幼児　　● 20〜35回／分
- 学童　　● 20〜35回／分
- 成人　　● 16〜20回／分
- 高齢者　● 16〜20回／分

呼吸の異常には、**頻呼吸**（24回／分以上）や**徐呼吸**（12回／分以下）、呼吸数が変わらないけれど、1回の換気量が増加している**過呼吸**や、逆に呼吸数は変わらないが1回の換気量が減少している**減呼吸**、呼吸の変化が周期的に起こるチェーンストークス呼吸やビオー呼吸、クスマウル呼吸などがあります。

過呼吸で、努力様の呼吸をしており、痛みや息苦しさを伴う状態を**呼吸困難**といいます。また、臥位（がい）では肺うっ血を起こし呼吸困難が増すため、上体を起こして呼吸をすることを**起座呼吸**（きざこきゅう）といいます。

● 血圧

血圧とは、心臓が全身へ血液を送り出す時に左心室の収縮によって生じる圧力が大動脈を経て全身の動脈壁に及ぼす圧力のことをいいます。左心室が収縮したときに動脈壁が受ける血液の圧力を最高血圧（収縮期血圧）といい、左心室が拡張する時に受ける圧力を最低血圧（拡張期血圧）といいます。また、この最高血圧と最低血圧の差を**脈圧**といい血管の弾力性を反映しており、動脈硬化では増加します。

血圧の維持には、心臓の拍出力・末梢血管抵抗・動脈血管系の血流量・血液の粘稠度（ねんちゅうど）・血管壁の弾力性などが影響を及ぼします。

また、血圧を左右する因子としては、室温、体位、食事、飲酒、喫煙（きつえん）、入浴、排便、肥満、精神的影響などがあります。

測定部位は、通常は上腕部ですが、大腿部・下腿部でも測定できます。

血圧の正常値は140／90mmHg未満であり、140〜149／90〜94mmHgを境界

高血圧と呼び、140／90mmHg以上を**高血圧**、100／60mmHg以下を**低血圧**といいます（表1－5）。

表1－5　血圧値の診断と分類

分類	収縮期血圧（mmHg）	拡張期血圧（mmHg）
至適血圧	<120	<80
正常血圧	<130	<85
正常高値血圧	130～139	85～89
グレード1高血圧（軽症）	140～159	90～99
サブグループ：境界域	140～149	90～94
グレード2高血圧（中等症）	160～179	100～109
グレード3高血圧（重症）	≧180	≧110
収縮期高血圧	≧140	<90
サブグループ：境界域	140～149	<90

収縮期および拡張期血圧が異なった分類に該当する場合は、より高い分類を適用する。
出典：WHO／ISH「高血圧ガイドライン」1999年

● 意識

意識とは、「起きている状態にあること」または「自分の今ある状態や、周囲の状況などを認識できている状態のこと」を指しています。意識とは、『覚醒』と『意識の内容』の2要素からなっています。

『覚醒』とは目覚めていることです。『意識の内容』とは、目覚めていて初めて問題となる意識の中身を指します。例えば、時間や場所といった見当識の低下などがないか、ということです。

意識状態を誰もが同じ基準で測れるようにした判定基準は、たくさんありますが、ジャパン・コーマ・スケール（Japan Coma Scale；JCS）やグラスゴー・コーマ・スケール（Glasgow Coma Scale；GCS）が一般的です（表1－6・表1－7）。

JCSは覚醒の程度によって分類したもので、数字が大きいほど意識障害が重いことを示しており、とっさの時に判断するために有効です。JCS30などと表現します。

GCSは時間経過の中で細かく経過を見ながら判断する時に有効です。また、

表1-6 ジャパン・コーマ・スケール（Japan Coma Scale；JCS）

Ⅰ	覚醒している（1桁の点数で表現）	
0	意識清明	
Ⅰ-1	見当識は保たれているが意識清明ではない	（1）
Ⅰ-2	見当識障害がある	（2）
Ⅰ-3	自分の名前・生年月日が言えない	（3）
Ⅱ	刺激に応じて一時的に覚醒する（2桁の点数で表現）	
Ⅱ-1	普通の呼びかけで開眼する	（10）
Ⅱ-2	大声で呼びかけたり、強く揺するなどで開眼する	（20）
Ⅱ-3	痛み刺激を加えつつ、呼びかけを続けるとかろうじて開眼する	（30）
Ⅲ	刺激しても覚醒しない（3桁の点数で表現）	
Ⅲ-1	痛みに対して払いのけるなどの動作をする	（100）
Ⅲ-2	痛み刺激で手足を動かしたり、顔をしかめたりする	（200）
Ⅲ-3	痛み刺激に対し全く反応しない	（300）

注1：上記の他、R（不穏）・I（失禁）・A（自発性喪失）などの情報を加えて表す。

注2：例えば、「JCS30R」または「JCS30不穏」、「JCS20I」または「JCS20失禁」などと表す。

表1-7 グラスゴー・コーマ・スケール（Glasgow Coma Scale；GCS）

開眼機能（Eye opening）「E」	
4点	自発的に、または普通の呼びかけで開眼
3点	強く呼びかけると開眼
2点	痛み刺激で開眼
1点	痛み刺激でも開眼しない
最良言語反応（Best Verbal response）「V」	
5点	見当識が保たれている
4点	会話は成立するが見当識が混乱
3点	発語はみられるが会話は成立しない
2点	意味のない発声
1点	発語みられず
＊挿管などで発声ができない場合は「T」と表記。扱いは1点と同等である。	
最良運動反応（Best Motor response）「M」	
6点	命令に従って四肢を動かす
5点	痛み刺激に対して手で払いのける
4点	指への痛み刺激に対して四肢を引っ込める
3点	痛み刺激に対して緩徐な屈曲運動（除皮質姿勢）
2点	痛み刺激に対して緩徐な伸展運動（除脳姿勢）
1点	運動みられず

注：正常ではE、V、Mの合計が15点、深昏睡では3点となる。

GCSは、開眼、言語反応、運動反応の三つについて点数化したもので、点数が低いほど意識障害が重いことを示しており8点以下を重症としています。

双方ともに、呼びかけ刺激に対する反応・痛み刺激に対する反応をみて意識レベルの判定をします。ここで、大事なことは意識レベルを適切に判断するための痛み刺激の与え方です。

❶ 爪の付け根を強く一気に押します（図1－5）。
❷ 爪で反応がなければ、眼窩の上縁や胸骨を圧迫します（図1－6）。

図1－5 ■爪への刺激方法

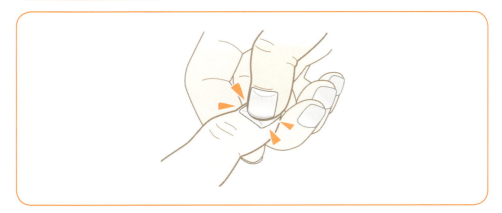

図1－6 ■胸骨の圧迫刺激方法

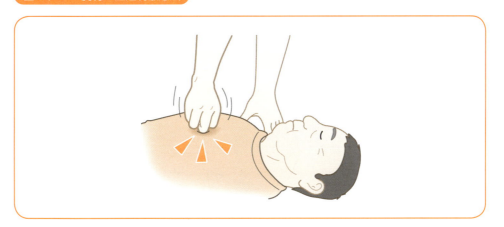

適切に痛みが与えられなければ、反応を適切に判断できないことになります。また、意識のない人がいたら、意識レベルのほかに**目を見ること**で、脳に起きている、いろいろな状態が推測できます。

瞳（瞳孔）の大きさが左右違っていたら、大きなほうがどのくらいの「大きさか」が重要です。通常、明るければ瞳孔は縮瞳し、暗ければ瞳孔は大きく

第3節　バイタルサイン（体温・脈拍・呼吸・血圧・意識）の基礎知識

なります。これは、脳神経の動眼神経がかかわっています。光を当てて瞳孔の大きさの変化を調べることを対光反射といいます。医師が死亡確認する時の三大徴候の一つで、人は死ぬと瞳孔が8mm以上に散大し、対光反射は見られません。

　瞳孔の大きさは通常なら左右差はありません。正常な場合でもわずかに大きさの違いを認めることがありますが、その場合でも1mmを超えません。人間の瞳孔の直径は2～8mm程度です。その直径が1mm以上違った場合（肉眼で観察して左右差が認められたら）異常と考えます。

　例えば、意識のない方の目を見たら、右側をにらむような位置に固定されていました。その右側の目の瞳孔は大きく8mm以上あります。この場合は、脳血管疾患などで動眼神経が圧迫されているために、目を元の位置へ戻すことができず、固定されているのです。これは「右の動眼神経が圧迫されるような大きな問題が起きていますよ」という**サイン**なのです。

　また、瞳孔が針の穴のように縮瞳している場合は、反射をコントロールする中枢の問題で、橋の障害やモルヒネなどの摂りすぎによるオピオイド中毒、サリンなどの有機リン中毒等の場合があります。橋の障害の場合は致命的であり、処置のために橋にアプローチすること自体、周りの組織を傷つけてしまう可能性があり、大変危険です（図1－7）。

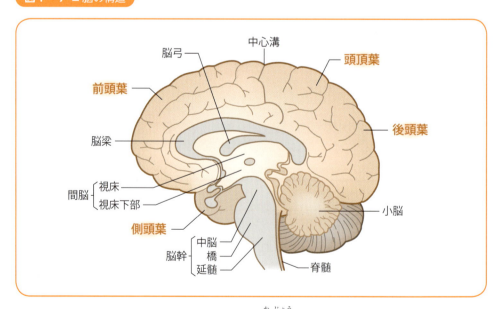

図1－7 ■ 脳の構造

　有機リン中毒の場合は、副交感神経が過剰に作用しているので、瞳孔が元の大きさになるまでアトロピンを投与し続け、交感神経と副交感神経のバラン

スを戻します。

　命にかかわる事態が多い瞳孔の変化ですから、介護職として意識レベルと併せてアセスメントし、救急隊員に情報を伝えたり、医師へ情報を伝えることが必要になります。

第4節　チームケア

　私は以前、ある介護職の方から「実は私、看護師さんが嫌いなんです……」と言われたことがあります。正直、ショックでしたが、以前、私たちが理解のない医師と出会った時には、同じようなことを口にしていたように思います。「看護師ごときの言うことを、なぜ、（医師である）俺が聞かなければならないんだ」というような心ない言葉を聞くたびに、医師に対して嫌な感情をもつ経験をしました。これと同様に、この介護職の方もこれまでの看護師との関係性の中で、看護師に対して嫌な感情をもつ経験を何度もされているということです。

　また、ある介護職の方にこうも言われました。

　「私たちが、少し知識や技術を身につけて現場で行ったり、話したりすると、それは、介護職のすることではない。余計なことを言ったりするな！　と看護師から言われるから、フィジカルアセスメントを学びたいけれど、学んでも現場では使えない」

　これはとても悲しいことですね。このような発言をする看護師は、ゴールを間違えています。

● 看護職の誤解

　実は、看護のフィジカルアセスメントを学び、現場でそれを活用しはじめた時、同じように医師から「余計なことはするな」と言われました。しかし、毎日の積み重ねの中から、次第に関係が変化していき、今では、「私は、こう考えるが、看護師さんはどう考えますか？」と聞いていただけるようになりました。さらに、「在宅で過ごされることを望まれるなら、ぜひ、訪問看護のご利用をお勧めします。看護師がきちんと観察して対応しますので安心して生活できますよ」と言っていただけるまでになりました。

　もちろん、ここに至るには、簡単な道のりではありませんでしたし、間違うこともありました。私たちはとかくミスをしやすいことを知っていなければな

りません。人は知識や技術が身につくと、それを試してみたくなったり、その行為をすること自体がゴールになったりします。つまり、フィジカルアセスメントという手段がゴールとなり、それをすることがすべてになってしまうと、とんでもない落とし穴に陥(おちい)ることになります。

訪問看護師と一緒に看護のフィジカルアセスメントの学びを重ね、現場で利用者さんの身体を使わせていただき、その知識や技術を実証しようと意気込む時期がありました。

こうした、ある程度知識を理解し技術が身についてきたことを感じる時期になればなるほど、間違いは起きやすくなります。例えば利用者さんのバイタルサインを測定しながら、ある看護師が呼吸音を聴取していました。

「ねえ、ねえ、この音、細かい断続性副雑音だよね。あ～よくわかるわ」と口に出してしまったり、何の説明もせず、じ～っとその方の聴診を続けていたり……、利用者さんは、こうした行為をどのように感じるでしょうか。

「私の身体は、何か大変なことになっているのだろうか？」「今日は、ずっと聴診器を当てたままだけど、何か悪いところがあるのかしら？」など、不安や不快感を感じさせてしまわないでしょうか。

利用者さんは、私たちのスキルアップのためのシミュレーターではないのです。この場合、本来目的であるべき利用者さんのゴールが、看護師自身のゴールにすり替わっています。つまり、フィジカルアセスメントができることがゴールになってしまっているのです。「何のためにその行為をするのか？」が置き去りにされることにより、このようなことが起こってしまうのです。この点は、これからフィジカルアセスメントを学ぼうとする介護職も同じです。もちろん、職域の違いから、行う内容（手段）は違いますが、介護のフィジカルアセスメントの知識と技術が身についた時に、その手技をすることが目的になってしまうと、同じような間違いを起こしやすいのです。

こうした間違いに気づいていない看護師が、前述したような発言で介護職のやる気を削(そ)ぎ、嫌われる要因をつくっているのだと私は考えます。

● **チームケアの意義と重要性**

医師に、看護職としてのフィジカルアセスメントの必要性を理解してもらうために、時間をかけて看護師も学んできました。介護現場でも、まだ、看護師の誤解がある今、やはり地道な努力が必要だと思います。最初は他職種から、自分たちのテリトリーを侵(おか)されるんじゃないか、といった勘違いをされるかもしれません。しかし、それぞれの職域の中で、利用者さんのアセスメントをし

て、情報を共有し、さらにそれぞれの職域のはたらきを有効活用してこそのチームケアであり、そのことで利用者さんのゴールに近づけるのです。ですから、ここで大事なことは、お互いの職域を理解し、尊重しながらチームがゴールに向かって動けるかどうかということなのです。この時、自分たちのテリトリーがどうのなどという小さいことは問題ではありません。このことをチーム全体で理解するために一歩を踏み出す、それがまずは必要なのです。

　生活をしている利用者さんの一番身近にいて、一番、情報をもっている職種が介護職です。だからこそ、「利用者さんのゴールに向かって何が問題となっているのか？」「なぜ、そのような問題が起きるのか？」などのアセスメントは、介護職が一番にできるはずなのです。特に利用者さんは、心身に傷みや疾患を抱えていますから、急変しやすく、さらにその時はすぐに対応しなければなりません。その緊急度を見抜くために、一番近くにいて、一番利用者さんを知っている介護職にこそ、フィジカルアセスメントの知識や技術が必要なのです。介護職が得たその情報から、看護師は看護師の職域で、医師や薬剤師、理学療法士（PT）、作業療法士（OT）、言語聴覚士（ST）、栄養士等がさらに自分たちの職域の中でアセスメントを行い、利用者さんに生じている問題を解決しようとチームで動いていくのです。

　以前、介護職が何年もかけてフィジカルアセスメントを学び実践した時、周りの多くの介護支援専門員（ケアマネジャー）から、「この会社の介護の質は絶対だから、この会社のサービスを利用者さんに勧めている」という言葉をいただきました。すると介護職の仲間は、モチベーションが上がりさらによいケアをしたいと学び、誇りをもって介護の仕事をする好循環になっていきました。

● チームのゴール・チーム力向上の視点

　私たちは、利用者さんを中心に同じ土俵の上で対等の立場でチームをつくっています。そのメンバーには、もちろん利用者さん本人やご家族をはじめ、近隣の住民や親せき、友人、ボランティア等の方々、ケアマネジャーや介護職、地域包括支援センター等の福祉にかかわる職種、医師や看護師、PT等の医療にかかわる職種が含まれ、利用者さんの望む生活を支えるためにチームを組んでいます。チームのゴールは利用者さんのQOL（Quality of Life；生活の質）の向上です。そして、QOLを高めるために今、求められる目標を目指します。これが全体で共有できてこそチーム力が発揮できるのです。

　つまりチームには、「目指すべき方向性」つまり「大きなベクトル」である

目的があり、目標は、そのベクトルの途中で（中間地点である今）目指すものです（図1-8）。この目標が上手く達成できない理由が問題です。この時、利用者さんの目標がはっきりとチームで共有できていれば、「その目標を阻んでいる問題が何なのか？」「なぜそれが起きているのか？」といった情報をチームで共有することにつながり、解決に向かうことができます。

図1-8 ■目的と目標

　チーム力が低ければ、せっかくの情報も活きません。チームケアを有効に発揮するために重要なことは、お互いの職域の専門性を尊重し、認め合う姿勢をもつことです。そして、立ち位置が変われば見え方が変わって当然なことを理解しましょう。それぞれが**事実**をもちより、問題を**多面的にとらえ**、**真実**を探り利用者さんの問題を解決していくことで、個人の能力だけでなく、チーム力も向上していくのです。

> **Memo**
>
> ### 立ち位置が変われば見方は変わる（事実と真実）
>
> ここに、一つのお茶筒があります。
> ある人は、これを真上から見て「円形」だと言いました。ある人は、これを

真横から見て「長方形」だと言いました。当然、両方とも間違っていませんね。これが事実です。でも、実際のお茶筒の形は「円柱」で、これが真実です。介護現場では、これと似たようなことが起きていませんか？

　利用者さんの状態を介護職が見たら「円形」に見えました。でも、看護師から見ればそれは「長方形」でした。お互いに、「円形だ」「長方形だ」「そんなはずはない」「相手がおかしい」と言い合っていては、そこから前に進みませんし、利用者さんの問題を永久に解決することはできません。

　「私には円形にしか見えないけれど、どうして看護師には、それが長方形に見えるのだろう？　何か理由があるはずだ」という視点が大切です。立ち位置が変われば見方が変わる、このことを意識して、相手の言葉や行動の背景にある思考や感情を聴く努力をする、これがチームケアにおいて相手を理解するために重要なのです。

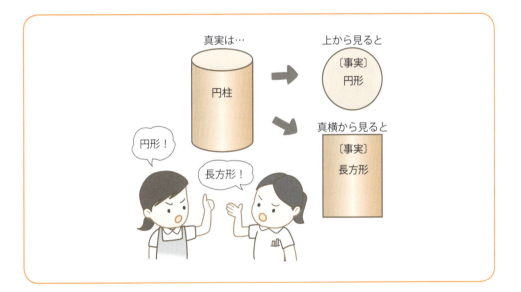

第5節　看護師と介護職のアセスメントの違い

　言うまでもありませんが、看護師と介護職とでは専門性が違いますので、アセスメントの行い方にも違いが出てきます。それがそのまま『フィジカルアセスメント』の違いでもあります。このことについて具体的に解説していきます。

例えば、新しく入所した認知症の利用者さんがいたとします。そして、その利用者さんは自分で意思表示ができず、思うように動くこともできずに、毎晩、夜10時になるとベッドから降りて、そわそわして部屋から出ようとする症状があったとします。あなたはどうしますか？

　看護師であれば、「眠れないから、そわそわしているのではないか？」と考え、睡眠薬を投与しようとするかもしれません。

　介護職であれば、「夜勤帯にベッドから転落したり、部屋から出てしまったら困るから」と安全を第一に考え、ご家族に了解を得て、ベッド柵をしたり、ベッドではなく床に布団を敷いて寝るようにしたり、転落してもけがをしないようにベッドの横にマットを置いたりするかもしれません。

　でも、この対応はその利用者さんの問題を解決しているでしょうか？「夜、呼ばれても困るから、寝ていただこう」「もし、転落してけがをされたら困るから転ばぬ先の杖で柵をしてしまおう」というのは、その利用者さんの問題を解決しているのではなく、看護師や介護職の問題・困りごとを解決しているにすぎません。

　なぜ、夜の10時になるとそわそわするのでしょうか？　人の言動や行動には、その背景に必ずそうしなければならない理由や思考や思いが隠されています。それをうまく伝えることができない利用者さんであればあるほど、私たちは五感を使ってその背景の理由を観察しないと利用者さん本人の問題は解決できないのです。

　利用者さん本人の問題の解決に向けて、看護師であれば、その職域の専門性から、落ち着きがなくなるという点で、身体的に何か苦痛や不安があるのではないかと考えるでしょう。苦痛はとらないといけません。そこで、バイタルサインを測ったり、内服薬をチェックしたり、どこかに不快を感じさせる要因などがないかをアセスメントするでしょう。そのうえで、薬などが影響している可能性が考えられれば、医師に薬の相談をするでしょう。もし、便秘などの可能性があれば水分や食事、あるいは薬や浣腸などで対応するでしょう。バイタルサインで発熱や頻脈などの異常が観察できれば、痛みや他の症状も観察し、必要があれば、医師へ情報をつなげてさらに血液検査やレントゲン検査となるかもしれません。そして、医師より必要時に処方がされるでしょう。

　では、利用者さんに一番近い介護職ならどうするべきでしょうか。「10時頃になるとなぜ、そわそわしはじめるのか？」「その時、どんな表情をしているのか？」「どんなことを言っているのか？」「昼夜逆転はないのか？」「いつから始まったのか？」「毎日なのか？」「入所者同士の人間関係はどうなのか？」

「食欲や食事摂取量に変化はないのか？」「家にいる時は、どのような生活パターンだったのか？」などをご家族から聞くなどしてアセスメントすることが望まれます。

● ケアの展開までのアセスメント過程

なぜ、夜の10時頃になるとそわそわして起き上がろうとするのか、その要因を探る際、現場で実際に行われているであろう内容について解説します。

そわそわしはじめた時の利用者さんの様子は、介護職が観察しています。その情報を看護師に伝え対策を一緒に考えていきます。そして、その際、この観察が適切であるのか、情報が伝わっているのか、チームで同じ目的・目標に向かっているのか、が重要となります。

介護職のアセスメントでは、表１－８のようなことがわかりました。一方で看護師のアセスメントは表１－９のようでした。

表１－８　介護職のアセスメント

- 日中に眠られていることはなく、６時の夕食後、夜８時には入眠され、夜10時までは、ぐっすりと眠られている。
- 脳梗塞の後遺症で失語症があり、さらに軽度認知症で自分の気持ちをうまく伝えられない状況があるが、徘徊や、異食、暴力、大声などのBPSD（Behavioral and Psychological Symptoms of Dementia；行動・心理症状）はみられない。
- 食欲旺盛。食事はいつもおいしそうに笑顔で完食されている。
- 入所されて１週間であり、まだ、慣れない環境でトイレや食堂などの場所に戸惑いがみられるが、スタッフの誘導で問題なく過ごされている。
- もともと社交的で、他の入所者とのトラブルもみられない。
- 旅行が趣味で家から離れることがよくあったためか、入所後、帰宅願望の様子もみられない。
- 夜10時頃、起き上がっても、つらそうな表情はみられず、触っても熱などもなく、ベッドから降りて何かを探しているように見受けられる。
- 入所して１週間が経つが、ほぼ毎日同じような時間帯に目覚められ、同じ行動をされている。
- 起きられた時に、トイレ誘導して排尿がすんでも寝ようとされず、「あれ、あれ」と言いながら部屋から出ようとされる。

表1-9 看護師のアセスメント

> ● 介護職の情報から、不眠があるのではないかと考え内服薬を確認するが、睡眠導入剤などの内服はされていない。また、内服薬の内容から不穏などの副作用も考えにくい。
> ● 覚醒した時の様子では、熱や痛みなどの苦痛表情などもみられない様子だが、全身状態に何か異常が起きていないかを観察する。バイタルサイン・水分出納・食事摂取状況・便秘の有無・残尿感などの泌尿器系トラブルの有無・皮膚トラブルなどの有無・浮腫や咳などの有無・痛みや体調不良の有無などを観察し、異常が疑われれば、それぞれ対応する。必要時は、医師などに情報を提供し指示を仰ぐ。

　表1-9のとおり、看護師は眠れるための方法として考えられる要因を解決しようとします。「医師に睡眠導入剤を処方してもらおう」とか、腹部の張り感や腸蠕動音の聴取や排便の状況確認から、下剤の処方や必要時、浣腸なども検討するでしょう。

　介護職は、アセスメントした内容から、トイレでの排泄がすんでも落ち着かず何かを探しているようにみえることに着目し、家ではどのような生活をされていたのか、家と施設で何が違うのか、ご家族から様子をうかがいました。

　すると、以前、家でも同じ時間になると起きてきて家の中を動き回っていたので、おなかがすいたのかと思いホットミルクを飲ませたところ、笑顔で眠るようになったとの情報をいただきました。そこで、ご家族が定期的に牛乳を持参してくださるようになり、ホットミルクを飲まれると安心したようにぐっすりと眠られるようになりました。

● **優先すべきは「身体的苦痛の有無」**

　このチームで話し合いがなされた時は、看護師も介護職も一緒になって夜間覚醒の要因を探り対応法を検討しました。こうした検討の際に優先して気をつけたことは、まず「身体的苦痛がないか」を観察することです。その苦痛を伝えることができない利用者さんだからこそ、私たちが観察して身体的苦痛を取り除くことが重要です。この場合は、空腹という身体的苦痛があったわけです。

　そして、もし、要因として**身体的苦痛**が考えられなければ、**精神的苦痛や社会的苦痛、スピリチュアルな苦痛**がないかを観察していきます（表1-10）。

この時、実は、空腹だけではなく社会的苦痛もありました。それは、いつも行っている行動が急にできなくなったという環境の変化に伴う苦痛です。

表1－10　取り除くべき痛み

> 身体的苦痛：発熱、便秘、下痢、疼痛、不眠、空腹、薬の変更、脱水　等
> 精神的苦痛：不安、不満、焦燥、悲しみ、恐怖、つらさ、切なさ、怒り、孤独　等
> 社会的苦痛：失職、経済の問題、家族や周囲の人間関係、環境変化　等
> スピリチュアルな苦痛：死生観、生きがい喪失、役割の喪失　等

　もし、この事例で、ご家族からの情報を得ずに、睡眠導入剤を内服することになったらどうでしょう。本来、必要でない薬を身体に入れることになります。その薬が徐々に蓄積されてさらに自分で動くことができなくなり、転倒の危険が増したり、廃用症候群になってしまう可能性も考えられます。

　利用者さんの生活を支える私たちが、利用者さんに害を与えるようなことは決してしてはいけないのです。ですから、利用者さんの目的を確認し、チームで今の目標を共有し、それぞれの職域でアセスメントしながら、利用者さんが主役のケアにつなげていくのです。

　この例をみると、看護のアセスメントだけでは気づけない点に介護職なら気づけるというふうにもとれますが、もちろん看護職も生活の視点で利用者さんをとらえアセスメントを行います。ただ、極端にいえば、専門性の違いとアセスメントの切り口の違いは前述のようになるということです。利用者さんの日常を一番よく知っている介護職が、日常の支援の中で、何かおかしいと感じたら、アセスメントを行い、緊急性の判断を行って、緊急性がないと判断できたならば、では「何が、おかしいと感じるのか？」について聞くことや五感を使って観察し、その情報を必要なチームメンバーへと伝え、そして、その情報を元に、チームメンバーがそれぞれの職域の専門性でさらにアセスメントし、必要な対応をとっていく、こうしたチームケアが理想的ではないでしょうか。

　チームケアにおいて、それぞれが、それぞれの職域でアセスメントし、その情報をもち寄って利用者さんの問題を解決していく、その入り口を介護職が担うために必要な知識と技術が『フィジカルアセスメント』なのです。

第6節　リスクを未然に防ぐ介護職の倫理

　介護職の仕事は、常に命と向き合う厳しい仕事です。誰も、事故を起こしたくて起こす人はいません。でも、人はミスをする生き物です。だからこそ、ヒューマンエラーを起こさないために、これから行おうとするケアを立ち止まって振り返り、本当に利用者さんが主役のケアかどうかを確認する必要があります。そのために必要な考え方が**倫理**です。

　元は医療、特に医師の世界で広く伝えられてきましたが、命と向き合う仕事である以上、介護職にも必要な考え方といえます。福祉大国のスウェーデンでは、以前から広く介護職の教育に組み込まれてきました。

　ここでいう倫理とは、医療倫理の4原則、「**無危害・善行・公正・自律**」です。例えば、今、あなたは利用者さんの食事介助をするとします。その食事介助の行為や方法は、「利用者さんにとって危険がない方法ですか？」。これが**無危害**です。その食事介助をすることは、「利用者さんにとって善いことですか？」。これが**善行**です。「利用者さんにとって必要なケアが必要なだけ適切に提供されていますか？」。これが**公正**です。そして何よりも、その食事介助は、「利用者さんが望んでいることですか？　つまり自己決定ですか？」。これが**自律**です。この四つを確認してケアを行うことが、リスクを未然に防ぐことにもつながります。

　しかし、この時に、その行為が、無危害や善行、公正、自律であるかは、適切なフィジカルアセスメントができないと、その行為を倫理に照らし合わせ確認することができないのです。

　例えば、利用者さんの摂食状況や食事環境、食事内容などをアセスメントしていなければ、これから行おうとしている食事介助のケアが、利用者さんに害を与えることになるかどうかがわかりません。栄養状態のアセスメントや利用者さん本人の希望などを聞いて行われているかが確認できないと、その利用者さんにとって善いことかも判断できません。

　そして、介護現場でよく起こることが、公正の意味の間違った理解です。公正とは、利用者さん全員に平等に、同じように同じ量のケアが同じ状態で提供できること、つまり均等分配と勘違いされている傾向があります。利用者さんは病気も状態も環境も、すべて違います。例えば、ある日は、Cさんは、3の量のケアで十分で、Dさんには10の量のケアが必要だとしても、翌日は、Cさんが10の量のケアを必要とし、Dさんは3の量のケアで十分かもしれません。

全員に平均して6.5の量のケアが提供されることが「公正」ではないのです。当たり前と思うかもしれませんが、実際に現場では起きていることです。

　ここで、大事なことは、今、Cさんに必要なケアが何で、どのように、どのくらい必要かが適切にアセスメントできていないと判断ができないということなのです。

　そして、一番難しいのが、「自律」です。自立という文字は、よく見かけますが、自立の前には必ず自律がなければなりません。私は介護支援専門員（ケアマネジャー）の時に、よく失敗しました。自立支援として居宅サービス計画（ケアプラン）を立てても、結果はなかなかうまくいきません。それは、利用者さん本人に自律がないからでした。つまり、**その行為を本人が望んでいるかどうか**が、自律においては重要、ということです。

　自分がこうしたいという自己決定があれば、自分から目的に向かって動けます。しかし、周りの者の目線で自立を目指すと、利用者さん本人の思いがそこにありませんから、いつまでたっても自立できないのです。つまり、「これから行おうとしている食事介助は、本人が望んでいることですか？」という確認です。

　本当は、「自分で食事は食べたいから、介助してもらってまで食べたくない」と思っているかもしれません。このように、実際は、自律に相反することが現場では多々起きてきます。自律を確認するには、利用者さん本人も介護職も同じゴールを設定していることが原点です。例えば、「左半身麻痺にはなったが、早く退院して家に戻り、趣味の囲碁がしたい」という望みがあったとしたら、そのためには、まず栄養状態をしっかりと戻したうえで、自分で食事ができるようなリハビリテーションをしたほうが効率はよく、早くゴールへ近づくはずです。そのことを利用者さんと一緒に確認しながら、ゴールがしっかりと把握できれば、食事介助も自立するための自律になるのです。利用者さんが自立するための自律（自己決定）が倫理の中の大事なポイントとなります。

　これから行おうとしているケアを振り返り、この倫理に照らし合わせて確認してから行うことでリスクを未然に防ぐことにつながります。しかし、ここでも、利用者さんを理解するためのアセスメントがきちんとできていないと倫理に照らし合わせることができないのです。

　命と向き合う仕事だからこそ、アセスメント力、特に**フィジカルアセスメント力**は必要なのです。

第2章 高齢者の身体の特徴と観察のポイント

Summary

本章では、高齢者によくある疾患と症状（図2-1）などの身体的な特徴とそれらの観察のポイントについて解説します。本章で学ぶことは、高齢者のフィジカルアセスメントを行ううえでの基礎的知識になります。教科書的な内容ですが、ここを押さえていないと正確なアセスメントができませんので、しっかりと読み込んでください。

また、第3節では高齢者の特徴として欠かすことのできない『認知症の理解』について解説します。ここではフィジカルアセスメント（身体的評価）だけでなく、高齢者の心理の理解が必要なことを踏まえて認知症の基礎知識とケア方法について解説しています。

第1節 高齢者によくある疾患や症状

1 脳で生じる疾患（脳血管疾患・神経難病・高次脳機能障害）

　脳の機能は何でしょう。人間は、取り入れた情報から考え、判断し行動に移して生活しています。このしくみは感覚器・中枢神経・運動器で行われます。特に、考え、覚え、判断する機能が脳で行われており、その機能を司っているのが中枢神経です。

　中枢神経とは、脳と脊髄です。紛らわしいのですが、脳神経は、頭蓋骨の中にありますが末梢神経です。中枢神経であるかどうかは、神経のある場所ではなく、決裁権があるかどうか、つまり判断する機能があるかどうかということです。決裁権があれば中枢神経であり、なければ末梢神経ということです。

　脳は、物事の白黒を判断しますから、決裁権があるということで『中枢神

図2-1 ■ 高齢者によくある疾患と症状

- 視力の低下
  遠近の調節機能の衰え（老眼）
  （白内障・緑内障・糖尿病性網膜症など）

- 脳の神経細胞の減少
  記憶力低下
  忘れっぽい
  （脳血管障害・認知症・せん妄など）

- 肺の老化、肺活量の低下
  （肺炎・肺気腫・肺がんなど）

- 難聴—比較的、高音が聞こえにくい
  （感音性難聴・伝音性難聴など）

- 運動器の老化、動作が緩慢
  骨が脆くなり骨まわりの筋肉も衰える
  （大腿骨頸部骨折・腰椎圧迫骨折など）

- 老化とカルシウム不足から歯が弱くなる
  歯肉も退縮し隙間ができる
  （嚥下障害・食事の偏りなど）

- 内分泌系の老化
  基礎代謝の低下
  インスリンのはたらきが低下する
  （糖尿病など）

- 老化により胃粘膜が萎縮して胃液の分泌が低下し、消化能力が減退する
  （食欲不振・胃もたれ・逆流性食道炎など）

- 心臓・血管の老化、心臓の予備力の低下
  血管が狭くなりはたらきが鈍る
  （高血圧・動脈硬化・心筋梗塞・狭心症・心不全など）

- 腸の老化、消化液分泌の低下
  （便秘など）

- 腎・泌尿器系の老化
  （頻尿・前立腺肥大・前立腺がん・神経因性膀胱・糖尿病性腎症など）

- 抵抗力・免疫力の低下
  基礎疾患をもっている方が多い
  状況の変化に順応しにくい
  身体の変調をうまく表現できない
  病気になっても典型的な症状が出にくいことがある
  （無痛性心筋梗塞・無症状性狭心症・無熱性肺炎・無痛性骨折など）

経』です。

　脳神経は、脳の中にありますが、実際の機能は、情報を運び、命令に従って動くだけで判断はしません。つまり、決裁権がありませんから『末梢神経』です。

　脊髄は脳の中にあるわけではないですが、緊急時など、時に反射という形で判断する決裁権がありますから『中枢神経』なのです。

　例えば、熱い鍋のふたを触ってしまったら、皮膚の感覚点（感覚器）がセンサーとしてはたらき神経終末器で電気信号に変えて知覚神経（末梢神経）へ伝え脊髄に情報が入ります。脊髄は、前角細胞で「手を離せ」の号令をつくります（ここで本来は脳へ情報を伝えて判断を仰ぎますが、緊急の場合は、ここで判断します。つまり決裁権があるということです）。次に運動神経（運動器）で筋肉へ号令を伝達して手を離します。これが、反射です。大脳へ情報を伝える前に、脊髄が判断して手を離させて火傷しないようにしているのです。

　緊急の場合などは、脳ではなく脊髄で判断し号令をつくって運動器へ伝えることをしているので、脊髄は中枢なのです。一方で、脳と同じ頭蓋骨の中にあっても、判断せずに情報を伝達したり、命令どおりに動くだけの脳神経は末梢神経ということなのです。

　末梢神経は、脳神経と脊髄神経に分けられます。さらに脳神経には体性神経（知覚と運動をコントロールする）と自律神経（意思と関係なく身体の機能をコントロールする）があります。さらに、自律神経には交感神経と副交感神経があります。

　交感神経は、活動モードであり、状況に合わせて心拍数を増加したり瞳孔を大きくしたりと臨機応変なはたらきをします。一方、副交感神経は、休息モードであり、消化器系のはたらきを促したり、新陳代謝や疲労回復・けがの修復などのはたらきをします。

　末梢神経である脳神経は、左右12対あり、それぞれが異なった役割をもち、脳内に一定の順番で並んでいます。同じく末梢神経である脊髄神経を損傷した疾患が**脊髄損傷**です。脊椎の中には、脊柱管という管があり、その中に脊髄神経の束が通っています。ですから、外傷などで脊椎を損傷すると脊柱管の中の脊髄も損傷されて四肢麻痺などになることもあります。

　高齢者の脳に起こる疾患で多いのが**脳血管疾患**です。

<脳血管疾患>

　脳血管疾患（特に脳卒中とは、脳梗塞・脳出血・くも膜下出血をいいます）には、脳梗塞や一過性脳虚血発作などの**虚血性の疾患**と脳出血やくも膜下出血などの**出血性の疾患**があります。虚血性の疾患は、動脈硬化で脳の血管の内腔が狭くなったり、他の部位から流れてきた塞栓子によって塞がってしまい血流が途絶えることにより、その先の脳組織の血流が途絶えるために酸素やブドウ糖などの栄養物が行かなくなり、その血管が支配する脳神経細胞が死んでしまう疾患です（図2－2）。

図2－2 ■ 虚血性の疾患の血管の状態

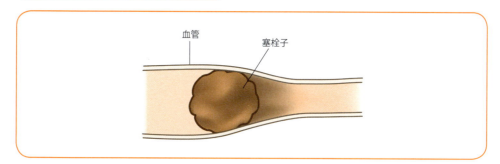

　一方、出血性の疾患には、脳の深部の細い血管が高血圧や加齢によって弱くなり、急に血圧が上がった時などに脳の中に出血する脳出血や、脳の表面の太い血管に脳動脈瘤ができて破裂し、くも膜と軟膜の間で出血する、くも膜下出血などがあります（図2－3）。

図2－3 ■ 出血性の疾患の血管の状態

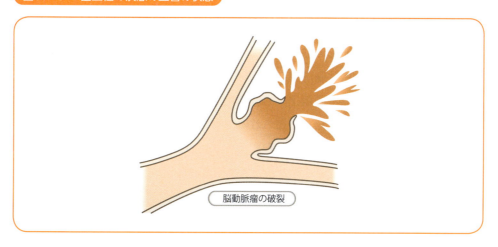

脳梗塞は、発症前に一時的に血流が悪くなって起こる症状（一過性脳虚血発作など）がみられることが多いです。例えば、片側の手足にしびれを感じたり、食事中に箸がうまく使えなかったり、うまく口へ運べなかったり、食べ物が口からこぼれたり、言葉がうまく話せなくなったりする症状で気がつく方もいらっしゃいます。一過性脳虚血発作などがあった場合は、血液の流れを改善するための薬を内服して、脳梗塞の予防をしている方が多いです。この場合は、薬の作用により出血しやすいため、義歯をつくるための抜歯や手術の前には、その薬をしばらく内服中止します。

● 脳梗塞

　梗塞とは、そこから先の血流が完全に途絶えている状態です。脳血管疾患の中で最も頻度の高い疾患で、約60％といわれています。脳梗塞には表2−1のようなものがあります。

表2−1　脳梗塞の種類

アテローム血栓性脳梗塞	脳動脈硬化によって徐々に血栓が形成され、脳血管内腔を塞いでしまう梗塞です。
心原性脳梗塞	心房細動など不整脈のために心臓内でできた血栓が、脳血管に運ばれて血管を塞いでしまう梗塞です。
ラクナ梗塞	ラクナとは、ラテン語で小さな空洞を意味します。大脳皮質の内部（大脳基底核）で起こる小さな脳梗塞です。いくつものラクナ梗塞が発生している場合を多発性脳梗塞といい、この場合、脳血管性認知症やパーキンソン症候群の原因となることがあります。

● 一過性脳虚血発作

　そこから先の血流が一過性に悪くなっているが完全に途絶えてはいない状態です。一過性脳虚血発作は、運動麻痺・感覚障害などの神経症状が24時間以内には消失し、画像上にも脳梗塞を示さないのが特徴のため、受診しても何もないと言われ、帰ってこられる方がいらっしゃいます。動脈硬化で頸動脈などの内腔が狭くなり、血流が悪くなるためにできた小さな血栓がはがれて、脳内の血管へ飛んで詰まり、症状が現れます。

　脳の血管が詰まると、その部分の組織の循環と代謝に障害が起こり、「呂律が回らない」「片手がしびれて物を落とした」など症状は違いますが、脳梗塞の前兆がみられます。

一過性脳虚血発作を起こした人の20～40％は脳梗塞に移行するとの報告もあります。血栓が小さかったり、血栓の詰まり方が弱いと、いったん詰まった血栓は自然に溶けて再び血液が流れるようになり、症状は消失します（図2－4）。

図2－4 ■一過性脳虚血発作の病態

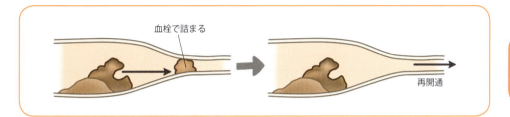

● 脳出血

　脳の中の血管が破れたことにより脳神経に障害を起こします。高血圧を原因にした高血圧性脳出血と、その他の加齢などにより脆くなった血管が破れる脳出血があります。出血した部位によって、症状が異なり、被殻出血は出血した部位とは反対側の片麻痺として現れ、言語野のある左脳側で出血した場合は失語症となります。視床や小脳付近で出血した場合は感覚麻痺や運動失調、皮質下出血では高次脳機能障害になる確率が高いです。

　脳出血は、急に発症するため、一般的に発見された時は意識がないことが多く、高血圧の方が、冬の入浴時に室温差などの誘因で起こすことは一般的にも知られています。

● くも膜下出血

　くも膜下出血は、急に頭をハンマーで殴られたような強い衝撃を感じますが、発症時のその瞬間まで記憶があることが多いのが特徴です。

　脳は、外側から硬膜・くも膜・軟膜の3層の髄膜に覆われています（図2－5）。くも膜下出血は、2層目のくも膜と3層目の軟膜の間の、くも膜下腔に出血した状態です。くも膜下出血は、太い脳動脈の枝分かれした部分の血管壁の一部分が脆くなってきて、しだいに風船のように膨らんでできた脳動脈瘤の破裂や、先天的な脳動脈の奇形によってできた脳動脈瘤の破裂で起きたりします。

　激しい頭痛と同時に髄膜刺激症状（吐き気、嘔吐、後頸部の硬直により首を前屈できない）などの症状があり、死亡率も高いです。脳ドックなどで、動脈

図2-5 ■脳の3層の膜

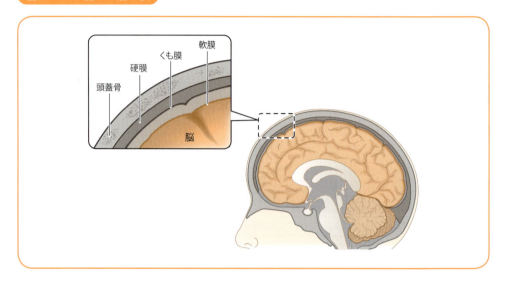

瘤が発見された時は、クリッピングなどで出血を予防します。

● 硬膜下血腫

　高齢者の脳の疾患で多いのが、硬膜下出血です。高齢者はさまざまな理由から転倒をしやすく、それをきっかけに発症することが多いのがこの疾患です。脳を覆う3層の髄膜のうち、1層目の硬膜と2層目のくも膜の間に出血した状態です。短時間のうちに塊（かたまり）となった血腫（けっしゅ）が脳を圧迫することにより、多くの症状が現れます。

　急性と慢性（まんせい）があり、共通してみられる症状は**意識障害**で、急性の場合は、頭部外傷などが原因で若い方にもみられますが、予後は不良の場合が多いです。

　一方、慢性の場合は軽微な頭部外傷で発症し、高齢者に多くみられ、頭蓋内（ずがいない）圧亢進（あつこうしん）の所見は少なく、認知症の症状がみられることがあります。

　介護の現場では、転倒や頭を打ったなどの情報があれば、その後、注意深く利用者さんの観察を行い、発見、対処することでその方の生活を維持することができます。

Check

脳血管疾患を見抜く

訪問時、以下のような症状に遭遇したら気をつけてアセスメントする必要があります。

> 意識障害・明らかな呼吸パターンの変化・瞳孔不同[注1]・片側の手足の麻痺やしびれ・呂律が回らない、言葉が出にくい等の言語障害・脱力感、片側の手足に力が入らず物を落とす、座位が保てず片側に偏る、歩行時に片側へ偏る・二重に見える、視野が狭くなる等の見え方の変化・激しい頭痛・ボーっとしていて反応が鈍い、文字が書けない、もの忘れ、人の言うことが理解できない等の変化・手足の触った感じなどに左右差がある・口がうまく閉まらない、飲み込めない等の嚥下・摂食障害・顔や唇のしびれや声が出にくい・めまいや耳鳴りでふらつく・簡単な計算が咄嗟にできない

以上のような症状が観察されたら、臨機応変な対応が必要です。意識がなければすぐに救急車を呼びますが、その際、救急車が来るまでに心肺蘇生の必要があれば行います。呼吸はしているようであれば、瞳孔や呼吸パターンの観察などをして救急隊に報告します。

バイタルサインの観察はもちろんですが、脳血管疾患が疑われるような場合は、例えば以下のようにアセスメントをします。

（例）
・手足の動きに左右差があり、転倒や物を落とすなどの障害がみられる。
　→ **左右の触った感じや握力の左右差、歩き方を観察します。**
・嚥下・摂食障害がみられる。
　→ **舌の動きやストローが使えるかなどを観察します。**
・ボーっとしていて、いつもの会話ができない。
　→ **短い文章を読んでもらって、呂律や言葉の詰まり、内容がおかしくないかなどを観察します。**

＜神経難病＞

神経難病とは、神経細胞が変化して起きる疾患の総称で、はっきりとした原

因や治療法がないものをいいます。**筋萎縮性側索硬化症**（amyotrophic lateral sclerosis；ALS）・脊髄小脳変性症・パーキンソン病・多発性硬化症・重症筋無力症などがあります。原因はわかりませんが、中には原因が途中まではわかっているものや、現在は、根本的な治療法はなくても、日常生活が可能となるような治療はあるというものもあります。高齢者に多いパーキンソン病と、特に生活全般に支援が必要なALSについて解説します。

● パーキンソン病

脳は、**大脳**、**小脳**、**脳幹**に大別されます。脳は神経細胞の集合体で神経細胞のネットワークにより情報伝達され機能しています。この時、情報伝達に欠かせないのが**ドパミン**、**セロトニン**、**アセチルコリン**などの神経伝達物質です。

パーキンソン病では、中脳の黒質神経細胞の変性により、神経伝達物質であるドパミンの産生が減少し、特徴的な症状が現れますが、その原因は不明です。

主な初期症状には、**ふるえ**、**固縮**、**無動**、**姿勢障害**があります。片側手足のふるえや歩きづらさが初発症状で、前かがみで小刻みに歩くようになる特徴があります。筋のこわばりや手足のふるえは、進行とともに反対側にも現れます。特に、じっとしている時に手や足にふるえが現れ、何かをしようとするとふるえが収まるといった**安静時振戦**が特徴的です。同じふるえでも、**本態性振戦**は、逆に何かをしようとした時にふるえが起きる点が異なります。

パーキンソン病の症状の特徴は、すくみ足や小刻み歩行、動作緩慢、方向転換や寝返りが苦手になったり、歩いているうちに足が体に追いつかなくなる突進歩行、姿勢反射障害のために、前のめりの姿勢を立て直せずに転倒するなどです。また、表情が乏しい仮面様顔貌や自律神経系では便秘や立ちくらみ、起立性低血圧や精神症状としてうつ状態もみられますが、一般的に知能は正常に保たれます。

● 筋萎縮性側索硬化症（ALS）

大脳から「運動の指令」を筋肉へ伝達する運動神経が障害され、感覚神経や自律神経はほとんど障害されない進行性の神経変性疾患です。脊髄と脳の運動神経細胞が減少していくため、進行性に全身の筋力が低下、筋肉が萎縮していきます。

四肢筋力低下や構音障害・嚥下障害などを発症し、発病後3～5年で呼吸筋力低下により人工呼吸器が必要な状態になります。有病率は10万人に2～7人

といわれています。発症年齢は高齢化傾向にあり、60歳代後半が多く、男性に多い病気です。

　原因は不明ですが、アミノ酸の代謝異常や自己免疫(じこめんえき)が関係しているなどの説があります。進行を遅らせる効果が証明された薬もありますが、効果は軽微で、主な治療は、現れる症状に対する対症療法になります。

＜高次脳機能障害＞

　人の脳には、生きているという生命維持に必要な機能と、生きていくという感覚や運動に必要な機能の他に、物を覚える、判断するといった、人にしか存在しない機能があります。こうした記憶や認知、判断といった機能が障害されることを**高次脳機能障害**といいます。

　この機能の中心は認知機能で、認知機能の障害では、失語、失行、失認、記憶障害、遂行機能(すいこうきのうしょうがい)障害などがみられます。

> **Check**
>
> ### パーキンソン病とALS
>
> 　訪問時、以下の症状に遭遇したら気をつける必要があります。疾患ごとに症状を分けることは難しいですが、主な症状を知っていることが大事です。
>
> #### パーキンソン病
>
> - 動きが遅くなり、顔の表情が乏(とぼ)しくなり、声も小さくなる。
> - 身体のバランスが取りにくいため、立っている時も背中を丸めた前かがみの姿勢になる。
> - 歩き方に変化がみられる（なかなか一歩目が出ない・歩幅が小さい・突進歩行）。
> - 平地歩行は足が出にくいが階段昇降はスムーズに行える。
> - 筋肉が固くこわばって手足の曲げ伸ばしがスムーズにできない。
> - 便秘や起立性低血圧などの自律神経障害がみられる。
>
> #### ALS
>
> - 手足がうまく上がらなくなり、ツッパリ感や痛みがあり、筋肉がやせてく

第2章　高齢者の身体の特徴と観察のポイント

第1節　高齢者によくある疾患や症状

・握力が落ち、物を落とすようになる。
・徐々に歩行時も足に力が入らなくなり、転倒するようになる。
・飲み込みづらくなり、むせるようになる。
・舌がうまく動かず、言葉が不明瞭(ふめいりょう)になる。

フィジカルアセスメントは主に五感を使ってアセスメントします。

実は、高齢者は、この五感を使って情報を入手することが困難になる特徴があります。この外部の情報を入手する機能は感覚器です。「見る・聞く・触る・味わう・におう」と言われるものですが、高齢になると、この五感の機能にも変化が現れ疾患になります。次の2～6では、五感の疾患について解説します。

2 | 眼球に生じる疾患（白内障・緑内障・糖尿病性網膜症・加齢黄斑変性）

加齢に伴い遠近の調節機能が弱ることで老眼になります。また、水晶体の老化現象により水晶体の混濁(こんだく)が起きて白内障(はくないしょう)になります。しかし、それは人によって程度の差があるため手術が必要な人がいたり、点眼薬だけの人がいたり、徐々に変化するため見えにくさを感じながらも何もせずに経過する人もいてさまざまです。眼球の構造と眼の部位は、図2-6・図2-7のとおりです。

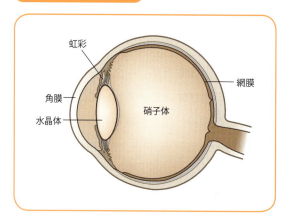

図2-6 ■ 眼球の構造

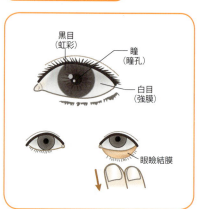

図2-7 ■ 眼の部位

● 白内障

　眼の水晶体または水晶体被膜が、徐々に進行性に混濁する疾患です。角膜を通って目に入ってくる光が水晶体混濁によって妨げられ、物が霞んで見えるようになります。白内障患者の95％は手術によって視力が改善します。

　特徴は、徐々に進行する無痛性の視力障害と、全体的にオレンジがかったり、白茶けてぼやけて見えたり、眩しさを強く感じるなどの症状があります。進行すると、肉眼でも黒目（虹彩）全体が白濁して見えます。

● 緑内障

　眼の中には、血液の代わりに栄養を運ぶ役割をする房水が流れています。眼球は本来、柔らかいもので、その球形を保つために内部から外部への一定の力が必要で、この圧力が眼圧です。そして眼球内を流れる房水の量が眼圧を左右しています。

　緑内障は、異常に眼圧が上昇して視神経やその他に損傷をきたし視力障害や失明を起こします。日本人の失明の原因で上位を占める疾患です。特徴は、目の痛みや圧痛、嘔気、嘔吐、羞明、視野狭窄や失明です。

　急性緑内障は、急激に眼圧が上がるため、痛みや頭痛、吐き気など激しい症状を起こします。一方で慢性緑内障は、ほとんど自覚がなく進行します。唯一視野欠損が自覚症状として現れますが、通常は二つの眼で見ているため互いの視野でカバーされて進行するまで気がつかないことが多いです。

　内服薬で眼圧を下げたり、レーザー治療や手術療法で眼圧を下げますが、これで治療が終わるわけではなく、視野狭窄が進行していないことを確認しながら生涯に渡って管理が必要となります。なお、白内障の時に虹彩の色が白く見えることがあっても緑内障で緑色になるようなことはありません。

● 糖尿病性網膜症

　糖尿病の三大合併症の一つで、中途失明の上位を占めています。

　眼をカメラに例えると、レンズが水晶体、フィルムが網膜です。網膜は眼球の一番奥にあります。網膜は眼底にあり光を感じる細胞で覆われていますから、この網膜に障害が起きれば視力にも障害がみられます。

　高血糖が続くと網膜へ栄養を補給する血管が脆くなり、小さな詰まりや出血を繰り返し、網膜が障害されて視力が低下したり失明につながっていきます。内科的な治療で血糖コントロールや高血圧の管理を行い、時にはレーザー光線

で治療することもあります。

● 加齢黄斑変性

　加齢により、網膜の中心部にある黄斑が萎縮または変性した状態で、成人の失明原因の中でも多い疾患です。不可逆性の変化であり予防することはできません。加齢により、網膜色素上皮の下に老廃物がたまり、それにより黄斑部が障害されることにより起こります。

　特徴は、物がぼやけて見えたり、見ている部分の中心部が歪んで見えたり、視野の中心部が欠損して黒い暗点が見えたり、進行すると色もわからなくなります。治療方法は確立していませんが、硝子体腔に薬物を注射する方法が行われます。

　見えにくさは、本人が自覚しています。日常生活の中で、見えにくさの訴えがあったり、食事や歩行などの生活の様子に変化がみられたら、その利用者さんの既往歴や症状をアセスメントして、早めに医療職へ情報をつなげることが重要です。

3 ｜ 耳で生じる疾患（感音性難聴・伝音性難聴）

● 耳の構造

　人間の耳は、外耳、中耳、内耳に分けられます（図2－8）。音は空気の振動です。耳介が開いたような形をしているのは、音を集めやすくするためです。外耳道は音を中耳まで伝える役目をします。

　中耳では、音は鼓膜をふるわせて鼓膜につながっている耳小骨（ツチ骨・キヌタ骨・アブミ骨）で約20倍の大きさの振動に拡大されます。この増幅された振動が内耳の蝸牛に伝わり神経刺激になります。聴神経が脳にその刺激を伝えて音として認識されます。

　外耳と中耳は音を振動として受け取り伝えるはたらきをしますので**伝音系**と呼び、内耳は振動を電気信号に変換し神経、脳へ伝え音として感知、認識するので**感音系**と呼びます。

　高齢者は、加齢に伴い**難聴**になります。特に高齢者の場合、高音が聞きとりにくいという特徴があります。また、内耳には、平衡感覚を司る役目もありますので、内耳の障害はめまいとの関係もあります。

　難聴を障害部位別に考えると表2－2のような分類になります。

図2-8 ■ 耳の構造

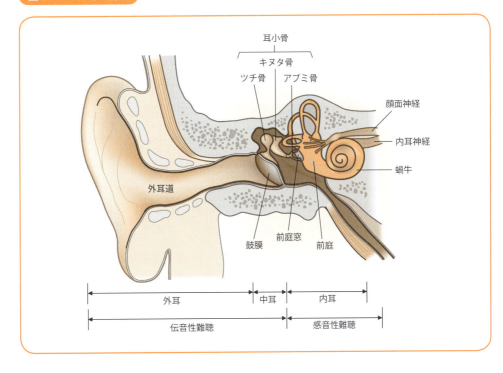

表2-2　難聴の分類

伝音性難聴	音のセンサーである蝸牛まで空気振動が十分に伝わらないための難聴で、耳垢詰まりや中耳炎が原因のことがあり、治療をすることで、改善できる可能性があります。小さな音が聴こえにくいですが、言葉の明瞭さにはあまり影響がないのが特徴です。特に、高齢者は、耳垢詰まりで難聴になっている場合がありますので、耳鼻科で耳垢を除去して改善する場合もあります。
感音性難聴	音が蝸牛まで届いても、その振動を刺激として感じられない、または蝸牛で発生した神経刺激を脳まで伝えられない難聴です。音が聞こえにくいだけではなく、言葉の明瞭さが欠けたりします。また、治療は難しく、加齢による変化や騒音障害、薬物の副作用等が原因です。
混合性難聴	伝音性と感音性の両方の原因をもつ難聴です。

　聴こえにくさは、本人が自覚していますが、それを意思表示できない利用者さんの場合は、介護職が生活の様子から察してアセスメントし、医療職へ早く情報を伝えることが重要です。もし、伝音性難聴があったとしたら、耳鼻科で耳垢を除去したり、中耳炎の治療をすれば難聴が改善される可能性があり、利用者さんの生活の質は保たれます。

4 | 口で生じる疾患や症状（食事の偏り）

口の機能としては、主に「食べる」「話す」「呼吸する」などがあります。「話す」ことに関する疾患や症状については、「高次脳機能障害」（⇒45頁参照）と「認知症の症状」（⇒100頁参照）の中で解説します。「呼吸する」ことに関する疾患や症状については、「肺で生じる疾患」（⇒52～55頁参照）の中で解説します。

私たちは生きるために食べますが、食べる機能は本能ではありません。経験を積み重ねて、食べ物かどうかの認識をしたり、適切な食べ方を無意識の中で記憶にとどめ食事を繰り返しています。そもそも、目の前の物が何であるかの認識ができなければ安全に食べることはできません。

今まで食べたことのある物なのか、じっと見て、においをかいだり、硬いか軟らかいか、熱いか冷たいか、好きか嫌いかなどを口に入れる前に認識し、過去の経験と合わせて瞬時に判断して、その食べ物にあった食事行為をとります。

高齢になると、食べるために必要な機能の低下が起きたり、認識や判断ができないために安全に食べられないといった問題が起きてきます。

● **嚥下障害**

嚥下のしくみは、口の中に取り込まれた食べ物が、咀嚼され、唾液と混ざり塊となって咽頭へ送り込まれます。そして、ペシャンコの食道へ食べ物が送り込まれます。食道に食べ物が入ると、上食道括約筋が収縮して食道を閉鎖して喉頭下の逆流を防いで胃に送り込みます。胃の中に食べ物が入ると食道と胃のつなぎ目の筋肉である噴門が閉じて胃内容物の逆流を防いでいます。

嚥下障害とは、この一連の飲み込みの機能の障害です。加齢による嚥下機能の低下や脳血管疾患の後遺症などでみられます。喉頭蓋が閉まりきらなかったり、間違って気道に入ってしまった異物を咳き込んで吐き出す力が弱くなったりすることで起こります（図2-9）。その異物が肺の中で炎症を起こし、肺炎となるのが**誤嚥性肺炎**です。夜間寝ている時に、口の中で繁殖した細菌が混じった唾液を誤嚥し、それを咳で排出することができずに誤嚥性肺炎になる高齢者が多いので、口腔ケアがとても重要となります。

高齢者は加齢による嚥下機能の低下などから、誤嚥性肺炎が起こりやすいのですが、なかなか症状が出にくいといった特徴があります。

図2-9 ■誤嚥のしくみ

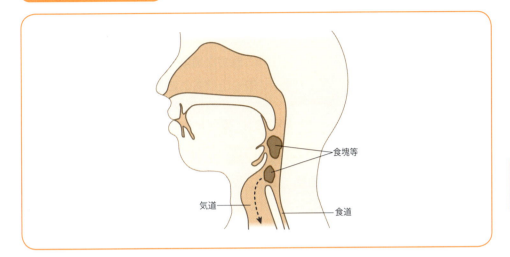

● 食事の偏り

　高齢者は、加齢に伴い義歯になる方が多いため若い時と同じように食べられるという状況ではなくなります。硬い食べ物や、繊維質（せんいしつ）の食べ物はかみ切れなかったりするため、必然的に食事に偏りがみられるようになります。

　また、トイレに行くにも動作が緩慢になるため、水分を控え（ひか）たりする傾向もあります。また、認知症などでは、味の変化や食べ物としての認識ができない等の症状もみられるため、食事の内容や摂取の仕方に変化がみられるようになります。

　利用者さんは、自分で食べにくさを自覚していても、あきらめてしまっている場合があります。「義歯だから」「トイレの失敗が嫌だから」といった理由で食事量や水分量を減らしたりしますが、それが、身体に及ぼす影響を知りませんから、その行為が大変な疾患につながるとは思っていません。だからこそ、食事摂取や会話、その他日常生活の様子全体から、介護職がアセスメントをして対応したり、必要時、医療職へ情報をつなげることが大切になります。

5 においに関して起こる疾患や症状（異臭に気づけない）

　70歳を過ぎると徐々に嗅覚（きゅうかく）の能力が低下するといわれています。脳血管疾患の後遺症でも起こります。嗅覚の低下によっても食事がおいしく食べられない等、食事摂取にも影響を及ぼします。また、例えば、ガスが漏（も）れていてもそ

れに気付かず危険が生じたり、汚物を放置しても平気になるなど、生活に変化が生じることもあります。

　やはり、日常生活の中で介護職がアセスメントをすることで、重大な事故を防いだり、必要時、医療職へ適切な情報をつなげることにより疾患を早めに見つけ、利用者さんの生活の質を上げることができます。

6 │ 触った感じに変化が起こる疾患や症状（けがなどの重症化）

　加齢に伴い、触覚、痛覚、温度覚などの表在感覚の低下や振動覚、関節位置覚などの機能が低下します。脳血管疾患の症状としても起こりますし、糖尿病のような代謝性疾患の症状としても起こります。それにより、熱や痛みの感覚が鈍くなり、けがや火傷になっても気付かず、処置が手遅れになり重症化するなどの危険が生じます。ですから、特に糖尿病の方は、フットケアが重要でありけがをしないための注意が必要です。

　このアセスメントは、特に脳血管疾患などを早めに見つけるためにも重要です。利用者さんの症状は、日常生活の何気ないところにあります。それを脳神経の問題も視野に入れてアセスメントできるかどうかで、利用者さんのその後の生活が大きく変わってしまうのです。

　ここまでは、五感の疾患をみてきましたが、次の7～10では肺・心臓・腎臓・胃や腸などの臓器で起こる疾患などについてみていきます。

7 │ 肺で生じる疾患（肺炎・肺気腫・肺がん）

● 肺の役割

　私たちは呼吸というしくみで身体に必要な酸素を取り入れ、不要になった二酸化炭素を排出しています。この時に、酸素と二酸化炭素を入れ替えるために必要な臓器が肺です。

　肺は呼吸するための手段です。呼吸器は、外界から身体の中に酸素を取り込む役割を担っています。つまり、酸素の仕入れ業者であり、その仕事は、「換気」「ガス交換」「肺の中の血液循環」の三つです（図2-10）。

　「換気」では、鼻や口を通じて空気を吸い込み肺胞まで酸素を届けます。「ガス交換」では、取り込んだ酸素を肺内の血液に供給するとともに、体内の過

図2-10 ■ 肺の三つの役割

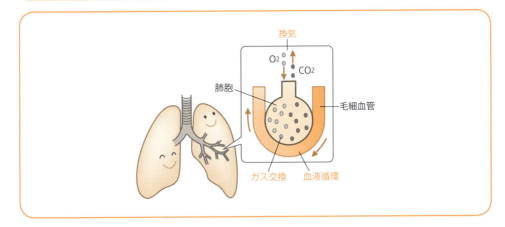

剰な二酸化炭素を肺胞内へ移行させます。さらに、**「肺の中の血液循環」**では、酸素を取り込んだ血液を心臓へ還しています。ですから、加齢に伴い肺実質[注2]の機能低下やそれに伴う肺活量の低下などでいろいろな疾患となります。高齢者に多い肺の疾患に肺炎があります。

● 肺炎

肺炎は、肺の炎症性疾患です。肺炎の種類には、肺炎球菌や黄色ブドウ球菌などによる細菌性肺炎や、インフルエンザウイルスやアデノウイルス、SARSウイルスなどによるウイルス性肺炎、マイコプラズマ肺炎、クラミジア肺炎等があります。

細菌性肺炎は、感染が引き金になって肺胞の炎症や浮腫が起こり、本来は空気で満たされているはずの肺胞が、血液や浸出物によって満たされ、最終的に無気肺[注3]となります。特に、高齢者の場合は、誤嚥性肺炎が多いといわれています。**誤嚥性肺炎**（⇒50頁参照）は、自覚症状がなく、高熱になることもないためわかりづらいのですが、「実は、肺炎だった」ということがよくありますので、要注意です。

ウイルス性肺炎では、ウイルスが気管支上皮細胞を侵し、炎症や細胞剥離を起こします。高熱、胸膜炎の痛み、悪寒、倦怠感、膿や黄色ないし血性の痰を伴った咳がみられ、重症の場合は呼吸困難となります。

● 肺気腫

肺は、気管支が複数回枝分かれして細気管支になり最終的に肺胞につながります。肺胞は小さなブドウの房のように付いていて周りに毛細血管が取り巻

き、肺胞の壁を通して、取り入れた空気から酸素を毛細血管に渡し、毛細毛管からは不要になった二酸化炭素を肺胞の中へ渡します。これが肺胞で行われるガス交換です。

人間の体表面積はせいぜい、畳一畳（たたみいちじょう）くらいなのに、肺胞の表面積はテニスコート半分と言われるくらい広い面積をもっています。ここで、ガス交換が行われて私たちは息苦しさを感じずに動けるのです。

肺気腫になると肺胞の壁が破壊され、癒着（ゆちゃく）により肺胞が異常に持続的に拡張していきます。ブドウの房状の肺胞の表面積よりも、一つの袋状になった肺胞の表面積は小さくなります。必然的に、それを取り巻く毛細血管も少なくなるためガス交換の量も減ります。そのため、息切れがして息苦しかったり、咳や痰が続くなどの症状が現れます。慢性閉塞性肺疾患（chronic obstructive pulmonary disease；COPD）の一つです。

COPDの特徴としては、より多くの空気を取り込もうと胸郭（きょうかく）を広げて体積を多くするために樽状（たるじょう）に**胸郭が変形**したり、肺胞の中の空気を吐き切ってしまわないように口をすぼめて息を吐くために、呼気時に**プープーという音**が聞こえるような呼吸の仕方（口すぼめ呼吸）をしたり、慢性的に低酸素血症になるために**ばち状指**になったりします（図2-11）。

図2-11 ■ ばち状指

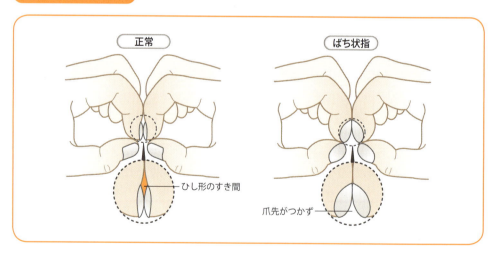

● 肺がん

気管支壁や気管支粘膜上皮（きかんしねんまくじょうひ）から発生し、増殖する新生物で、小細胞がん、非小細胞がんがあります。

小細胞がんは、全体の約20％を占め、増殖が速く転移しやすいがんです。抗

がん剤、放射線治療などの効果が得やすい特徴があります。

非小細胞がんには、扁平上皮がん、腺がんなどがあります。約80％で手術を中心とした治療が行われます。症状は、咳、嗄声、喘鳴、喀血、胸痛、呼吸困難、発熱、衰弱、肩や腕の痛み等がみられます。

呼吸器の疾患は、特に生命に直結しますから、アセスメントは重要です。バイタルサインはもちろん、疾患や症状の基礎知識を学んでおきましょう。

8 ｜ 心臓で生じる疾患（高血圧・動脈硬化・心不全・狭心症・心筋梗塞）

高齢者は、心臓の疾患を患っていることが多いです。心臓は心筋と呼ばれる筋肉でできた丈夫な臓器で、握りこぶしくらいの大きさで約300gほどの重さです。

肺が呼吸のための手段であるように、心臓は血液の循環のための手段です。私たちの生命維持のために欠かせない機能は呼吸器と循環器です。

呼吸器は、酸素の仕入れ業者でしたが、循環器は**運送業者**としての役割を担っています。そして動脈系と静脈系によって、運ばれるものが違ってきます。動脈系の積み荷は「栄養」「熱」「赤み」「酸素」などです。一方、静脈系の積み荷は、「二酸化炭素」「水分」などです。ですから、動脈系で運ばれるべきものが十分運ばれなければ酸素や栄養の供給不足となります。すると、症状としては、栄養が運ばれないから毛が抜けたり、熱が運ばれないから冷感になったり、赤みが運ばれないから蒼白になったり、酸素が運ばれないから、酸欠の場所に痛みが出たりします。

一方、静脈系で運ばれるべきものが十分に運ばれなければ、二酸化炭素や水分の回収不足がおき、末梢の色調変化や浮腫が起きてきます。

心臓は、血液を送り出す**ポンプの役割**を果たし、血液循環には肺循環と体循環の二つがあります。**肺循環**は、右心室→肺動脈→肺→肺静脈→左心房へ流れる血液循環で、酸素を取り込み二酸化炭素を排出しています。一方、**体循環**は、左心室→大動脈→動脈・毛細血管・器官・組織→静脈→大静脈→右心房へ流れる血液循環で、全身の組織に酸素を送っています。

● **血液の流れ**

心臓を理解するためには、血液の流れを理解する必要があります。心臓のはたらきとは、実は、心室のはたらきのことです。心房は、ある程度血液をためてから回したほうが無駄なエネルギーを使わずに効率よく血液が循環するため

の控えの間のようなものです。つまり、控えの間で、血液をためて効率を上げるためのものですから、実際は心室だけをイメージして血液の流れを考えてみましょう（図2-12）。

図2-12 ■ 心臓の構造

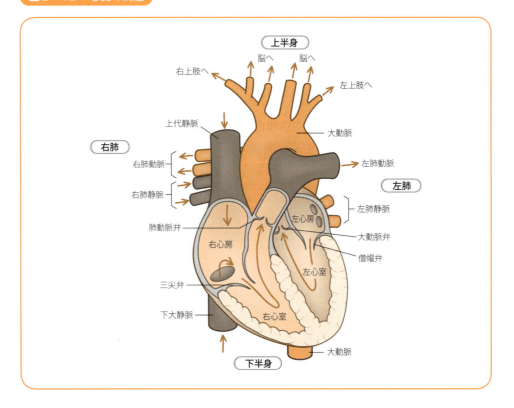

　全身を巡って、戻ってきた血液（静脈）は右心房へ入ります。右心房にある程度たまったら、右心室へ流れていきます。この時、右心房と右心室の間には三尖弁（さんせんべん）というドアがあります。つまり、右心室の入り口のドアということです。右心房から右心室へ血液が流れているときは、三尖弁は開いていなければなりません。しかし、右心房内の血液が右心室へ移ったら、今度は逆流しないように三尖弁は閉じなければなりません。

　右心室にたまった血液は、二酸化炭素と酸素を交換（ガス交換）するために、肺へ送り出されます。そこで、右心室から今度は肺動脈を経て肺へ血液は流れていきます。この時も、右心室と肺動脈の間にはドアがあります。肺動脈弁です。こちらは、右心室の出口のドアということです。右心室に血液が流れている時は、漏れないようにドアはしっかりと閉まっています。しかし、肺へ流れる時は、ドアが開いていないと困ります。右心室の入り口が三尖弁で出口

が肺動脈弁ということです。

　肺でガス交換され酸素を多く含んだ血液は、左心房へ流れます。この時に左心室へ流れてしまっては困りますので左心房と左心室の間にあるドアは閉まっています。このドアが僧帽弁(そうぼうべん)です。左心室の入り口のドアが僧帽弁ということです。左心房に血液がたまるとこのドアは開き、血液は左心室へ流れていきます。この時に左心室の出口のドア（大動脈弁）は閉まっていなければなりません。

　左心室に血液がいっぱいになると今度は、全身へ送りだすために大動脈へ流れていきます。この時に逆流しないように僧帽弁は閉じていなければなりません。その代わりに出口の大動脈弁は開いているという状態が血液の流れです。つまり、左心室の入り口は僧帽弁で、出口は大動脈弁ということです。

● 高血圧

　血圧は、血管の中を流れる血液の血管壁に与える圧力です。高血圧とは、その圧力が高くなった状態です。例えば、動脈硬化などで血管内腔が狭くなっているところに多量の血液が流れようとしたら、血管壁に与える圧力は高くなりますし、何かが詰まっていて通りにくい状況に、血液が無理に流れようとしたら血管壁に対する圧力はやはり高くなります。これが高血圧の状況です。心臓は、血液を送り出すポンプですから、心臓にも負荷がかかるということです。

　高血圧には、**本態性高血圧**と**二次性高血圧**があり、約90％が本態性高血圧、残りの約10％が二次性高血圧だといわれています。

　本態性高血圧は原因不明ですが、遺伝要因や加齢、さらに生活習慣の乱れなどが関連して発症していると考えられています。一方、二次性高血圧は、腎性(じんせい)高血圧(こうけつあつ)、クッシング症候群、原発性アルドステロン症、褐色(かっしょく)細胞腫(さいぼうしゅ)などによるものがあります。原因に合わせて内服薬治療が行われますが、塩分制限などの食事療法や特に下腿(かたい)の筋肉を動かす運動療法が行われ、併せて気温差など環境整備を含めて日常生活での注意が必要になります。

● 動脈硬化

　動脈が文字どおりに硬くなった状態が動脈硬化です。動脈のしなやかさが失われるため、血管が脆く破れやすくなったり、血液がうまく流れないために、結果的に心臓にも負担をかけてしまいます。

　動脈の内腔は、脆くなって粥腫(じゅくしゅ)[注4]ができ、さらに血管の中が狭くなったり、粥腫がはがれて細い血管を詰まらせたりします。すると細胞に必要な酸素

や栄養が行き渡らないため臓器や組織が機能しなくなったり、血管が詰まってしまうと血液が流れないため、その細胞が壊死することにもつながります。

動脈硬化では、DHAやEPAを含む青魚や野菜・海藻を摂って、食べすぎに注意してバランスのよい食事をしたり、ストレス解消を兼ねて適切な運動を継続的に行い、善玉コレステロールを増やすべく、薬物療法などで治療します。

● 心不全（詳しくは「高齢者の観察ポイント」参照（⇒91～94頁参照））

心不全とは、心臓のポンプ機能が低下し、体内の組織代謝に必要な血液を心臓が送り出せない状態です。心不全には、左心不全と右心不全、両心不全があります（図2-13）。

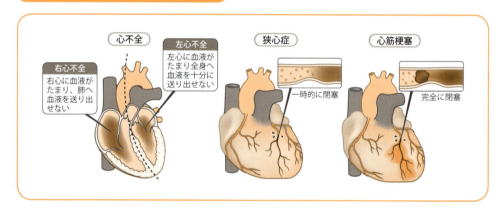

図2-13 ■ 心不全・狭心症・心筋梗塞

前述したとおり心臓はポンプです。このポンプ機能が低下すると、血液を送り出す力が弱まりますから、心臓には本来送り出されるはずの血液が少しずつ残り、徐々に蓄積した血液で心臓が大きくなっている状態となります。心臓はゴムと同じように伸び縮みします。伸びた分だけ縮むのが心臓のポンプです。つまり、ポンプ機能が落ちると内容積が増大するということです。同じく、心臓が大きくなったといっても、内容積ではなく筋肉が厚くなった場合もあります。大きくなった要因で呼び方も変わります（表2-3）。

心不全の症状としては、呼吸困難、起座呼吸、膿性痰を伴わない咳、疲労感、体重増加、全身浮腫、腹水等があります。利尿剤などの薬物療法や、塩分や水分を制限する等の食事療法が行われます。

うっ血性心不全とは、左心不全のように肺にうっ血を伴う心不全や、右心不全のように末梢静脈血にうっ血を伴う心不全を総称していいます。

表2-3　心臓が大きくなる要因別の呼び方

心肥大	心臓の壁が厚くなった状態です。つまり心筋である筋肉が厚くなった状態です。運動選手などの心臓は心肥大の場合があります。
心拡張	心臓の内腔が大きくなった状態です。つまり、血液などが多く貯留している状態です。心不全の場合は心臓の中の血液が蓄積して大きくなっていますからこの**心拡張**です。
心拡大	筋肉なのか、血液なのかはわかりませんが、とにかく心臓が大きくなっている状態です。

● 狭心症

　狭心症では動脈硬化などにより冠状動脈の内腔が狭くなり、血流が減少し、酸素が送り込めないために胸痛が起こります（図2-13）。労作性狭心症、安静時狭心症などに分けられます。症状は胸の奥が締めつけられる、押さえつけられる、胸の焼けつくような感じがありますが、他に背中や喉（のど）の痛み、歯が浮くような感じ、左肩から腕にかけてのしびれや痛みなどがあります。また高齢者の場合は、特に典型的な症状が出ない場合もあります。

　治療は主に薬物療法ですが、症状により、心筋梗塞と同じくカテーテル等での冠状動脈形成術や、バイパス術等が行われる場合もあります。薬物療法は、ニトログリセリンなどを使用します。特に、発作時は、舌下投与（ぜっかとうよ）し、5分以内に効果が出ない場合は、再度舌下投与します。さらに効果がない場合は、心筋梗塞の可能性もあり緊急受診となります。

● 心筋梗塞

　心筋梗塞では、心臓を養っている冠状動脈の1本ないしそれ以上の血流量が減少し、完全に血流がなくなって心筋の虚血や壊死を引き起こします（図2-13）。

　症状としては安静やニトログリセリンなどで改善しない胸痛（きょうつう）、発汗、四肢冷感、低血圧、不安感、呼吸促迫[注5]などが現れます。身体を動かす、動かさないとにかかわらず、突然、前胸部に激しい痛みが起こり、15分以上続きます。胸痛はピンポイントではなく、全体的に締めつけられるような痛みや押されるような痛み、焼けつくような感じだと言われる方もいらっしゃいます。

　治療は、血栓溶解療法やバルーンカテーテルやステントを使用した冠状動脈形成術やバイパス術等が行われます。

呼吸器と合わせて、循環器は生命に直結する機能です。呼吸のための手段が肺だったように、血液の循環のための手段が心臓です。ですから、心臓についての知識は必要です。ここで一番大事なことは、生きていくために必要な酸素が、きちんと身体の隅々まで届いているかどうかです。そのため、バイタルサインはもちろん、介護職の五感を使ってたくさんの情報を得て、必要時、適切な情報をきちんと医療職につなげるという点で、利用者さんの生命維持にかかわる重要なアセスメントになります。

9 ｜ 腎臓・泌尿器系で生じる疾患（神経因性膀胱・前立腺肥大・前立腺がん・糖尿病性腎症）

　泌尿器とは、尿をつくり排出する器官の総称で、左右の腎臓、尿管、膀胱、尿道です。

　腎臓は、握りこぶしくらいの大きさで、そら豆のような形をした臓器で、背中側の腰のあたりに左右対称に2個あります。腎臓の主なはたらきは、老廃物や塩分を尿として身体の外へ排出することです（図2-14）。また、塩分と水分の排出量をコントロールして血圧を調整したり、血液をつくるはたらきにも関与しています。

図2-14 ■ 腎臓のはたらき

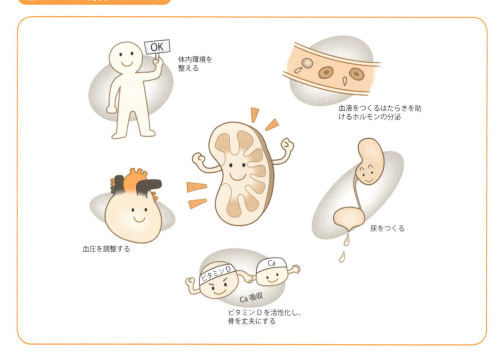

また、腎臓は、体内の体液量やイオンバランスを調整して、身体に必要なミネラルを体内に取り込む役割も担っています。加えて、腎臓は、強い骨をつくることにもかかわっています。骨をつくるのに重要なカルシウムを体内に吸収するのに必要な**活性型ビタミンD**をつくっているのです。老化により腎臓そのものの機能が低下します。

　老化に伴う泌尿器の症状は、排尿困難や尿失禁、**神経因性膀胱**などがあります。排尿は、膀胱壁と尿道の括約筋のはたらきによって尿を体外へ排出します。これらのはたらきが障害されたり、尿道が何らかの原因で狭窄されて排尿困難が起こります。

● **神経因性膀胱**

　脳血管疾患やパーキンソン病、糖尿病などの末梢神経障害が原因で起こる排尿障害を神経因性膀胱といいます。尿を膀胱の中にためたり、出したりする信号をうまく伝えることができなくなった状態で、トイレが近かったり、行ってもすっきりしなかったり、尿が漏れたり、うまく出なかったり、逆に出すぎたりする症状がみられます。対応としては、薬物療法や排尿訓練、尿道留置カテーテル、手術等があります。

　尿道が狭くなって排尿障害が生じる疾患には、主に前立腺(ぜんりつせん)に関係したものがあります。

● **前立腺肥大**

　前立腺は、生殖機能が主なはたらきですが、膀胱の出口で尿道を取り囲むように位置するため排尿にも関与しています。加齢に伴う男性ホルモンを含む性ホルモン環境の変化により前立腺が肥大し、尿道を圧迫して尿路閉塞を起こします。尿道が狭くなるため、排尿に時間がかかったり、残尿感（膀胱内の尿貯留）、頻尿、尿意切迫、血尿、尿が途切れるなどの症状がみられます。治療には、ホルモン剤の内服や、外科的療法があります。

● **前立腺がん**

　前立腺がんは、特に高齢者に多いがんです。遺伝子の異常と加齢に伴う男性ホルモンの影響と考えられていますが原因は不明です。初期はほとんど症状がなく、がんが大きくなって尿道が圧迫されると前立腺肥大と同じ症状が現れます。排尿開始時の尿の出にくさ、尿の滴下、残尿感（膀胱内の尿貯留）、血尿、背部痛等の症状があります。がんが進行しリンパ節や骨に転移すると、下肢の

むくみや腰などの痛み、下半身麻痺などの症状がみられます。この場合、外科的治療をします。

● 糖尿病性腎症

糖尿病の三大合併症の一つです。糖尿病になって血糖値の高い状態で長期間（5〜10年）が経過すると、やがてたんぱく尿が出現し、さらにネフローゼ症候群となって、最終的には腎不全へと移行し、透析が必要となります。有効な治療法は、血糖コントロールで、目標は空腹時血糖値が130mg／dl未満、食後2時間血糖値が180mg／dl未満で、HbA1c[注6]は6.5％未満です。

また、血圧コントロールも重要で内服薬治療をします。目標は130／80mmHg未満です。併せてたんぱく質摂取量や塩分摂取量の制限をする食事療法が行われます。

老廃物がきちんと排泄できないと、やはり生命に直結します。排泄に関する知識がないと、何が異常で、利用者さんに何が起きているかの推測もできませんので、必要な情報が適切に医療職へ伝わらない危険性があるということです。ただ、排泄介助をするだけではなく、そこに大きな観察の視点をもってケアしていくことが大切です。

10 胃・腸で生じる疾患や症状（胃もたれ・食欲不振・逆流性食道炎・便秘）

消化器の機能は、口から食べ物を取り入れて、かみ砕いて飲み込み、栄養を取り込み排便として排泄するまでの過程の機能です。

高齢者の場合、胃・腸そのものの老化や消化液分泌の低下などから、消化能力が減退し、胃もたれや食欲不振、便秘などの症状が出ます。また、老化により噴門の筋肉（下部食道括約筋）も弱まり胃内容物が逆流しやすい状況もみられます。

● 逆流性食道炎

加齢に伴う食道括約筋の衰えにより、胃や十二指腸の内容物が逆流し食後に急激な心窩部痛を起こします。胃は消化のために強酸性の胃液を出しますが、自分の胃壁を傷めないために、粘液が出ています。

しかし、食道には、強酸性の胃液を中和するような粘液は出ません。通常は、食後に横になっても、食道括約筋がはたらき胃液等が逆流しないようなしくみになっていますが、この食道括約筋が弱くなり、強酸性の胃酸の混じった

食べ物が逆流することにより、心窩部痛や胸やけ、口の中が酸っぱく苦い味がする等の症状がみられます（図2－15）。胃酸を弱めるような薬を内服したり、食後、すぐに横にならないようにすることで、症状を軽減することができます。

図2－15 ■ 逆流性食道炎

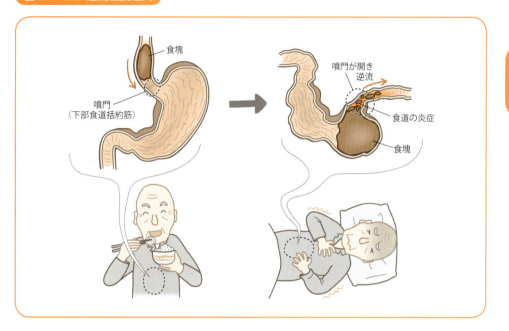

● 便秘

　高齢者に多いのが便秘です。加齢に伴い、腸自体の老化や消化液分泌の低下が起こり便秘になりやすくなります。そのうえ、義歯などの環境から食べ物の偏りが起きたり、トイレが近いと間に合わないため水分を控えたり、身体が思うように動かせなくなったりすることから運動不足になり容易に便秘になります。

　義歯で繊維質の野菜、根菜類が食べにくくなっても、乳製品や発酵食品、豆類、野菜ジュースなどで工夫をしたり、座っていてもできる運動をしたり、腹部マッサージやタクティール® ケア（⇒102～103頁参照）をするなどの対策は色々あります。

　食べて排泄をする、この当たり前の機能が思うようにはたらかないのが高齢者です。だからこそ、適切なアセスメントにより、利用者さんの苦痛を取り除き生活の質を上げることも介護職には求められます。

11 | 運動器で生じる疾患（大腿骨頸部骨折・腰椎圧迫骨折）

高齢になると、運動器自体も老化し、必然的に動作も緩慢になります。骨も脆くなり、骨周りの筋肉も衰えるため転倒などで骨折をしやすくなります。特に高齢者に多い骨折が大腿骨頸部骨折（だいたいこつけいぶこっせつ）や腰椎圧迫骨折（ようついあっぱくこっせつ）です。

● 大腿骨頸部骨折

大腿骨の脚の付け根に近い部分の骨折で、股関節（こかんせつ）の関節包（かんせつほう）の外側で骨折する「外側骨折」と関節包より内側で骨折する「内側骨折」があります。高齢者のほとんどは、骨粗鬆症（こつそしょうしょう）などで骨が脆いため、転倒などで骨折してしまいます。

外側骨折は、血流が多いため出血しやすく、脚の付け根の激しい痛みと腫（は）れが特徴的です。

内側骨折は、関節の内側のため血流が少なく骨がつきにくいですが、骨のずれがあまりなく年齢の若い場合は保存的療法を適応する場合もあります。基本的には、手術療法です。金属などの固定器具で固定する手術をしたり、人工骨頭置換術等が行われます。術後は合併症を予防するためにも、早期にリハビリテーションを開始します。

大腿骨頸部骨折は、ベッドから車いすへの移乗時に転倒したり、引き戸を開けようとして転倒して受傷するなど、骨粗鬆症のある高齢の女性に多い骨折です。骨粗鬆症が重度になると、寝たきり状態で、**おむつ交換の行為で受傷**することさえあります。

● 腰椎圧迫骨折

脊椎圧迫骨折の一種で、尻（しり）もちをつく等、外部から加えられた圧迫する力によって脊椎の椎体が潰（つぶ）れてしまう骨折です。特に高齢者は、骨粗鬆症により骨が脆いため、転倒などですぐに受傷することが多いです。寝返りをうつことさえ困難なほどの激しい腰の痛みがあります。

椎体が壊れた状態ですが、手術は行わずに、基本的な治療法は保存療法となります。壊れた椎体が元に戻ることはありませんが、椎体が壊れた状態のまま、骨が形成されるまで患部の固定と安静により骨がくっつくのを待ち、徐々に筋力を回復させるためにリハビリテーションをします。

介護職は、転倒防止などを意識して、利用者さんの生活環境を整備し、細心

の注意を払いながらケアをしています。それでも、起きてしまうリスクに転倒があります。だからこそ、日頃の生活の様子から、なぜ転倒しやすいかの要因を探しながら事故がないようにリスクマネジメントをしていきます。そのためにも、この知識はとても重要なのです。

12｜内分泌疾患（糖尿病・甲状腺機能低下症）

ホルモンが分泌されることを内分泌といいます。ホルモンとは、ある臓器でつくられ、血液中を流れていろいろなところに作用を及ぼす物質の総称です。ホルモンを分泌する臓器には、甲状腺、副甲状腺、下垂体、副腎、性腺等があります。その量の過不足により身体に特徴的な症状が現れます。これが内分泌疾患です。高齢者の内分泌疾患で多いのは糖尿病や甲状腺機能低下症などです。

● 糖尿病

血液中のブドウ糖の濃度は、インスリン、グルカゴン、コルチゾールなどのホルモンのはたらきによって常に一定範囲内に保たれています。いろいろな理由によってこの調節機能がはたらかず血液中の糖分が異常に増加した状態が糖尿病です。

血糖値が高い状態が続くと、口渇・多飲・多尿の症状が現れます。糖尿病は加齢の他、食べすぎ、運動不足、ストレス、アルコールの飲みすぎなど日常生活の中に誘因がたくさんあります。また、血糖に影響を与えるホルモンのインスリンは、膵臓でつくられますが、インスリンは細胞が血液の中からブドウ糖を取り込んでエネルギーとして利用するのを助けます。

インスリンの作用が不足するとブドウ糖を利用できなくなり、血液中のブドウ糖の濃度が高くなります。これが高血糖の状態で、この状態が長く続くのが糖尿病です。糖尿病自体ではなく、長く血糖コントロールができない状態が合併症を引き起こします。

三大合併症といわれるのが、**糖尿病性網膜症**、**糖尿病性腎症**、**糖尿病性神経障害**です。慢性的な糖質の代謝異常で、たんぱく質や脂肪代謝の変化も続いて発生します。

高血糖の原因としては、インスリン欠乏による「Ⅰ型」、インスリンの効果不足による「Ⅱ型」、その両方による場合があります。高齢者の場合は、生活習慣などによる「Ⅱ型」が多いです。高血糖が持続することにより、神経が変

第1節　高齢者によくある疾患や症状

性したり、神経に栄養を送る毛細血管の血流不足により起こる糖尿病性神経障害が三大合併症の中でも最初に起こります。合併症を併発すると、知覚鈍麻や異常知覚等の神経障害が起き、徐々に視覚障害、腎機能低下が現れます。

　神経障害には末梢神経障害だけではなく、自律神経障害も現れます。立ちくらみや起立性低血圧、便秘や下痢、胃もたれ、排尿困難等のさまざまな症状が現れます。神経障害が進むと狭心症や心筋梗塞でも痛みを感じなかったり、低血糖になっても動悸や冷や汗という特徴的な症状が出なかったり、と重篤化する危険があります。さらに神経障害が強くなると、四肢の閉塞性動脈硬化症を発症し、重症例では下肢末端部の皮膚潰瘍や壊死を生じることがあります。皮膚感染症や創傷の治癒遅延等があるため、火傷や傷をつくらないように気をつける必要があります。

● **甲状腺機能低下症**

　甲状腺は甲状腺ホルモンという身体にとって必要不可欠なホルモンをつくっています。

　甲状腺ホルモンは細胞の新陳代謝を活発にしたり、交感神経を刺激したり、成長・発達するために不可欠なホルモンです。甲状腺機能が低下して、甲状腺ホルモンの分泌が減ると全身の代謝が低下するため、さまざまな症状が現れます。

　精神機能が低下すると、記憶障害、抑うつ、無気力等の症状がみられます。特に、高齢者では、うつ傾向がみられ、認知症なのか、精神疾患なのか、薬の副作用なのかがわからずに苦しむことがあります。この時に血液検査で甲状腺機能低下がわかれば、ホルモン剤を内服することで元の生活に戻れることがあります。

　また、他の症状として、皮膚乾燥、脱毛、むくみ、嗄声（声帯がむくむために声がかすれる）、便秘、徐脈、体重増加、寒がり、疲れやすいなどがあります。

　これらの知識がなければ、利用者さんが示してくれている情報をケアにつなげることができません。例えば、糖尿病の方のフットケアがなぜ重要なのか、ただ、足浴をしているのではなく、そこに多くの意味があることは、知識がないと理解できないのです。

13 | 総合的な高齢者の身体の特徴

　高齢者は総じて抵抗力、免疫力が低下します。また、もともと基礎疾患を抱えている方が多く、認知症や失語症などで自分の身体の変化をうまく伝えることができない場合も多いです。また、状態の変化に順応しにくい特徴や、疾患になっても典型的な症状が出にくいといった特徴があります。これらを踏まえて、高齢者のアセスメントに活かしましょう。

〈注〉

1) **瞳孔不同**：左右で瞳孔の大きさが違う状態。
2) **肺実質**：ガス交換をする場のことで、空気に触れている部分。
3) **無気肺**：何らかの原因で気管支が塞がれ、閉塞部位から末梢の肺に空気が入らなくなった状態。
4) **粥腫**：脂質やカルシウム、さまざまな繊維性結合組織を含んだ細胞、細胞の死骸から構成された動脈血管内の蓄積物であり、心臓や動脈で大きな問題になる。
5) **呼吸促迫**：呼吸数が通常よりも多いこと。
6) **HbA1c**：過去1～2か月間の血糖値の平均的な状態を把握するための血液検査の項目。4.3～5.8％が基準値。

第2節 高齢者の観察ポイント

図2-16 ■ 高齢者の観察ポイント

表情・顔色
苦痛・不快・不安な表情はしていないか、ぼんやりしていないか、人形のように無表情でないか

目
どろんとしていないか、充血はないか、黄色っぽくないか、眩しさや見えにくさはないか、瞼にむくみはないか

耳
耳だれはないか、耳鳴りはしないか、痛みはないか、聴こえにくくないか

鼻
鼻水や鼻づまりはないか、くしゃみは出るか、鼻血は出やすくないか

口
唇の色はどうか、唇が乾いていないか、口角や口内にただれはないか、舌の状態や歯ぐきの色はどうか、出血や口臭はないか

のど
赤かったり声がれはないか、咳や痰は出ないか

痛み
どこがどんな時にどの程度痛むのか

その他
急激な体重変化はないか、吐き気はないか意識はしっかりしているか

食欲
食べ物や水分の増減はないか、好みに変化はないか

皮膚
肌の色艶や弾力はどうか、内出血などはないか、かゆみはないか、発疹や腫れ、むくみはないか

指先の色や爪の色、形はどうか

睡眠
眠れるか、熟睡しているか、昼夜の逆転はないか

言葉
話し方に変化はないか、内容は理解できるか

便・尿
回数・量・色・におい・硬さの変化はないか、血液・粘液の混じりはないか、便秘や下痢はないか、排便・排尿時に痛みはないか

姿勢・歩き方・動き
睡眠中に同じ方向を向いていないか、座ったときに傾かないか、手足に痙攣や動きの鈍化はないか、歩く時よろけたり一方へ片寄らないか

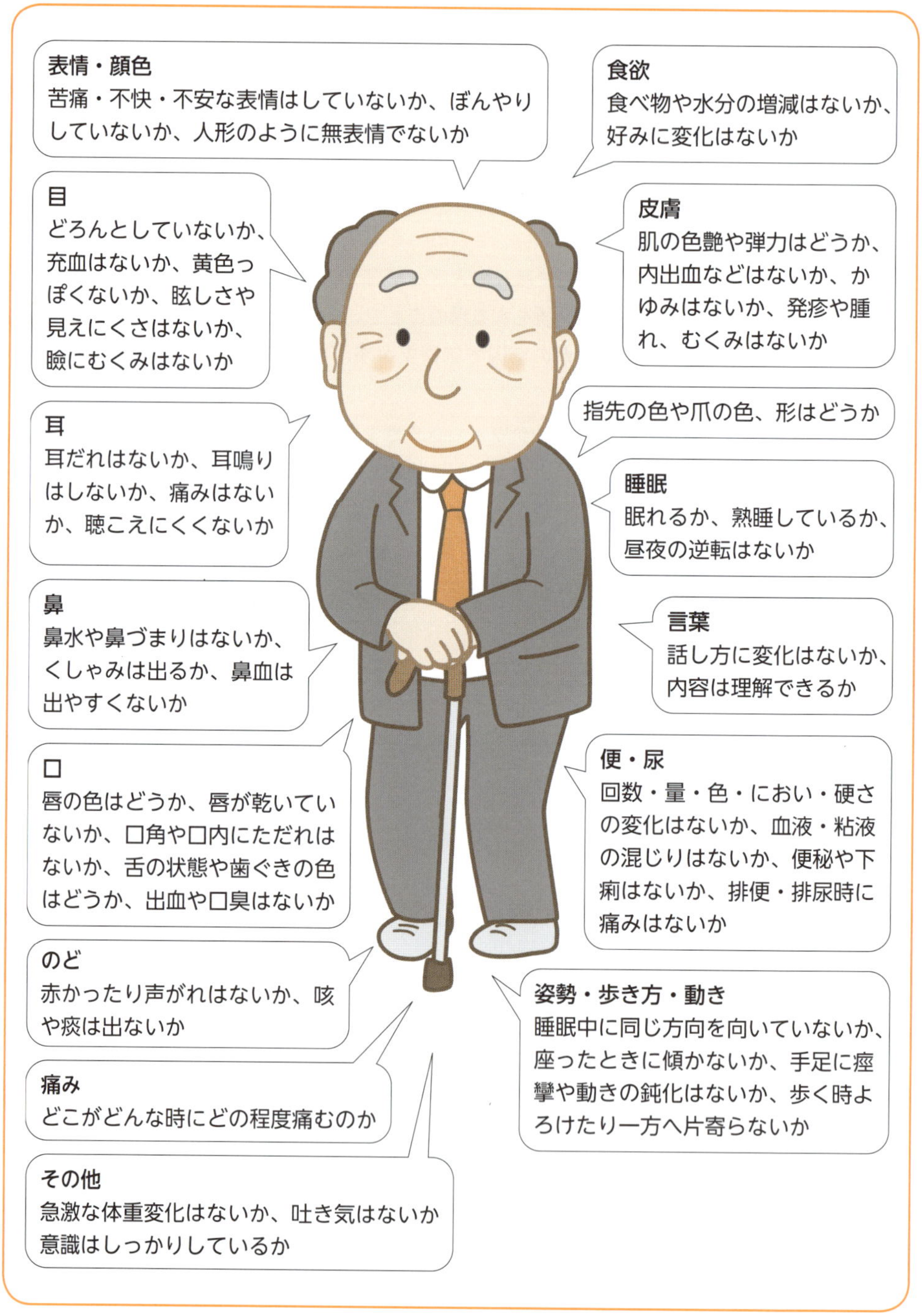

注：異常に気づいたら、細かなことでも記録して、医師に報告すること。

第1節では、高齢者によくある疾患や症状を学びました。第2節では、**高齢者の観察ポイント**を身につけましょう。

1 | 表情や顔色

「何か変！」と感じるのは、利用者さんの表情がいつもと違っていると感じるからです。表情や顔色の観察ポイントを表2－4にまとめました。

表2－4　表情や顔色の観察ポイント

❶人形のように無表情
　→仮面様顔貌（パーキンソン病などでみられます）。必要時、受診していただきます。その結果、内服薬の服用を開始されることが多いです。

❷ぼんやりしていて、いつもと違う
　→意識レベル低下の可能性があります。この時は意識レベルをアセスメントし、異常があったら早急に受診が必要です。

❸苦痛様の表情や不快、不安の表情
　→認知症や精神疾患、精神的ショックなどの可能性があります。何が起きているのかを観察し、対応する必要があります。

❹顔全体がむくんでボテッとした感じ
　→甲状腺機能低下症などの可能性があります。

❺顔色が悪く青白い
　→貧血や低血圧、肺の機能低下などの可能性があります。

❻顔色が黒ずんでいて土気色をしている
　→肝臓や腎臓の機能低下の可能性があります。

❼顔色が黄ばんでいる
　→柑橘類の摂りすぎ、肝臓や胆のうなどの病気による黄疸の可能性があります。

❽顔色が悪く蒼白で冷や汗をかいたりしていてボーっとしている
　→低血糖やコールドショック（⇒94～95頁参照）などの可能性があります。

❾顔色が赤い
　→発熱や興奮、多血症、発疹などの可能性があります。
　・頬の両側に蝶が羽を開いたような形の盛り上がった赤い発疹がある場合
　　→全身性エリテマトーデスの可能性があります。
　・顔色が赤みがかっていて意識がない場合
　　→一酸化炭素中毒などの可能性があります。

❿顔色が紫がかっている
　→心臓や肺の疾患からの血行不良によるチアノーゼの可能性があります。

2 眼

『目は口ほどに物を言う』といいますが、利用者さんに会ったとき、「何か違う？」と感じたり、「何となく表情がすぐれないな」と感じたら、実は利用者さんの目つきが大きな意味をもっていることが多いです。特に、意識レベルが低下し脳血管疾患などが疑われる場合は、眼（特に瞳孔）が重要な観察ポイントになります（表2-5）。

表2-5 眼の観察ポイント

❶何となく、どこを見ているのかわからなくて覇気がない
　→意識レベルの低下。意識レベルを判断します（⇒22頁参照）。

❷本人に見えにくい自覚がある
　→視力低下はないか、視野欠損はないかを確認します。近くにある雑誌などを読んでいただき、その様子で、「見えているのか」「見えにくいのか」「全く見えないのか」「遠くへ離せば見えやすいのか」「近づけると見えやすいのか」「二重に見えたりぼやけたりしているのか」「色はわかるのか」「見えない所、欠けて見える場所があるのか」「両目の具合が悪いのか、片方なのか」「随伴症状（吐き気、嘔吐、頭痛）はないか」などを観察します。

・見えにくい
　→老眼、白内障の可能性があります。
・視野が欠けていたり、頭痛などの随伴症状がある
　→緑内障の可能性があります。
・中心が黒ずんで欠けていたり歪んでいる
　→黄斑変性症等の可能性があります。
・半分だけ見えていない様子
　→半側空間無視（脳血管疾患）の可能性があります。

❸眼球が前に出ているように見える
　→甲状腺機能亢進症（バセドウ病）の可能性があります。
　眼は、眼窩というソケットに電球（眼球）がはまっているような構造をしています。そのため、ソケット（眼窩）と電球（眼球）の間に腫瘍ができたり、筋肉の炎症で腫れたりすると、眼球が押し出されてしまうのです。甲状腺機能亢進症では、ソケットの付け根にあたる部分に脂肪などの組織が増殖し、眼球を押し出すので眼球が前に出ているように見えます。
　眼球突出の有無を確認する方法ですが、利用者さんに正面を見てもらい、左右の目の位置を確認しましょう。上瞼と黒目（虹彩）の間に白目（強膜）の部分

が見えないのが正常で、白目が見えたら眼球は前に出ています。

❹眼振[注1]がみられる
→利用者さんの眼球が、痙攣したように動いたり揺れたりしているように見えます。この場合、脳や内耳の障害の可能性があります。眼球を左右あるいは上下に引っ張り合う筋肉のバランスが崩れることで起こります。眼球を動かす筋肉は、正常であれば、ちょうど綱引きで両側のバランスが取れている状態です。このバランスが崩れて「少しだけ片側に引っ張られるような微妙な状態」で完全に引っ張ることができないために、ピクピク動いてしまうのです。

❺両側の眼球の動きにズレがある
→眼筋そのものか、脳の障害の可能性があります。眼筋のいずれかに障害が起こり、障害がない側に引っ張られていて、ズレがあるように見えます。

❻食事がいつも同じ側の半分がきれいに残る、いつも同じ側をぶつけたりけがをする
→半側空間無視の可能性があります。脳梗塞などの後に起こります。利用者さんにとって、片側の空間にあるものが全く認識できない状態です。もし、急にこのような症状がみられたら、すぐに受診が必要です。脳梗塞などの後遺症で半側空間無視があれば、ナースコールを認識できる側に置いたり、転落を防ぐために認識できない側のベッド柵を上げておくなどの配慮が必要です。

❼何となく霞んで見えにくく、まぶしさが強くなった
→白内障などの可能性があります。

❽意識がない。黒目（虹彩）の位置がおかしい、瞳（瞳孔）がおかしい
→脳血管疾患や中毒の可能性があります。緊急受診が必要です。
眼の中の黒目の部分を虹彩といいます。さらにその中の瞳を瞳孔といいます。この虹彩と瞳孔は眼の中に入る光を調整しています。光の量によって黒目（虹彩）が拡大したり、縮小したりして瞳孔の大きさを変えています。
意識レベルの低下した利用者さんがいたら、意識障害の程度、その原因や障害されている部位を確かめるために、瞳孔の大きさと、光を当てた時に瞳孔がキュッと縮まるか（対光反射）を観察します。特に、瞳孔の大きさと左右差は意識障害の原因を探る重要なポイントです（図2-17・図2-18）。医師や看護師は意識のない利用者さんの瞼を開けて、視野の外側からペンライトなどで光を入れて対光反射を調べます。正常ならばすぐに瞳孔が縮小します（縮瞳）。

❾瞳孔の大きさに左右差があり（片方の瞳孔が散大）、対光反射が減弱または消失している
→散大した側の動眼神経の圧迫の可能性があります。この場合、脳ヘルニアの可能性があり外科的処置が必要で、素早い対応が求められます。

❿瞳孔が両側ともに針先大に縮小している
→橋の障害とモルヒネなどのオピオイド中毒や有機リン中毒などの可能性があり

ます。橋の障害の場合は致命的ですが、有機リン中毒の場合は、薬物により改善する場合があります。

⓫瞳孔が左右ともに散大している
　→アトロピン中毒などの可能性があります。

⓬瞳孔が散大し、対光反射も消失している
　→無酸素脳症（脳幹機能が失われています）の可能性があります。

⓭白目（強膜）が充血している
　→アレルギーや結膜炎の可能性があります。

⓮瞼にむくみがある
　→水分や塩分の摂りすぎ、心臓、腎臓の機能低下の可能性があります。

⓯白目（強膜）が黄色っぽい
　→黄疸の一つの症状の可能性があります。

⓰眼瞼結膜（瞼をまくった裏側）の色が白い
　→貧血の可能性があります。

図2-17 ■ 対光反射

図2-18 ■ 瞳孔の大きさ

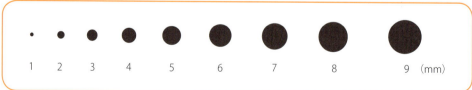

注：1mmの違いも肉眼でよくわかります。

● 意識がない場合

　介護職の場合、意識がない利用者さんに、**対光反射**は観察しなくても、瞳孔の大きさや左右差を調べるセンスは重要です。左右差があるということは**頭蓋内圧亢進や脳血管疾患の可能性がある**ということです。意識がないときは、「眼もみる」「瞳孔の左右差や大きさを観察する」ということが大事なのです。

　例えば、意識のない利用者さんの眼を見たら、右側を睨んだようにずっと虹彩が固定されていて、右の瞳孔が大きくなっていたら、右の脳で何かが起きている緊急事態です。脳出血などで、右の動眼神経が圧迫されていたりすると、本来の動眼神経の役割である虹彩を鼻側へ動かすはたらきや縮瞳ができない状態ということを眼が教えてくれています。

3 | 鼻

　鼻に出る症状の観察ポイントは表2－6のとおりです。

表2－6　鼻の観察ポイント

❶鼻水や鼻づまり、くしゃみ
　→アレルギー性鼻炎や風邪、鼻炎の可能性があります。
❷鼻血
　→アレルギー、急性副鼻腔炎、再生不良性貧血、急性白血病などの可能性があります。
❸粘り気のある色のついた鼻水が続く
　→慢性鼻炎の可能性があります。
❹鼻づまりと発熱や咽頭痛、頭痛
　→急性鼻炎や急性副鼻腔炎、風邪の可能性があります。
❺強い鼻づまりで、鼻声に変わり、においがよくわからない
　→鼻茸（ポリープ）の可能性があります。
❻においを感じない
　→嗅覚障害、脳血管疾患の後遺症などの可能性があります。

　においについては、改めてにおいがわかるかを調べなくても、日常生活の中で利用者さんが自覚しています。わからない場合は目を閉じてもらい、鼻の近くにコーヒーやアルコール綿などを近づけて、においがわかるかをスクリーニングします。

表2-6の症状があれば、それぞれ受診して治療します。

もし、鼻血が止まらない場合の対処ですが、出血ですから小鼻をつまんで圧迫止血するのが基本です。鼻血の場合、多くは、キーゼルバッハ部位での出血です。キーゼルバッハ部位は小鼻の位置の内側にあたります。ですから、対処法は上半身を起こし、下を向いて小鼻をつまむように強く20分くらい圧迫すると通常は止血します。

この時に、上を向いたり、後頸部をたたく等の意味のない対処法を行わないようにしましょう。上を向くと、口の中に流れてきた血で窒息や誤嚥の可能性があり危険です。また、口に流れた鼻血は、基本的に口から出しましょう。胃の中に入って固まると吐き気や嘔吐を誘発することがあります。まれに、動脈性の鼻血の場合は、量も多くこの方法では止血できませんので、すぐに病院で受診する必要があります。

4 耳

耳に出る症状の観察ポイントを表2-7にまとめました。

表2-7　耳の観察ポイント

❶耳だれや痛み
　→中耳炎や外耳炎などの可能性があります。随伴症状として発熱などもあります。
❷耳鳴り
　→突発性難聴、メニエール病、自律神経失調症、中耳炎、聴神経腫瘍などの可能性があります。
❸聴こえにくい
　→突発性難聴、メニエール病、内耳炎、中耳炎、聴神経腫瘍、心因性難聴などの可能性があります。難聴の中でも、伝音性難聴の場合は、中耳炎の治療や耳垢除去で改善の場合もあります。いずれの場合も、耳鼻科を受診し、適切な治療、処置が必要となります。

聞こえにくさの自覚があったら、利用者さんの耳の後ろの30cmほど離れた所から、言葉をささやき、聞いた言葉を繰り返してもらい、聞こえているか確認したり、同様に指を擦ってその音が聞こえるかどうかなどを調べる方法があります。

5 | 口

口でみられる症状の観察ポイントは表2-8のとおりです。

表2-8 口の観察ポイント

❶唇の色が悪く紫色
　→チアノーゼの可能性があります。
❷唇の乾燥
　→脱水、乾燥、口唇炎などの可能性があります。
❸口角や口腔内のただれ
　→口内炎、口角炎などの可能性があります。
❹舌の荒れ、舌苔
　→脱水、口呼吸、消化器系の疾患などの可能性があります。
❺出血、口臭、歯ぐきの腫脹
　→歯槽膿漏、口内炎、義歯が合わないための傷、舌苔の細菌感染などの可能性があります。
❻口がうまく開かない
　→顎関節症や認知症、脳血管疾患の後遺症などの可能性があります。
❼味がわからない
　→味覚障害、認知症の可能性があります。
　利用者さんに味がおかしい等の自覚があれば、舌に甘味や塩味などをつけてわかるかどうかを調べます。
❽歯ぐきの色が白い
　→貧血などの可能性があります。

　口は、観察ポイントが沢山あります。これらの観察から予測される疾患はさまざまです。チアノーゼのように生命維持に欠かせない酸素の供給不足に直結する症状や歯や舌等の器官そのものの問題、さらには、口をうまく開けることができなければ関節などの機能的な問題だけではなく、脳血管疾患を疑うことも観察ポイントとなります。

6 | のど（喉・咽）

のどでみられる症状の観察ポイントは表2-9のとおりです。

表2-9 のどの観察ポイント

❶赤い、腫れている、痛い
　→扁桃炎、喉頭炎、扁桃周囲膿瘍、マイコプラズマ肺炎などの可能性があります。
　※高齢者の場合、まれに心筋梗塞や狭心症でのどの痛みが主訴の方もいますので注意が必要です。
❷嗄声（声がれ）
　→喉頭炎、声帯ポリープ、喉頭がんなどの可能性があります。
❸咳や痰
　→風邪、気管支炎、肺炎、心不全、結核などの可能性があります。

ここでは、咳に伴う痰が重要な観察ポイントになります。

● 痰の観察ポイント

気道の粘膜は気道分泌物で覆われています。この分泌物はごく少量のため、無意識のうちに飲み込まれていますが、細菌やウイルスに感染すると、この分泌物が増えて細菌の死骸やウイルスを含んだ粘稠性のある分泌物となって排出されます。これが痰です。

痰の種類と性状は、重要な観察ポイントになります（表2-10）。

表2-10 痰の種類と性状

泡沫状の痰	左心不全などで肺循環系にうっ血が起こると生じる漏出液です。透明から白っぽい色（時には薄いピンク色）で、細かい泡状の痰です。
膿性痰	肺炎や気管支炎などで細菌や真菌に感染している時に出ます。色は黄色から緑色っぽくて、汚く粘稠度の高い痰です。
血痰	気道や肺から出血しているために血液が混じった痰になります。強い炎症や、肺結核、気管支拡張症、肺がんなどでみられます。

痰の性状や量、その変化や随伴症状によって、受診や治療が必要となりますので注意して観察してください。

● 咳の観察ポイント

咳は、肺や気管支に何らかの異物が入った時に、これを出そうとする生体防御機構の一つです。咳には表2-11のような種類があります。

表2-11 咳の種類

- コンコンと乾いた感じで痰を伴わない咳は、風邪の始まりやマイコプラズマ肺炎の空咳などでみられます。
- ゼイゼイ・ヒューヒューとのど元で音を出しながら、息苦しさを伴うような時は気管支喘息の可能性があります。
- 急激な発熱を伴い、痰がらみの咳が出る時は肺炎などの呼吸器感染症の可能性があります。
- 急に咳が出はじめ、咳の続く期間が3週間未満と短い場合は、風邪、急性肺炎、気管支喘息、胸膜炎、細気管支炎などの呼吸器感染症や気道異物、うっ血性心不全、副鼻腔炎、アレルギー性鼻炎などの可能性があります。
- 咳の続く期間が8週間以上の場合は、慢性的な疾患を疑います。咳喘息、肺がん、慢性閉塞性肺疾患（chronic obstructive pulmonary disease；COPD）、間質性肺炎、肺結核、百日咳、後鼻漏症候群、逆流性食道炎などの可能性があります。
- 特に臥床した時に、喘息のような止まらない咳をする場合は、肺うっ血による**心不全の可能性**があります。

　咳や痰というと、まずは呼吸器疾患を考えますが、実は、心不全などの心臓の機能低下でも、咳や痰が症状として出ますので、重要な観察ポイントとなります。

7 ｜ 食欲

　食欲に関する観察ポイントとして二つあげられます（表2-12）。

表2-12 食欲の観察ポイント

❶ **食べ物や水分の増減**
　→発熱、ダイエット、トイレ移動困難、脱水、糖尿病、甲状腺機能亢進症、不安神経症、過食症、嚥下障害、認知症、口腔内（歯や義歯）の異常、便秘、内服薬の副作用などの可能性があります。

❷ **食の好みの変化**
　→慢性膵炎、認知症、味覚障害、精神疾患などの可能性があります。

　食欲がなくなることは誰でも経験したことがあると思います。その背景には

多くの要因があります。その要因を探り、解決していくことが大事です。

例えば、便秘だったり、義歯が合わない等は、対症療法で解決できます。ですが、自分の意思表示がうまくできない状況にある高齢者の場合は、その要因を探れるかどうかがポイントになります。高齢者の脱水や栄養不足は、そこから**大きな疾患に移行していく危険性**があります。

介護職は、利用者さんの食習慣や価値観を大事にしながら、楽しくおいしく食事ができるように配慮しましょう。

8 ｜ 皮膚

皮膚の状態に関する観察ポイントは**表2－13**のとおりです。

表2－13　皮膚の観察ポイント

❶肌の色艶や弾力の低下
　→加齢現象、脱水、乾燥、栄養失調などの可能性があります。
❷内出血
　→打撲、半側空間無視、転倒による外傷、虐待の可能性があります。
❸痒み
　→皮膚乾燥による掻痒症、アレルギー性湿疹、肝疾患による黄疸、虫さされ、疥癬、じんましんなどの可能性があります。
❹発疹
　→アレルギー性湿疹、虫さされ、じんましん、帯状疱疹、疥癬などの可能性があります。
❺赤く熱をもった腫れ
　→炎症、虫さされ、蜂窩織炎、外傷などの可能性があります。
❻浮腫（むくみ）
　→栄養失調、心不全、腎不全、下肢の循環障害、甲状腺機能低下症、肝臓病などの可能性があります。

脱水は高齢者によくある症状です。皮膚や舌の乾燥で観察できますが、腋窩が乾燥していることでもわかります。人間の腋窩は、通常は湿っていますので、体温計を挟む時などの腋窩の観察でわかります。

また、腕の皮膚をつまみあげて離した時に、通常はすぐに皮膚は元に戻りますが、脱水の場合は、しわがそのまま残ります。皮膚が極端に乾燥していたり、舌が乾燥してひび割れていたり、トイレへ行く回数が減っている等も観察

ポイントになります。尿量は減り、尿の色も茶褐色に変わります。

皮膚の観察で、浮腫（むくみ）もよく確認されます。浮腫にも、いろいろとあります。腫れているのか、むくんでいるのか、を判断する時は、指で押してみて、へこんだ跡が残れば浮腫です（図2-19）。

図2-19 ■ 浮腫と腫れの違い

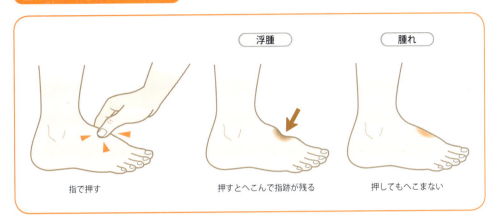

例えば、足の甲が膨らんでいる場合、それが腫れているのか、むくんでいるのか、あなたはどのように観察して判断しますか。

皮膚が赤く見え、触ると熱をもっていて、指で押してもへこまなければ、それは腫れている状態、つまり充血です。例えば、蚊に刺されて腫れている状態を想像してください。炎症が起きている状態ということです。異物が入ってきたことにより、細胞は壊れます。壊れた細胞を修復するために、動脈血の血流が増加している状態です。動脈は主に酸素と栄養と熱と赤みを運びます。それがたくさん集まっているわけですから、赤く、熱をもち、腫れているわけです。

一方、浮腫はうっ血の状態から起こります。うっ血は、さまざまな要因で静脈の流れが戻りにくくなり血流が停滞して増加している状態です。高齢になり動かないとか、何かに圧迫されて通り路が狭いとか、何かしらの要因で静脈の血液が戻りにくくなると、**血管は伸びて血液を停滞**させます。

これがひどくなった状態が静脈瘤です。これ以上伸びるのは危険となると、血液の中で一番分子量の小さい水を血管の外へ排出して血管を守ろうとします。この**皮下に水分がたまった状態**が浮腫です。水がたまっていますから、指で押すとへこんで跡が残るのです。水分ですから、見た目にも皮膚が透けているように見え、熱ももっていません。

浮腫のできる場所と疾患についての関係については表2-14のとおりです。

表2-14 浮腫のできる場所と疾患の関係

❶全身→心臓、腎臓、肝臓の疾患や内分泌異常などがあります。また、栄養不足でも全身に浮腫が出ます。
❷顔　→月経前や、ステロイド剤の長期投与、甲状腺機能低下症などの可能性があります。
❸眼瞼→急性糸球体腎炎やネフローゼ症候群の初期など、腎機能に関係する疾患で多くみられます。
❹腹部→肝硬変、慢性腹膜炎などの可能性があります。
❺足　→うっ血性心不全、妊娠、脚気、下肢静脈瘤、深部静脈血栓などの可能性があります。
❻背中→うっ血性心不全、急性心膜炎などの可能性があります。

これらは少なからず関係性があります。
　介護職は、入浴や排泄の支援において利用者さんの皮膚を観察する機会を多分にもっています。その際、皮膚トラブルを発見するだけではなく、その観察から全身状態につながる情報も多く得られます。浮腫という症状だけでも、表2-14のとおり多くの病気が考えられますし、繰り返される傷や内出血からは、半側空間無視や虐待などの可能性も考えられます。これらの観察ポイントは、利用者さんの一番身近で、観察しやすい状況の介護職だからこそ、最低限必要な知識なのです。

9 指先や爪

● 爪の形や色に変化はないか

　貧血などで、慢性的に四肢末端への酸素の供給不足が続くと、爪の付け根の部分に浮腫を生じて指の先端が膨らみます。これを、ばち状指といいます（表2-15）。また、血液は含まれる酸素の量が少なくなると暗赤色に変化します。それが透けて見える場所が爪だったり、唇だったりします。その色の変化をチアノーゼといいます（表2-15）。
　ここでは、チアノーゼについて解説します。**チアノーゼの有無**をみることは、**身体全体に酸素が足りているかどうか**を確認する重要な観察ポイントになります。チアノーゼの症状は、爪や唇が紫色に変色した状態です。これは、酸

表2-15 爪の形や色の変化

❶ばち状指
→慢性呼吸不全、間質性肺炎、先天性心疾患、肝硬変、内分泌疾患などの可能性があります。
❷爪にチアノーゼ
→うっ血性心不全、重症肺炎、慢性閉塞性肺疾患、急性呼吸促迫症候群、レイノー現象、寒冷暴露などの可能性があります。

素と結合していないヘモグロビン（還元ヘモグロビン）が一定量以上（5g／dl以上）あるという状態です。

　通常は、血液の中で酸素はヘモグロビンと結合して身体の隅々の細胞へ届きます。チアノーゼは、酸素と結合していないヘモグロビンが多くなるという状態ですから『酸素量が不足している。つまり身体に酸素が取り込まれていない』という危険信号なのです。

　では、なぜ、爪や唇の色を見るのでしょうか？

　それは、爪や唇は血液が透けて見える場所だからです。酸素と結合しているヘモグロビンが多い動脈は赤っぽく見えます。酸素を離したヘモグロビンの多い静脈は赤黒く見えます。薄ピンク色の皮膚の下にある動脈の赤は、目立ちませんが、赤黒い静脈は、薄ピンク色の皮膚を通すと青っぽく見えるのです。

　チアノーゼは、とても重要な観察ポイントですが、**チアノーゼと貧血の関係**については注意しなければなりません。貧血の方は、もともとヘモグロビン数が少ないので、還元ヘモグロビン数も少なくて当然です。還元ヘモグロビンが少ないのですから、チアノーゼは現れません。チアノーゼの症状があればもちろん大変なのですが、チアノーゼがないから大丈夫とは限らないのです。

　指や爪は、食事や清潔介助、レクリエーションなどの日常生活の様子で、意識して見ていないと観察できません。ですが、生命維持に欠かせない、大きな問題を背景に含んでいることもあるので、とても重要な観察ポイントになります。

10 睡眠

　加齢とともに体力も落ち、身体のいろいろな臓器で変化が生じるように、睡眠にも変化が生じます。身体的な環境だけではなく、精神的、社会的な環境が

変化する中で、ストレスによって不眠症になる方も大勢いらっしゃいます。

睡眠に関する観察ポイントとして表2－16の二つがあげられます。

表2－16　睡眠に関する観察ポイント

❶不眠
→うつ病などの精神疾患、感情的ストレス、環境変化、睡眠障害などの可能性があります。
❷昼夜逆転
→認知症、うつ病、睡眠障害、ストレスなどの可能性があります。

睡眠障害には、主に内服薬治療が行われますが、高齢者の場合は、睡眠薬に対する感受性が強いうえに、体内から排出する力が弱くなりますから、内服時は注意が必要です。

また、ご家族や介護職が困る問題に、昼夜逆転があります。「なぜ、夜眠れないのか？」「日中、動かず、昼寝などをしているのか？」「痛みなど眠れない理由があるのか？」「空腹で眠れないのか？」「環境の変化はないか？」など、その要因を観察できれば対処法は見つかります。

11 ｜ 言葉

自分の思いを相手に伝えるには、思いを概念化する必要があります。そのためには言葉が必要です。難聴の方が意思表示をしようとしたら、手話がありますが、手話ができる人は難聴の人でも15％程度といわれています。ですからほとんどの方は手話では会話ができないのが現状です。ですが、文字で表現したり、口話・読話（読唇）等でコミュニケーションを図ることはできます。

加齢に伴い聴力にも障害は現れますが、先天的な聴覚障害とは違い、高齢者は、加齢に伴い現れた難聴が多いため、補聴器などの補助機器を使用してコミュニケーションを成立させている方が多いです。コミュニケーション手段としての言葉ですが、高齢者の場合、特に言葉に関する観察ポイントとして表2－17の二つがあげられます。

脳血管疾患の後遺症として、**失語症**があります。失語症は高次脳機能障害に含まれます。脳の障害の起きた部位によって運動性失語と感覚性失語に分けられます。**運動性失語**は、脳の前方のブローカ野といわれるところの障害で**ブローカ失語**と呼ばれます。言語や文字の理解は比較的できますので、こちらの

表2-17　言葉に関する観察ポイント

❶内容が理解できない
　→認知症、知的障害、精神障害、失語症、難聴などの可能性があります。
❷話し方に変化がある
　→認知症、精神障害、失語症、構音障害、脳血管疾患などの可能性があります。

言っていることはわかっているのですが、発語ができない状態です。

一方、**感覚性失語**は、ウェルニッケ野といわれるところの障害で**ウェルニッケ失語**ともよばれ、相手の言っていることが理解できないのに、饒舌に話します。これは、自分で話している言葉の意味も理解できていないので、意味のない言葉を並べ、脈絡のない話になります。聞く、話す、読む、書くのすべてができない失語を**全失語**といいます。

同じように言葉がうまく話せない状態に**構音障害**があります。喉頭がんで喉頭摘出など、語音をつくり上げる機能のどこかに器質的、機能的障害があったり、構音に関係する神経の障害などによって語音を正しく発声できない状態をいいます。また、認知症でも進行に伴い失語が現れてきます。

12 便・尿

排泄物は重要な観察ポイントです。身体の中から排出されるわけですからダイレクトに情報を手に入れることができます。排泄物の観察だけではなく、排泄時の随伴症状や、排泄自体の有無など、重要な情報がたくさん観察できますが、特に便・尿に関する観察ポイントとして表2-18の二つがあげられます。

表2-18　便・尿に関する観察ポイント

❶「回数、量、色、ガス、性状、残尿感、残便感、痛み」などの異常
　→便秘、膀胱炎、下痢、尿閉、失禁、黄疸、膀胱炎、腸閉塞（イレウス）、神経因性膀胱などの可能性があります。
❷血液、粘液の混じり
　→暗赤色のタール便は上部消化管からの出血の可能性があり、鮮血の出血は、肛門近くでの出血（痔）や、大腸ポリープや大腸がんの可能性があります。粘液は、長く続く下痢などで出るゼリー状の便です。

黄疸では、尿や便の色も変化します。血液中のビリルビンという色素が何らかの原因で血液中に増加したため、全身の皮膚や粘膜に過剰に沈着して黄色っぽくなった状態を黄疸といいます。

通常は、肝臓の病気や胆のう、胆管の病気で黄疸が出現します。肝臓でつくられる胆汁は、消化管に流れ油分を分解する役目があります。この胆汁が、通常ならば腸の中に流れて便の色が茶色になりますが、総胆管結石や胆管がんなどで胆汁の流れが阻害されると、血液の中に逆流してしまいます。すると、腸の中に胆汁が流れませんから、便の色が白っぽいクリーム色や灰白色になってしまいます。一方、尿は、血液からつくられていますから色は濃くなり茶褐色になります。

急性膀胱炎の場合、頻尿、排尿時痛、尿混濁が特徴的な症状です。慢性膀胱炎の場合は、自覚症状はほとんどありません。急性腎盂腎炎だと発熱はありますが、膀胱炎の場合は、発熱はほとんどありません。

便秘は、便が出にくい状態のことで、腸閉塞（イレウス）は、小腸や大腸の消化管がねじれてしまったり、大腸ヘルニアなどで腸が詰まり塞がってしまった状態です。また、手術の後で癒着が起きることでイレウスになったり、便秘が2週間以上続いて急激な腹痛や、嘔吐などがあったら、糞便性イレウスの危険性もあります。

排泄にかかわるケアは、デリケートな部分です。なるべく人には知られたくないプライベートな情報を、介護職はケアというかかわりの中で安易に入手できますが、その情報は、利用者さんの精神的なものから、命にかかわる身体的なものまで多岐に渡るため、知識とアセスメント力が必要となります。この点を忘れずに、アセスメントは、利用者さんのQOL（Quality of Life；生活の質）が、どのように維持・向上できるのかをゴールとして行うものであることを、もう一度、再認識しましょう。

13 | 姿勢・歩き方

私たちは、当たり前に動いていますが、姿勢を維持したり、歩いたりすることは、関節や筋肉だけでなく、神経系が正常にはたらいていないとできないことです。

姿勢や歩き方の観察ポイントを表2-19にまとめました。

運動機能の調節や平衡機能については小脳が司っています。小脳が正常に機能することで姿勢を保ったり、歩いたり、滑らかに話せたり、細かい動作が

> **表2-19 姿勢や歩き方の観察ポイント**
>
> ❶同じ方向を向いた姿勢で眠っている、座位が保てない
> →脳血管疾患、炎症性疾患、神経疾患などの可能性があります。
> ❷手足に痙攣や動きの鈍化
> →てんかん、脳血管疾患、神経疾患、炎症性疾患、小脳疾患などの可能性があります。
> ❸歩く時によろけたり、同じ方向へ行ってしまう
> →脳血管疾患、認知症、小脳疾患などの可能性があります。

可能となります。小脳に障害が及ぶと四肢の運動失調や構音障害、平衡機能障害、眼振等がみられます。

　何気なく行っている立位保持や歩行がうまくできないということは、背景に生命に直結するような、脳神経系の重大な問題がある可能性があります。その観察の情報を、適切に医療職へつなげることにより、利用者さんの疾患を早めに予測し、予防したり治療につなげることもできるため、これも重要な観察ポイントです。

14 痛み

　痛みは、「どこが、いつから、どのような経過で、どんな痛みなのか」「痛みの強さや程度はどうなのか」「全体的に痛いのか、部分的に痛いのか」「随伴症状はないのか」「姿勢などで痛みが悪化したり緩和したりしないか」を観察します。

　第2節では、高齢者の観察ポイントについて解説してきましたが、最後に「息苦しい」という訴えがあった際に、利用者さんに起こっている状況を複合的に観察する視点について解説します。

15 息苦しさ・呼吸困難

　息苦しいと訴えがあったり、苦しそうな表情や身体の動きがあったら、すぐに呼吸器の問題だと考えがちですが、実は呼吸器疾患だけではなく、循環器疾患や貧血なども考えられます。

＜呼吸の観察ポイント（異常呼吸）＞

息苦しさは、本人の訴えだけではなく、呼吸の数やリズム、仕方などでアセスメントできます（表2-20）。

表2-20 呼吸の観察ポイント

❶異常呼吸の種類	・頻呼吸：24回／分以上の呼吸 ・徐呼吸：12回／分以下の呼吸 ・無呼吸：呼吸をしていない時間がある状態（睡眠時に無呼吸が見られる睡眠時無呼吸症候群）
❷呼吸のリズムの異常	チェーンストークス呼吸・ビオー呼吸・あえぎ呼吸（下顎呼吸）
❸体位異常による異常呼吸	起座呼吸（呼吸器の疾患では起座呼吸のほうが楽です）
❹呼吸の仕方	下顎呼吸・努力呼吸・クスマウル呼吸・肩呼吸・鼻翼呼吸

極端に回数が多い、逆に少ない、あるいは睡眠時に途中で呼吸が止まっている、無呼吸の時間があるなど、見ているだけでも異常をアセスメントできます。

酸素を取り込みにくければ、一生懸命に吸い込もうとしている努力呼吸や肩まで大きく動かして吸い込もうとする肩呼吸、さらには顎を下げて大きく吸い込もうとする下顎呼吸、鼻翼を広げて酸素を取り込もうとする鼻翼呼吸などが見られます。

また、糖尿病性昏睡や尿毒症等で見られる深くて吸気が長いクスマウル呼吸も、異常としてすぐに感じられます。

特に、呼吸のリズムの異常は、脳血管疾患などが重症化すればするほど変化しますので、意識レベルと合わせての観察が必要です。

呼吸のリズムは脳幹でつくられ、横隔神経などによって筋肉にその指令が伝えられて呼吸運動が行われます。脳幹に障害が及ぶと、呼吸運動の指令がつくれなかったり、指令されても通常のようにスムーズに運動できないことになります。

呼吸パターンの異常は、障害部位によって異なります。このパターンを観察することで、脳幹のどの部分に障害が及んでいるかを推定できます（表2-21）。

間脳以下を巻き込むような脳の障害があると、呼吸障害を起こす重篤な状態ということです。

表2−21　呼吸パターンの異常

❶ 吸って吐いての後に休みなく立て続けに呼吸する
　→中枢神経性過呼吸（脳幹の障害）の可能性があります。
❷ 「ハ〜」と強迫的に息を吸い続ける
　→持続性吸気（橋の障害）の可能性があります。
❸ 不規則に呼吸の大きさや呼吸数が変調する
　→群発呼吸・ビオー呼吸（橋の障害）の可能性があります。
❹ 呼吸のリズムがつくれない
　→失調性呼吸・呼吸停止（延髄の障害）の可能性があります。

　意識レベルの低下があり、このような異常呼吸が見られたら、脳血管疾患が疑われ緊急事態です。

＜息苦しさの訴えに対しての観察ポイント＞

　呼吸器が原因で起きている息苦しさの観察ポイントについて解説します。

● 呼吸は楽そうですか？

　通常の換気は、ほとんどが横隔膜で行われます。呼吸がしにくくなると、胸壁や頸部の筋肉を収縮させて胸郭を動かそうとしたり、鼻翼呼吸やあえぐような呼吸になります。
　では、通常の呼吸の方法は、どうでしょうか？
　呼吸の異常にいち早く気付くためには、ふだんから利用者さんの呼吸を意識して観察し、通常の呼吸の仕方を介護記録などに記載しておくことが大切です。

● 呼吸のリズムはどうですか？

　正常では、原則的に規則的なリズムとなります。異常があれば、脳血管疾患なども考えられ緊急対応が必要になります。

● 呼吸数はふだんと変わりないですか？

　正常では、1分間に14〜20回程度の呼吸を繰り返します。通常時の利用者さんの呼吸数はどのくらいか確認しておきましょう。

● 吸気：呼気：休息期の割合は正常ですか？

　正常の場合、吸気：呼気：休息期の時間的割合は１：1.5：１の割合となります。吸う時間に比べ、吐く時間が少し長く、次の吸う時間までに吸う時と同じくらいの長さの休憩(きゅうけい)がある呼吸が普通です。頻呼吸になるとこの割合が違ってきます。

　次に胸郭の状態を確認しましょう。

● 呼吸に伴う胸郭の動きは左右対称ですか？

　胸郭とは、12対の肋骨(ろっこつ)、胸椎(きょうつい)、胸骨で形成される部分のことで、この中に心臓、肺、食道などが収められています。

　普通に呼吸をしている場合、動き（目で見える変化）が少なく、胸郭の動きは観察しにくいです。もし、息苦しいという訴えがあったら、胸郭の形や、動きに左右差がないかが重要な観察ポイントです。正常では、胸郭は左右対称に動きます。非対称の動きがある場合は、動きの少ない側に何らかの異常がある可能性があります。胸郭の動きを確認する場合は、ただ、胸郭の動きを見てもわかりづらいのですが、手をあてがうだけで容易に動きの確認や左右差の確認ができます。気胸[注2]等の無気肺[注3]の状態がわかります。

　胸郭の動きの確認方法は**表２－22**のとおりです。

表２－22　胸郭の動きの確認方法

❶　両母指を左右の肋骨縁に置き、他の指と手掌で胸郭側面を包みます。この時、母指は少し内側へ寄せて、胸郭が拡大することをじゃましないように皮膚に軽くたるみをつくります。
❷　利用者さんに深呼吸をしてもらい、置いた指が呼吸に伴ってどう動くのかをみて、胸郭の拡張の程度や拡張の左右差をみます。
❸　背部からも、胸郭拡張の状態をみましょう。母指を脊柱に沿った肩甲骨下角よりやや下に置き、前胸部と同じように深呼吸によって胸郭が、どのように動くかを見ます。

　正常の場合は、深呼吸により吸気時の胸郭が**４cmほど拡張**します（**図２－20**）。肺気腫(はいきしゅ)などの場合は、もともと拡張気味のため、拡張性は悪くなります。また、気胸や片側に肺炎や胸水貯留などがあると胸郭の動きに**左右差**が生じま

図2-20 ■ 胸郭の動きの確認

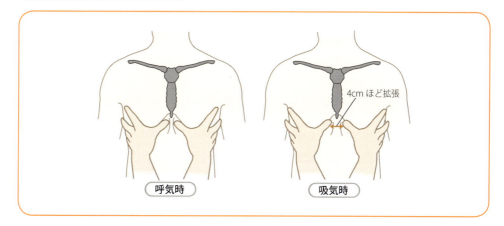

す。

● 横径と前後径の比率はどうですか？

　正常では、胸部は前後径に比べて横径が大きいです。通常は1.5：1～2：1で横径が大きいのが正常です。肺気腫などで、胸腔内容積が増えているようなときは、胸の厚みが増し、胸郭全体が丸みをおびて見え、前後径：横径が1：1に近くなります（ビヤ樽状の胸郭）（図2-21）。

図2-21 ■ ビヤ樽状の胸郭

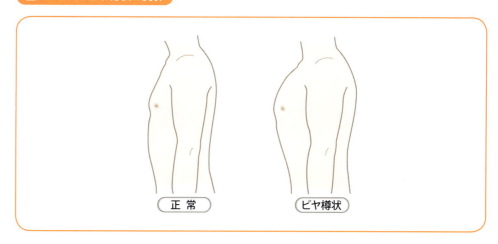

　このように、目で見て触ってアセスメントできることが多くあるのです。
　前述したように、息苦しさの原因は循環器疾患にもあります。
　循環器のはたらきは、全身の組織の隅々まで血液を送り出し、同時に全身から血液を集めて心臓まで戻すという循環をすることです。その手段が心臓で

す。ですから、呼吸器でいくら酸素を取り込んでも、循環器がうまくはたらかないと酸素が届かず息苦しくなります。

　まずは、心臓の構造とはたらきです。心臓には、四つの部屋があり、鏡餅（かがみもち）のように背中側の左心系の上に右心系が重なっています。つまり、前から見て、右斜め前方が「右心房」と「右心室」で、左斜め後方が「左心房」と「左心室」となります（⇒56頁参照）。

　四つの部屋で、勢いよく血液を送り出すのが「左心室」と「右心室」です。「左心室」は動脈血を大動脈へ送り出し全身へ流れていきます。「右心室」は、全身を巡って戻ってきた静脈血を肺へ送り出します。この血管が肺動脈です。肺では、二酸化炭素と酸素のガス交換が行われます。「左心室」は全身へ血液を送り出さないといけないため、送り出す力がより必要となります。そのため、左心室の心筋層は一番厚くなっています。

　このように、心臓は、「入り口」と「出口」のあるポンプです。この時、四つの部屋の出口には弁があり、一度血液が流れたら、元へ戻れないようになっています。つまり、弁はドアと同じような役割をもっています。ここで、よく聞かれる疾患名に「閉鎖不全症」や「狭窄症（きょうさくしょう）」がありますが、弁と大きな関係があります。閉まるべき弁（ドア）が閉まらない、これが閉鎖不全症です。一方、開くべき弁（ドア）の開きが不十分な状態を狭窄症といいます。異常をきたしている弁がどの弁によって、**○○弁閉鎖不全症**とか**○○弁狭窄症**などと疾患名がつくのです。

　介護現場では、「過剰心音」や「心雑音」という言葉も耳にすることがあります。これは、医師や看護師が聴診した際に聞こえる異常音で、いろいろな疾患で聴取します。

　心臓は、血液を送り出す仕事をしていますが、ここで大事なのは、体の隅々まで必要な物（特に酸素）を運んでいるかどうかです。それは、脈拍が触れるべきところできちんと触れるかどうかで確認します。脈拍が主に触れる場所は図2-22の場所です。一番末梢（まっしょう）で脈拍が触れれば、そより上では調べなくても大丈夫です。末梢の脈拍が触れるということは、そこまで血液が流れているということですから、末梢の脈拍がどこで触れるのかは、あらかじめ場所を理解しておきましょう。

　心臓のはたらきとは、実は心室のはたらきのことを指していて、介護現場でよく耳にする心不全とは、心臓のポンプ機能がはたらいていない状態のことをいっているのです。心不全には、主に右心不全と左心不全があります。

　心不全の徴候（ちょうこう）を観察するポイントは表2-23の三つです。

図2-22 ■脈の測定

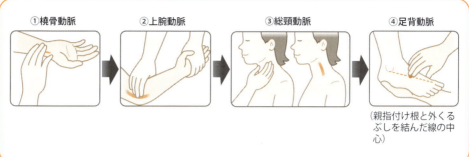

表2-23 心不全の徴候を観察するポイント

❶出力の低下
❷内容積の増大
❸手前でのうっ血

＜左心不全の場合＞

　表2-23にある「❶出力の低下」ですが、出力とは心拍出量のことで、これが低下すると血圧を下げないために心拍出量を維持しようと心拍数を増やすことで心拍出量の低下を防ごうとします。つまり、通常ですと、心拍数と脈拍数は同じですから、脈拍数が通常よりも増えてきたら、心拍出量が低下してきている可能性があるということです。生体は、生命維持のために、血圧を維持しようとして心拍数（脈拍数）を増やして対応しますが、これ以上は増やせないとなると、今度は末梢の血管をギューッと絞って血液を末梢へは行きにくくして心臓に集めようとします。そのため、この時は末梢の血流が不足しますから、チアノーゼや冷感として症状が現れます。左心不全の徴候として、バイタルサインの脈拍と血圧の変化を観察すること、そして、末梢の循環不全がないかを観察することが大事です。

　表2-23にある「❷内容積の増大」は、看護師なら打診注4やスクラッチテスト注5で調べ、観察することができます。介護職が観察した前述の「出力の低下」の情報を元に、看護師がさらに打診などでフィジカルイグザミネーションを行います。ポンプ機能がはたらかず心臓の中に血液がたまっているため、心臓の内容積が大きくなっているということを調べます。

左心系のポンプ機能がはたらかず心臓の中に血液が充満して満杯となり、伸びしろがなくなると、手前にある肺から入りたくても心臓に入れないという状態になります。これが表2－23にある**「❸手前でのうっ血」**、つまり肺うっ血です（図2－23）。肺でうっ血するということは、肺に水がたまる状態（つまり肺水腫）ということです。なぜ、肺に水がたまるかといえば、肺の血管は、ガス交換をするために薄い構造になっています。通常だと左心房へスムーズに入っていく血液が入れないと、肺胞を取り巻く毛細血管の血液は、行き場がなくなり、その血管にたまるしかありません。血管の中の血液が多くなると、毛細血管が太くなりますが、これ以上太くなれない状態になると、血管は、分子量の一番小さい水を血管壁の外へ流して守ろうとします。

図2－23 ■ 左心不全の状態

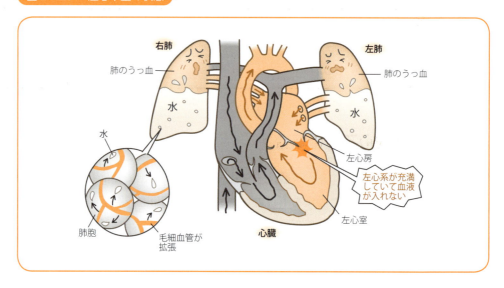

　肺の場合、血管壁の外とは、主に肺胞です。肺胞の中は、通常空気しかありませんが、ここに水がしみ出していき、肺胞に水がたまった状態（＝肺水腫）になるわけです。

　こうなると、生体は、たまった水を出そうとします。それが、咳という形になるわけです。喘息のような苦しそうに続く咳をすることから、心臓喘息といわれたりもします。介護職は利用者さんの咳や、息苦しさなどの症状から、呼吸器の疾患などを思い浮かべるかもしれませんが、このように、心不全でも、肺の中の水を出そうとして、咳などの症状が現れるのです。

　では、咳によって排出される痰は、どんな状態でしょうか？　炎症を起こしているわけではなく、水分を出そうとしているわけですから、心不全の時の痰は、通常、**水っぽい泡沫状の痰**がみられることが多いです。

肺炎などの呼吸器系の疾患の場合は、炎症などがあるため、黄色かったり、緑色だったりと汚い粘稠性の痰がみられますし、併せて炎症の症状として、発熱などの症状もみられます。

　介護職から、喘息様の咳や水っぽい泡沫状の痰などの情報が看護師へ伝われば、看護師は、呼吸音を聴取します。そして、本来聞こえないはずの**副雑音**[注6]を聴取することで医師につなぐことになります。

＜右心不全の場合＞

　一方、右心不全の場合も同じように三つのポイントは変わらないのですが、五感でアセスメントすることは難しいです。

　表2－23にある「❶出力の低下」ですが、調べるためには、カテーテル検査や心臓超音波検査（心エコー）などを行う必要があります。

　表2－23にある「❷内容積の増大」も、五感ではアセスメントできません。これは、胸部レントゲンで確認するしかありません。

　表2－23にある「❸手前でのうっ血」ですが、右心系の手前にあるのは、静脈です。つまり**静脈系のうっ血をアセスメント**できればよいわけです。右心系の手前の静脈には、下大静脈、門脈系、頸静脈の三つがあります。

　では、**下大静脈**がうっ血したらどうなるかです。浮腫と同じように血管の中に静脈血がたまるわけですから、下肢の静脈が怒張します。これ以上血管が膨れられない状態になれば、水は血管壁からしみ出して**下肢に浮腫**がみられます（図2－24）。

　門脈系は、**肝臓でうっ血**を起こします（図2－24）。すると肝臓に静脈血がたまるわけですから、肝臓が大きくなります。つまり、**肝腫大**を起こします。これは、目に見えませんから、看護師が打診やスクラッチテストで調べます。

　頸静脈がうっ血すれば、当然、血管が怒張します。これが**頸静脈の怒張**です。しかし、頸静脈は簡単に破れたら大変なことになりますので、とても丈夫で太い血管になっています。このため、頸静脈が膨らんでも、中から水がしみ出て浮腫になるようなことはないのですが、その前の顔に浮腫が現れることはあります。

　ここで、さらに看護師は、この頸静脈を使って中心静脈圧を測ることができ、それが、右心不全の指標となります。

　また、下肢の静脈の怒張や浮腫があれば、必然的に尿量が減少し、そして、体重が増加します。頸静脈の怒張も視診で観察できます。通常、仰臥位に

図2-24 ■ 右心不全の状態

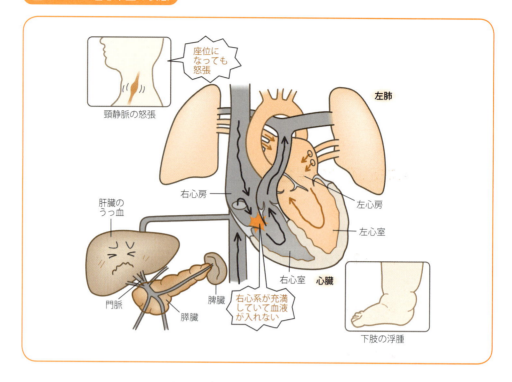

なっている時は誰でも頸静脈は怒張しています。しかし、座位になれば、必然的に頸静脈の怒張はなくなります。右心不全の場合、戻るべき右心系がポンプ機能の低下により血液で満たされていると戻りたくても戻れませんから、**座位になっても頸静脈の怒張は消えません**（図2-24）。

　ですから、もし、利用者さんが息苦しさを訴えた時に、臥床時に咳が出て泡沫状の痰が出たり、頸静脈の怒張や下肢の浮腫、尿量減少や体重増加、脈拍の増加などの症状がみられれば、右心不全が疑われるのです。

　また、こうした場面で、生命に直結する状態に**ショック**があります。心不全の時も、最終的にはコールドショックになります。

＜コールドショックとウォームショック＞

　ショックとは、身体の隅々まで血液が流れていない状態で、最終的には全身の機能不全を呈する状態です。ショックには、二つあります。心原性ショック・出血性ショックなどの「コールドショック」と、エンドトキシンショック・アナフィラキシーショックなどの「ウォームショック」です。一般的にショックというと顔面蒼白で、冷たくて、意識レベルが低下して……と考えがちです

が「ウォームショック」は違います。

「ウォームショック」とは、末梢血管が広がり、末梢血管抵抗が大幅に下がることにより、生体は血圧を維持しようと心拍出量を増やして補おうとしますが、エンドトキシンショックやアナフィラキシーショックでは末梢血管が広がりすぎて、補いきれずに血圧が低下するショックをいいます。

心拍出量を増やすためには、1回の拍出量を上げたり、心拍数を上げたりする必要があります。それでも、補いきれなければ血圧は下がるということです。

この時に、末梢血管抵抗は下がっていますから、冷感などの一般的な症状はなく、逆に暖かい状態なのに、血圧が下がるというショックが「ウォームショック」です。

一方、「コールドショック」は、心原性ショックや出血性ショックで1回拍出量が大幅に減少し、それを補うために心拍数を増やしたり、心臓へ血液を集めるために末梢血管を絞って末梢血管抵抗を上げてもまだ血液の量が不足していて、身体の隅々まで血液が運ばれずに血圧が低下するショックをいいます。

「コールドショック」では、末梢血管を絞っていますから、末梢の皮膚の色は蒼白で、冷感が現れるということです。

このように、利用者さんが息苦しさを訴える場合、生命に直結する呼吸器と循環器は、セットで観察することになります。さらに、息苦しさの原因として、もう一つ考えられることがあります。呼吸器で酸素は十分取り込め、循環器で全身の隅々の細胞まで届けることができるのだけれど、届けるための道具であるヘモグロビンが少ないために、せっかくたくさんある酸素を結果的に届けることができないという状態が「貧血」です。

＜貧血＞

貧血とは、酸素運搬を担（にな）うヘモグロビンが減少することで、血液の酸素運搬能力が低下し、臓器や組織の低酸素状態が起き、蒼白、倦怠感（けんたいかん）、息切れなどの症状が現れます。ですから、貧血でも息苦しさは自覚されるのです。

ここまで高齢者の観察ポイントを解説してきましたが、これらのポイントを踏まえて、細かなことでも記録することが重要です。また、介護職として、緊急性を判断するためにも身体的知識とアセスメント方法を常に意識して勉強し

ておく必要があります。フィジカルアセスメントは、身体的情報を意図的に、技術をもって収集し、判断し、共有して利用者さんの日常生活を支援するための手段なのです。

〈注〉

1) **眼振**：眼球が痙攣したように動いたり、揺れたりする状態で、眼球が不随意に規則的に往復運動を繰り返す病態。
2) **気胸**：何らかの原因で、胸腔内で気体が肺を圧迫し、肺が外気を取り込めない状態。
3) **無気肺**：何らかの原因で気管支が塞がれ、閉塞部位から末梢の肺に空気が入らなくなった状態。
4) **打診**：体表を指でたたいて振動を起こし、音として聞き取ることでその下の状態を推定する方法。
5) **スクラッチテスト**：皮膚を軽くこするように引っかいて振動を起こし音として聞き取ることで、その下の状態を推定する方法。
6) **副雑音**：呼吸器に病変がある時に通常の呼吸音とは別に付加されて聞こえる音。

第3節 認知症を理解する

認知症患者は、2025年には700万人を突破し、65歳以上の5人に1人は、認知症に罹患すると推計値が発表されています。介護職にとって、認知症の理解なくして介護はできない時代になっているということです。高齢者は、生命に直結する疾患や症状をもつ可能性が高いため、高齢者の5人に1人が認知症を併せもつとしたら、フィジカルアセスメントとともに、認知症についての理解も必要なことはいうまでもありません。

ここでは、認知症ケア教育の最先端を走っているスウェーデンの教育の内容を参考にして、認知症について解説していきます。認知症の種類とその症状、そしてケアについて具体的に解説します。

1 認知症の種類

認知症は、いろいろな原因で脳の細胞が死んでしまったり、はたらきが悪くなったりしてさまざまな障害が起こり、生活するうえで支障が出ている状態です。

いろいろな分類がありますが、大きく分けて三つに分類されます。

＜脳の神経細胞が萎縮して喪失していく変性性の認知症＞

代表的な疾患としては以下の四つがあります。

● アルツハイマー病

βアミロイドたんぱくといわれるたんぱく質が脳の神経細胞に蓄積し、神経細胞が障害され脳が萎縮します。側頭葉の中心部分にある海馬に影響を受けて記憶障害がみられます。

● 認知症を伴うパーキンソン病

パーキンソン病は、ドパミンという神経伝達物質が不足したり、出ないことにより身体の運動システムに影響を与えて、硬直や振戦、無動等の症状が出て動きにくくなります。パーキンソン病の方が全員、認知症になるわけではありません。約20％の方に認知症が伴うといわれます。また、この認知症の症状

は、パーキンソン病が進行してから出てくる症状でパーキンソン病と診断された時に併せて出てくるわけではありません。

● **レビー小体型認知症**

アルツハイマー病の次に多いといわれています。症状としては幻視（実際には存在しないが、リアルな人物の姿などが見えること）が特徴的で、症状の日内変動が大きいのが特徴です。併せて、パーキンソン病と間違えられるような症状（動きにくい、転びやすい、動きが遅い等）がある場合があります。

● **前頭側頭型認知症**

神経細胞の障害が前頭葉から始まります。65歳未満に多いのも特徴です。記憶障害よりも、人格変化のほうが目立ちます。暴言や暴力、過食、偏食などの症状がみられたり、万引きや盗撮、高速道路の逆走などで発覚することがあります。

いずれの場合も治癒するための薬や治療法はありません。ただし、「アリセプト」「リバスチグミン」「レミニール」「メマンチン」等の進行を抑えるといわれる薬がアルツハイマー病にはあります。レビー小体型認知症にも有効といわれています。もの忘れが目立ってきたなどの認知症を疑うような症状が現れたら、早めにもの忘れ外来等へ受診していただき、適切な量の内服治療をすることで、利用者さんの望む生活を長く続けることが可能となります。

＜血管障害によって、脳の神経細胞や神経繊維が損傷されて起こる認知症＞

脳卒中（脳梗塞・脳出血・くも膜下出血）などにより、脳の神経細胞や神経繊維が損傷されて起こる認知症です。アルツハイマー病のように徐々に進行していく認知症ではなく、症状が突然出現したり、階段状に悪化したり、変動することがあります。

それ以外では、白質の疾患（ビンスワンガー型白質脳症）や血管炎、過粘稠症候群などで脳の血液循環が悪くなることで起こります。症状は、記憶障害、うつ状態、小刻み歩行などの神経症状です。

脳の血液循環の不良により起こる認知症が、血管性認知症です。やはり、完治のための治療法はありませんが、血液循環をよくするための治療は可能です。

＜脳の神経細胞に障害を与える原因が脳以外にあって起こる認知症＞

認知症は基本的に治りませんが、認知症の原因が脳以外にある場合で、その原因を解決することで症状がなくなる認知症があります。

● 慢性硬膜下血腫

頭を打った後に徐々に出血が続き、しばらくしてから脳内で血の塊(かたまり)ができて、脳を圧迫して認知症の症状が出てきます。原因である血の塊を取り除くことにより認知症の症状はなくなります。

● 正常圧水頭症

原因は不明ですが、脳室に脳脊髄液(のうせきずいえき)がたまり脳を圧迫することにより、認知症の症状が出てきます。少しずつたまっていくので、すぐには脳圧は上がらず、徐々に症状が出てきます。歩行障害、尿失禁等の症状が特徴的です。シャント術により脳脊髄液を腹膜を通して吸収することで症状はなくなります。

● 脳腫瘍

脳腫瘍(のうしゅよう)によって認知症の症状が出る場合があります。腫瘍の場所によっては、腫瘍を取り除くことができれば、認知症の症状はなくなります。

● 脳内感染

クロイツフェルト・ヤコブ病やAIDS（Acquired Immune Deficiency Syndrome；後天性免疫不全症候群）、ヘルペス脳炎などの感染症は、脳に損傷を与え、認知症の発生を促します。感染の予防や治療により認知症の症状がなくなります。

● 代謝異常

認知症では、どんな段階でもうつ症状がみられます。甲状腺機能低下症(こうじょうせんきのうていかしょう)ではうつ症状、無気力等の症状がみられますが、ホルモン剤の内服でうつ症状がなくなります。

● ビタミンB群の欠乏症やアルコール依存症

ビタミンB群の欠乏症やアルコール依存症でも認知症の症状がみられます。ビタミンB群を摂取したり、アルコールを控える(ひか)ことで認知症の症状がなくな

ります。

　この場合は、原因となる疾患の治療や、対症療法で認知症の症状をなくすことができますから、特に、介護職のアセスメントが重要であり、早めに適切な情報を医療職へつなげることで、利用者さんの生活が変わります。

2｜認知症の症状

　認知症の症状は、認知面の症状、精神医学的な症状、行動上の症状、身体的な症状の順で進行していきます。

＜認知面の症状＞

　記憶障害、見当識障害、実行機能障害、言語・計算能力障害、思考能力・注意力障害、判断力低下、失行、失認の順に症状が進行していきます。

❶記憶障害

　アルツハイマー病は初期から近時記憶障害が始まります。

　例えば、朝食べた物がわからないのは、もの忘れですが、食事をしたことさえ忘れてしまうのは、認知症の症状の記憶障害です。昔のことは覚えているのに、今さっきのことを忘れてしまうのが特徴です。

❷見当識障害

　時間・場所・空間・人についてわからなくなっていきます。

　いろいろなことがわからなくなりますが、大事な人がわからなくなっても、「私は誰？」は最期まで保たれるといわれています。

❸実行機能障害

　思考すること・計画すること・実行することができなくなります。判断・手順がわからなくなります。

　例えば、冷蔵庫の中を見て、今日の夕食はカレーにしようと思ったら、不足している物を購入して、洗って、切って、煮て……と当たり前にカレーをつくろうとしますが、この時に、私たちは思考し、計画し、判断して実行しているのです。認知症になると、この一連の動作ができなくなります。

❹言語能力障害

　アルツハイマー病では喚語困難[注1]がみられ、血管性認知症では脳の障害を受けた場所により、運動性失語や感覚性失語がみられます。

❺計算能力障害

　　数の計算ができなくなったり、金種がわからなくなります。高齢者の財布の中は、小銭が沢山です。これは、金種がわからずひとまずはお札を出しておけば大丈夫という感覚から起きていることがあります。

❻思考能力・注意力障害

　　周りの人にとっては理解できない行動が見られますが、その人にとっては論理的な行動です。また、外的な刺激により注意力は容易に阻害（そがい）されます。例えば、春になったので、桜の模様の綺麗（きれい）なランチョンマットを用意したら、ランチョンマットの中の桜を一生懸命に取ろうとして、食事を食べようとしない、といったことなどがよくみられる症状です。

❼判断力低下

　　スケジュールどおりに動けなかったり、なぜ、今ここにいるのかがわからなかったり、その時の状況判断ができないなどの症状がみられます。

❽失行

　　運動能力は損なわれていないのに、今までできていた当たり前の動作ができなくなります。

・構成失行→立体図形や絵の描写ができなくなります。
・観念運動失行→単純な指示動作ができなくなります。
・観念失行→使いなれた道具が使えなくなります。
・着衣失行→衣服の着脱がうまくできなくなります。

❾失認

　　感覚（五感）を解釈する能力が変化し、わからなくなります。

・触覚失認→触っても何だかわからなくなります。
・手指失認→何指なのかわからなくなります。
・身体失認→自分の身体が認識できなくなります。
・鏡像認知障害→鏡に映っている人が誰なのかが認識できなくなります。

＜精神医学的な症状＞

　　うつ、不安、攻撃性、妄想（もうそう）、幻覚、混乱などがみられます。

＜行動上の症状＞

　　徘徊（はいかい）、収集、反復、叫び、暴力などがみられます。

＜身体的な症状＞

失禁、硬直、パーキンソン様症状、痙攣(けいれん)、筋痙攣、拘縮(こうしゅく)等がみられます。

認知面の症状や、進行した場合の身体的な症状は、認知症の場合、誰にでもみられますが、精神医学的な症状や行動上の症状は、周りの介護環境などにより予防したり、対応することができます。

3 ｜ 認知症ケア

「徘徊で困っています。どのように対応したらいいでしょうか？」

こういった質問を受けることがあります。明確な答えはありません。なぜなら、徘徊のような行動を起こさなければならない、利用者さん一人ひとりの理由・困りごと・目的があるのですから、「徘徊＝○○なケア」という固定したケアはありえないのです。

徘徊で困っているのは、誰でしょうか？　それは私たち介護職やご家族だったりします。私たちの困りごとを解決しようとするのでは、利用者さんの問題は解決できません。徘徊のような行動をとらなければならない、利用者さん自身の困りごとを探り出してそれを解決しない限り、問題は解決しないのです。

利用者さんの困りごとが何なのか？　それをきちんと探す方法がいろいろあります。**パーソンセンタードケア**[注2]や**センター方式**[注3]、**紐(ひも)とき法**[注4]、認知症緩和ケア理念[注5]を使った方法など多くの方法があります。そして、補完的手法として、バリデーションやユマニチュード、タクティール® ケア等も行われています。

バリデーションとは、共感することを基本に、利用者さんの行動をすべて受容してコミュニケーションをとろうとする方法です。アメリカのソーシャルワーカーのナオミ・フェイルが開発した認知症の方たちとのコミュニケーション術の一つです。『共感して接すること』に重点をおいた療法です。

ユマニチュードとは、フランス人のイブ・ジネストとロゼット・マレスコッティによってつくられた認知症ケアの手法です。『見る・話す・触れる・立つ』というコミュニケーションの四つの柱を基本として150以上の技術から成り立つものです。

タクティール® ケアとは、スウェーデンの認知症緩和ケア理念を元に、手で触れることによって皮膚(ひふ)と皮膚とを通じて行われるコミュニケーションに重点

をおいた認知症緩和ケアの補完的手法です。

　いずれにしても、利用者さんの苦痛をなくすために、チームで情報を共有して利用者さんのゴールに向かってケアが行われなければなりません。もちろん、利用者さんもご家族も皆チームメンバーです。チームケアがうまく機能するためには、チーム内の**信頼関係が大事**になります。ですから、コミュニケーションがきちんととれていることが重要です。

　では、認知症ケアについて事例で考えてみましょう。

事例

　認知症のあるAさんは90歳の女性です。農家のお嫁さんとして家と家族を守って生きてきました。夫は10年前に亡くなり、今は、次女夫婦と三人暮らしです。高齢で徐々に筋力低下もあり、歩行障害があるため車いすで生活しています。農繁期になると、Aさんを1人家に置いておくわけにはいかないというご家族の希望で、通所介護（デイサービス）を利用するようになりました。
　ところが、午後3時頃になると、Aさんは「帰る。帰る」とそわそわしはじめて、1人で車いすから降りようとします。

　問題を整理してみましょう。
　ここでの問題は何ですか？　「帰宅願望が問題」といわれるかもしれません。帰宅願望によって、困っている人は誰でしょうか？　実は、困っている人は、Aさん本人ではなくデイサービスのスタッフです。午後4時30分までの利用なのに、午後3時に帰られたら困るのは、介護職やご家族なのです。

　では、本当の問題は何でしょう。つまり、「Aさんの困りごとは何か」ということです。それを知るためには、Aさんが、**帰りたい理由**が何かをアセスメントする必要があります。

　まずは、情報収集です。ここで必要な情報は以下のような内容です。
- Aさんの生きがいは何ですか？
- 何を大事にして生きてきましたか？
- 若い頃からの生活はどんな暮らしで、どんな役割をもっていましたか？
- 家では、どのような生活をされていたのでしょうか？

　認知症の方は、自分の思いをうまく表現することができません。ですから、周りの人が観察して、利用者さんの思いを探っていく必要があるのです。まず、不穏や落ち着きがないなどのBPSD（Behavioral and Psychological

Symptoms of Dementia；行動・心理症状）が出現している場合は、身体的な苦痛がないのかを観察します。

● 観察のポイント

観察のポイントは以下のとおりです。
- 食事は食べられているか
- 水分は足りているか
- 便秘や下痢(げり)はないか
- 睡眠は十分にとれているか
- 薬が変わったという情報はないか
- 発熱や意識レベルの変化はないか
- 身体の動きに不自由さはみられるか
- 話し方や言葉に変化はないか
- 痛みや苦しそうな仕草はないか

もし、観察をして思いあたるところがあれば、そこから解決していきます。例えば、トイレへ何回も行くけれど表情がすぐれない、と感じていたら、排尿時の痛みや、尿の量や性状は問題ないかを確認します。ここで問題が疑われたら、ご家族へ情報を伝え、医師に診てもらい内服薬治療などが必要になります。

身体的には問題はなさそうだと判断したら、次は精神面等を観察します。
- 精神面や社会面などの変化はないか
- ご家族に何か変わったことが起きていないか
- デイサービスでの利用時に他の方との関係性は変わっていないか
- 今までの生活と大きく変化したことはないか
- なぜ「帰りたい」のか理由を聞いてみたか

私たちは認知症というだけで「何もかもわからない人」と決め込んで、利用者さんに理由を聞こうともしないことがあります。しかし、人の言動や行動の背景には、誰でも必ず理由があるのです。

Aさんにスタッフが「Aさん、なぜ、家へ帰りたいのですか？」と聞いてみました。すると、Aさんは「夕飯をつくらないと、お母さんたちが帰ってきた時に、食べられない。そろそろ、帰ってつくらないとお母さんたちが困るんだ」と話されました。

こう話をされた背景には、Aさんが今まで何を大事にして、どんなふうに生きてこられたのか、がかかわっていそうです。それについてAさん本人は答え

てくれませんでした。そこでAさんのことを一番よくわかっているご家族に聞いてみました。

すると「おばあちゃんは若い時から働き者で、畑から少し早く帰ってきて夕飯の準備をすることが役割でした。料理も上手で、主婦であり母であることに誇りをもって生きてきた人でした。動けなくなっても、車いすの上で一緒に食事をつくる手伝いをしてくれましたが、この頃は、忙しくて私がすべてやってしまっているので、おばあちゃんには何もしてもらっていません」とのことでした。

● ケアの変更と結果

Aさんの望み（つまりAさんの望むゴール）は何でしょうか。きっと、今までのようにご家族のために何か自分のできることをしたいということではないでしょうか。ここまでわかれば、この情報を元にサービス担当者会議を開いて、居宅サービス計画（ケアプラン）を変更する余地があります。

よく私たちが間違えることに、手段が目的になってしまうことがあります。Aさんの場合も、デイサービスに一日いられることが目的になっていました。

ここで大切なのは、何のためにデイサービスを利用するのかです。Aさんの場合、3時頃までは普通に楽しく過ごせています。そこで、利用時間を短縮し、在宅の訪問介護員（ホームヘルパー）が、ご家族が帰ってくるまでの間に一緒に食事の準備をするケアに変更しました。

といっても食事をつくるわけではなく、台所で一緒に過ごし、洗濯物を一緒にたたんだり、ときにはジャガイモやニンジンの皮を一緒にむいたりするぐらいのことでしたが、それだけで笑顔のAさんが戻ってきました。

● 認知症の方のアセスメントのポイント

認知症の方のアセスメントは、誰の困りごとなのか、利用者さんの望みは何なのか、特に、その困りごとが身体的苦痛ならば、それを一番に探り出し解決することが重要です。

次に、精神的苦痛をアセスメントして苦痛を取り除きます。そして、さらに社会的苦痛やスピリチュアルな苦痛（生きがいや役割の喪失（そうしつ）など）のアセスメントをしてその苦痛を取り除きます。つまり、利用者さんの苦痛を取り除くことがポイントなのです。そのためには「利用者さんに聞く」「ご家族に聞く」ということが大事なポイントとなります。

利用者さんの望みが何なのか、はっきりと確認することは難しいかもしれま

せん。しかし、それを知るために情報を集め、利用者さんに寄り添うケアを展開するための努力を惜(お)しまないことが専門職には求められるのです。

〈注〉

1) **喚語困難**：何かを言おうとした時に、言うことはわかっているのに言葉が出てこないこと。
2) **パーソンセンタードケア**：認知症の人を一人の「人」として尊重し、その人の立場に立って考え、その人を中心としたケアを行おうとする考え方のこと。
3) **センター方式**：正式名称は「認知症の人のためのケアマネジメントセンター方式」。認知症の人にかかわる家族や専門職などの関係者が、共通のシートを使用して情報を共有し、その情報に基づいてその人に合ったケアプランを作成すること。
4) **紐とき法**：事実に基づいた情報を整理しながら、認知症の人が抱える困難や課題を明確にし、その人に合ったケアを紐といていく方法のこと。
5) **認知症緩和ケア理念**：スウェーデン王立財団法人シルヴィアホームで始まった、WHO（世界保健機関）で定義された「緩和ケア」を基にした理念。「症状コントロール」「チームワーク」「家族支援」「コミュニケーションと関係」の4本の柱で実施される。

第3章 介護現場における生命維持のフィジカルアセスメント

> **Summary**
>
> 　介護現場の仕事は、常に命と向き合う仕事でもあります。本章では、介護現場で高齢者の「生命の危機」に直面した際、介護職としてどのようにアセスメントを行い、ケアにつなげていくのかを事例を用いて解説します。
> 　「胸が痛い」「おなかが痛い」「何か変！」「ボーっとしている」という4事例から、緊急性の判断について学び、医療職がいない状況下でも、適切な判断と冷静な行動ができるようになることが目標です。

第1節 「胸が痛い」と訴える利用者さんの場合

事例1

　82歳のAさんは、妻と二人暮らしです。2人の子どもは、近隣の町で家庭をもち独立しています。家族関係は良好です。Aさんはとても明るく活発な方で通所介護（デイサービス）が大好きで、週に2回利用されています。若い頃は山登りが趣味で、よく山に登ったとうれしそうに話されます。そんな元気なAさんですが、80歳の時にペースメーカーを入れる手術をされています。また、昨年は転倒し、大腿骨頸部骨折で人工骨頭置換術を受けました。リハビリテーションをされましたが徐々に筋力も落ち、今は車いすでの生活です。
　78歳の時に狭心症と診断されていますが、デイサービスで発作は起きていません。いつも、リーダー的役割でレクリエーションに参加し、盛り上げてくれます。
　この日も、特に変わったことはなく、入浴後にスポーツドリンクを飲んで、車いすに座ったまま風船バレーに参加されました。大きな声で楽しそうに動か

れていましたが、急に胸を押さえ「痛い！」と言って車いすから落ちるように前のめりに倒れこんでしまいました。苦悶表情があり、あぶら汗を浮かべて苦しがっています。

　この事例のような事態に直面した際、あなたならどうしますか？　まずは情報を整理してみましょう。

1 | 事例から読み取れる情報を整理する

（例）

- 基本情報：82歳、Aさん、男性。
- 家族環境：妻と二人暮らし、子ども2人は近隣に住んでいて独立しており、家族関係は良好。
- 性格：明るく、活発でリーダー的存在。
- 趣味：若い頃は、山登りをしていた。
- 利用しているサービス：デイサービスを2回／週。
- 既往歴：78歳で狭心症。80歳でペースメーカー装着術施行。81歳で大腿骨頸部骨折で人工骨頭置換術施行。
- ADL（Activities of Daily Living；日常生活動作）：下肢筋力の低下で車いす生活。

- 主訴：胸痛。
- 状況：特に変わったこともなく過ごしていたが、入浴後の水分補給後に風船バレーをやっていて急に胸を押さえながら車いすから落ちるように倒れこんだ。
- 客観的情報：苦悶表情、あぶら汗をかいて苦しがっている。

2 追加して確認したい情報を考える

　事例から読み取れる情報だけでは、正確なアセスメントはできません。そこで、不足している情報を集めて、補完する必要があります。ここで補完したい情報としては、以下のようなものがあげられます。

（例）

- 基本情報（既往歴、内服薬、治療法、家族、職業、趣味、ADL、IADL（Instrumental Activities of Daily Living；手段的日常生活動作）など）。
- 狭心症の発作の時の薬は、どこにあるのか？
- 意識レベルの変化は？
- 脈拍は触れるか？
- バイタルサインの変化は？
- 入浴中の様子で何か変わったことはなかったか？
- これまでも、このような胸の痛みを訴えたことがあるか？
- 以前、痛みがあった時は、どうしたか？
- その時、痛みはすぐにとれたか？
- 医師から、薬の使用法の指導はあるか？
- 経過の中で、全身状態に変化はあったか？

　これらを補完した結果、基本情報として、趣味の登山でもリーダー的役割であり、既往歴としては、高血圧症と脂質異常症、狭心症があり、それぞれ内服治療していることがわかりました。また、洞不全症候群でペースメーカーを入れており、治療内容としては、内服薬のノルバスク[注1]5mg（朝）、メバロチン[注2]5mg（朝）、フランドルテープ[注3]貼付となっています。
　狭心症の発作の時の薬は、ニトロペン[注4]がバッグの中のポーチに入れてあります。Aさんは苦悶の表情を浮かべてあぶら汗をかいており、胸を全体的に

押さえながらとても痛そうに「痛い」と絞り出すような声を出しています。脈は微弱ですが触れます。徐々に意識レベルは低下し、声かけにやっと反応して開眼する状態で発語はありません。バイタルサインは、脈拍が88回／分（いつもは72回／分前後）、呼吸が20回／分（いつもは16回／分前後）、血圧が触診法注5で90mmHg（いつもは130／80mmHg前後）でした。

　この2年間はこのような痛みの訴えはなかったけれど、以前に痛みが出た時は、ニトロペンを舌下投与して対処しました（1回舌下投与して3分ほどで楽になりました）。医師からは、1回舌下投与してだめなら、もう1回舌下投与してもいいが、3回舌下投与してもだめなら、すぐに病院へ行くようにと指導されていました。

3 | 対応とその後の経過

　この時点でのフィジカルアセスメントは、既往歴と主訴、その場の状況から、緊急事態で心臓の虚血発作の可能性があると判断し、胸痛時に舌下投与するように持参していたニトロペンを舌下投与しました。

　しかし、3分経っても痛みは治まらず、最終的には意識が消失し、呼吸停止となってしまいました。この時点での意識レベルはJCS30（⇒22頁参照）です。床に臥床していただき顔をやや横向きにして、回復体位にしました。

　強い胸痛と意識レベル低下、苦悶表情やあぶら汗、バイタルサインの変化から、心臓の虚血を疑い、本人持参のニトロペンを舌下投与しても改善がなく意識レベル低下があったため救急車を要請しました。

　しかし、救急車が来るまでの間、Aさんの意識レベルはさらに低下し、呼名反応もなくなり、呼吸もしなくなってしまいました。その時に瞳孔を見ましたが、瞳孔不同注6はみられていません。心肺蘇生法を行い、AED（Automated External Defibrillator；自動体外式除細動器）を使用しましたが、意識は戻らず、JCS300（⇒22頁参照）でした。そこに、救急車が到着しました。

　介護職が実際に行った対応は、救急車要請、ニトロペン舌下投与、心肺蘇生法、AEDです。この対応を行う目的は、通常の（自分らしい）生活に戻ることで、今の目標は、**苦痛がなくなり生命の危機がない**ことです。そして、その対応の根拠は、今までの情報から以下のようにアセスメントしたからです。

(例)

> 意識レベル低下とバイタルサインの変化および全身状態悪化がありました。狭心症の既往歴と強い胸痛、苦悶表情、あぶら汗などから、『心臓の虚血』を疑い救急車を要請しました。また、救急車が来る前に、意識レベルJCS300および呼吸停止となり、生命の危機があったため、救命が必要と判断し、心肺蘇生法を行い、AEDを使用しました。

4 | 事例の結果と振り返り

この事例では、結果的にAさんは心筋梗塞で入院となりました。
このケアを振り返ってみましょう。

既往歴に**狭心症**があって、さらに洞不全症候群で**ペースメーカー**を入れている方に、胸痛がある場合の判断と対応になります。ここで判断をする際に、やはり知識とフィジカルアセスメントの技術が必要です。

では「狭心症」とはどのような疾患でしょうか？ 心筋梗塞とどこが違うのでしょうか？ また、洞不全症候群とはどのような疾患でしょうか？ ペースメーカーはどんな役割をしているのでしょうか？

心筋梗塞とは、心臓を養っている冠状動脈が何らかの原因で詰まってしまい、血流が途絶えて心筋が壊死してしまう疾患です。狭心症は、同じく冠状動脈が狭くなり血流が減少していますが、完全に途絶えていない点が違います。狭心症の時は、ニトログリセリン^{注7}を舌下投与することで、冠状動脈を広げて血流を増やし、心筋の酸素不足や栄養不足を改善して症状を軽減させることができます。**心筋梗塞**では、==冠状動脈の途絶えた血流はニトログリセリンを舌下投与しても効果はありません==。

また、狭心症の発作の時は、すばやく冠状動脈の血管を広げるためにニトログリセリンは、内服ではなく**舌下投与**とします。舌下の場合、口の粘膜から素早く吸収されて数分で効果が現れます。内服では、小腸で吸収され肝臓→心臓→全身へといきますから時間がかかり発作時には間に合いません。通常は1回の発作で3錠まで使用が可能ですが、主治医にきちんと確認しておくことが大事です。

利用者さんに、狭心症の既往歴があれば、どこにニトログリセリンを持っていて、発作時はどのような症状があって、どのようにニトログリセリンを舌下

第3章 介護現場における生命維持のフィジカルアセスメント

第1節 「胸が痛い」と訴える利用者さんの場合

投与するのか等の情報を、フェイスシート作成時に収集し、チーム全員で共有しておかなければなりません。

また、**ペースメーカーの役割**ですが、心臓は、刺激伝導系というしくみで命令が伝わり、収縮します。洞不全症候群は洞結節という刺激を生み出すところの能力が低下する等の理由で起きます。そこで不足している脈を補うためにペースメーカーが装着されます。

今回、ニトロペンを舌下投与しましたが、効果がなく心肺停止状態になってしまいました。この時に、ペースメーカーが入っているのに、心肺蘇生法を行っていいのか、AEDを使用していいのか、と悩む方がいらっしゃいます。心肺蘇生が必要な時は、呼吸が止まり、心臓が動いていない時です。

また、AEDは、意識がなく呼吸がない時に使います。心室に細かいふるえ、痙攣が続き、本来の収縮ができないため心臓のポンプ機能が失われた状態の時に、その不要なふるえを電気ショックで止めて通常の刺激に戻すために使うのです。

AEDは、心室細動[注8]や心室頻拍[注9]という不整脈の場合のみに、電気ショックが必要だと判断し、充電されますから、機械が不必要と判断した時には充電できないしくみになっています。

このような心肺停止の事態では、ペースメーカーが入っていてもいなくても、救急車が来るまで心肺蘇生法を行いましょう。AEDがあれば、AEDも使用してください。ただし、AEDはペースメーカーに重ならないようにパッドを貼りましょう。本来、AEDのパッドは、右肩と左側胸部に貼りますが、ペースメーカーがまれに、右胸に植え込まれている方がいらっしゃいます。その時は、ペースメーカーから少し離してパッドを貼ってください。ペースメーカーにパッドが当たった状態でAEDを使用し、ペースメーカーが壊れてしまったら、せっかく意識が戻っても、またすぐ命にかかわることになってしまいます（図3-1）。

このような状態の時は、バイタルサインを測りたいのですが、器具がなくても緊急性を判断するために脈拍は重要です。一般的に、橈骨動脈が触れたら最高血圧は80mmHg以上あると判断できます。最高血圧が80mmHg以上あるということは、腎機能がはたらいているという目安になります。ですから、橈骨動脈が触れないということは大変な事態が起きているということなのです。橈骨動脈が触れなければ、上腕動脈が触れるか確かめます。上腕動脈が触れれば最高血圧が60mmHgくらいです。ここを触れることができなければ総頸動脈です。この時は、40mmHgで命の危険があり重篤な状態です。

図3-1 ■ AEDのパッドの貼り方

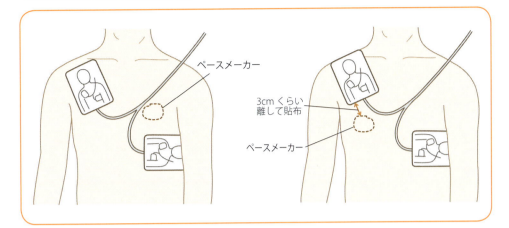

　介護職は、常に命と向き合う仕事ですから、器具がなくても全身状態がわかる目安を知っておく必要があります。

　もちろんチームケアですから、「看護師さん、すぐに来て！」というのも、大事な対応です。しかし、看護師が不在の場合もありますし、利用者さんの状態を正確に詳しく医療職に伝えるためにもフィジカルアセスメントは重要です。フィジカルアセスメントは利用者さんの命に直結するのです。

　この事例では、今、起きている状態と既往歴から、心臓で虚血の状態が起きている可能性があるとアセスメントできました。狭心症なら、ニトログリセリンの舌下投与で、症状が軽減し解決できると考えて舌下投与しました。しかし、舌下投与後、意識レベルはさらに低下し、意識消失と心肺停止状態になってしまいました。意識消失に伴い救急車を要請しましたが、到着までの間に何をするかが次の判断として必要でした。

　この事例では、意識が消失した際に、瞳孔を観察しています。仮に脳血管疾患があった場合は、瞳孔不同や対光反射がなくなりますが、今回は、瞳孔不同もなく散大もしていません。

　また、ペースメーカーを装着された方ですから、知識がなければ心肺蘇生法を行ってよいか、AEDを使用してよいかどうかも悩んでしまいます。この時に、ペースメーカーの知識があれば、躊躇せず対応ができます。

　通常であれば看護師がいて、「これは看護師がやることだから……」となるかもしれませんが、もし、不在だったらどうするのでしょうか？『看護師がいないから何もできなかった』とならないためにも、フィジカルアセスメントを行えるように知識と技術を身に付けておくことが大切です。

第1節 「胸が痛い」と訴える利用者さんの場合

〈注〉

1） ノルバスク：高血圧症や狭心症の薬。心臓や身体の血管を広げて血流をよくして血圧を下げる。
2） メバロチン：血液中のコレステロールを低下させる薬。
3） フランドルテープ：狭心症や心不全の薬。冠動脈を広げ、血流をよくする。
4） ニトロペン：血管を広げ、血流をよくする薬。有効成分のニトログリセリンが口の粘液から素早く吸収され、数分で効果を発揮する。
5） 触診法：血圧の測定方法の一つ。橈骨動脈に触れながら、圧迫帯を上腕に巻いて徐々に加圧していき、脈が触れなくなったところから、さらに少し圧を上げる。圧を徐々に下げて、脈が触れるようになった時の圧を最高血圧（収縮期血圧）とする。触診法では最低血圧（拡張期血圧）の測定はできない。
6） 瞳孔不同：左右で瞳孔の大きさが違う状態。
7） ニトログリセリン：狭心症の発作を止める薬。錠剤を舌の下で溶かして吸収させるもので、即効性が高い。
8） 心室細動：不整脈の一種で、心臓の心室が小刻みにふるえて全身に血液を送ることができない状態。
9） 心室頻拍：100回／分以上の心拍数で、心室起源の危険な不整脈。

第2節　「おなかが痛い」と訴える利用者さんの場合

事例2

　Bさんは、糖尿病と脳梗塞の後遺症で左半身麻痺のある76歳の女性です。長男夫婦と三人暮らしです。日中は独居ですので、昼食の準備・見守りのため訪問介護（ホームヘルプサービス）を毎日利用しています。糖尿病は10年前から内服治療をしています。脳梗塞を3年前に発症し、今はベッドの上で生活していますが、1人でポータブルトイレも利用しますし、食事もご家族が運んでくれて食べています。ここ2〜3日はなぜか食欲がない様子で、摂取量が減っていて元気がないとご家族からの情報があります。

　今日も、お粥にしてオーバーテーブルへ運びましたが、「食べたくない」と話されます。それでも、お粥を一口、二口と食べはじめたところで、急に「おなかが痛い」と言って丸まったような姿勢で冷や汗をかき、苦悶表情で苦しがっています。心窩部に焼けるような強い痛みと吐き気があり、急に片手半分くらいの液体を吐いてしまいました。黄色っぽい液体に、赤黒い血が混じっていました。

1 | 事例から読み取れる情報を整理する

(例)

> - 基本情報：Bさん、76歳の女性。
> - 家族環境：長男夫婦と同居だが、日中は独居。
> - 既往歴：10年前から糖尿病で内服治療。3年前に脳梗塞を発症し、左半身に麻痺がある。
> - ADL（Activities of Daily Living；日常生活動作）：ポータブルトイレを使用。食事はセッティング後、ベッドの上で自力摂取。
> - 利用中のサービス：昼食の準備と見守りで、ホームヘルプサービスを毎日利用。
> - 主訴：2～3日前より食欲不振、「食べたくない」と話している。急激な腹痛、心窩部に焼けるような強い痛みと吐き気があり嘔吐。
> - 客観的状況：食事を一口、二口食べたところで、急に「おなかが痛い」と言って苦しがっている。食事量の減った2～3日前から元気がない。痛みの訴えとともに、丸まったような姿勢で冷や汗をかいて苦しがっている。急に片手半分くらいの、黄色っぽい液体に赤黒い血のようなものが混じっている物を吐いた。

2 | 追加して確認したい情報を考える

事例から読み取れる情報だけでは、正確なアセスメントはできません。そこで、不足している情報を集めて、補完する必要があります。ここで補完したい情報としては、以下のようなものがあげられます。

(例)

> - 基本情報（内服薬、治療法、血糖コントロール）。
> - バイタルサインの変化、意識レベルの変化。
> - もともとの職業と日中の活動量。
> - 当日の朝の食事量や摂取状況。
> - 今まで便秘で苦しんだことがあったか？

- あった場合、その時はどうしたのか？
- 痛みの程度と持続性は？
  場所は限局されているか？
  痛みが増強したり緩和したりする姿勢などはあるか？
- 吐物のにおいはあるか？　食物残渣などが混じっているか？
- 前回の排便は、どのような性状で量はどうだったのか？
  いつもと変わりなかったのか？
- 低血糖などを起こしたことはあるか？
  どのような症状だったか？
  どのような対処をするように指示されていたか？
- 病気や急変時の対応に対して、本人やご家族はどのように考えていたか？
- 顔色、チアノーゼなどの全身状態の変化。

　これらの情報を補完した結果、糖尿病の薬はベイスン[注1] 0.2mgを毎食前、パナルジン[注2] 100mg×2回、ムコスタ[注3] 100mg×3回を内服しています。血糖コントロールは良好で、空腹時血糖が110mg/dl、HbA1c[注4]が6.5％です。バイタルサインは、通常時は、体温は36℃前後、脈拍は76回／分前後、呼吸は16回／分前後、血圧は130／80mmHg前後でした。この日は体温は35.8℃、脈拍は98回／分、リズム不正はありません。呼吸は20回／分で浅めの呼吸、血圧は100／60mmHgでした。意識レベルは、今の時点で、変わりなく返答もできます。

　3年前に脳梗塞になる前は、リンゴ農家で農業をされていましたが、後遺症が残ってからは、ベッド上で1日中生活されており、デイサービスも拒否していて行っていません。

　朝の食事は、ごく少量しか食べていませんが、朝は吐いていません。糖尿病の薬を飲んでいるので、ご家族は飴を一つなめさせてから仕事に出かけています。便秘症は若い頃からありましたが、市販の薬で対応していました。脳梗塞後は、センノシド[注5]を頓用しており、昨夜も内服しています。

　腹痛は、今まであまり経験していません。今は、上腹部が痛く、丸まった姿勢のほうが痛みが増強しないようにみえます。吐物は、朝食の食物残渣が少しとコーヒーのかすのようなものが混じっています。全体的に黄色っぽい液体で、酸っぱいようなにおいがします。

　1週間前の訪問看護では、摘便をしたようですが、あまり出ないため、下剤を飲むように指導されたようです。入院中に1回、低血糖を起こした経験があり、冷や汗や吐き気、手にふるえが出ましたが、砂糖水を飲んですぐに症状は

なくなりました。その後、家では飴やジュースを手の届くところに置いてあります。本人もご家族も、急変時は病院へ行くことで同意を得ています。

Bさんの状態を観察しているうちに、徐々に顔色も蒼白になってきていますが、チアノーゼや浮腫はありません。

3 対応とその後の経過

Bさんは、限局した場所に、突然激しい痛みを訴え、姿勢も丸まっています。この症状は、**筋性防御**^{注6}の可能性があり、緊急性があります。筋性防御では、身体を伸ばす姿勢だと腹膜が張り痛みが増すため、丸まった姿勢を取ることが特徴です。

さらに、黄色っぽい液体を吐いていますが、食事を摂っていないため、空っぽの胃から胃液と胆汁が混じった液体が吐かれたものと思われます。突然、強烈な痛みが出たと同時に赤黒い血が混じった吐物がありました。これは、腹部で何かが起きている徴候で、特に消化管での出血が疑われます。このような状態を**急性腹症**といいます。さらにバイタルサインでは脈拍が増加しています。脈拍が触れるということは最高血圧が80mmHg以上はありそうですが、冷や汗や出血の状態から、ショック（⇒94〜95頁参照）の危険性も考えて救急車での緊急搬送としました。救急車が来るまでの間に、バイタルサインを測り意識レベルの変化に気をつけながら、不安にならないように声かけをしました。

ここで、介護職がとった行動は、全身状態の観察と判断、対応です。緊急性があるかどうかの判断が重要でした。

介護職のアセスメントでは、便秘、食欲不振、元気がない、糖尿病で内服しているのに朝食は少量しか食べていない、急激な腹痛と嘔吐、吐物に赤黒い血のようなものが混じっている、冷や汗と苦悶表情などから判断し、**低血糖**や便秘からくる**腸閉塞（イレウス）**^{注7}も頭に浮かびましたが、痛みや吐物の性状から、消化管で出血を起こすような危険な事態が起きていると判断し、救急車要請としました。

この状態で、低血糖だからと無理やりジュースなどを飲ませたり、痛がっている状態で飴をなめていただくことは危険です。どこから出血しているかはわかりませんが、消化管に食べ物を入れることは、さらに出血を促したり腹膜炎を起こす危険性があり、出血が疑われる場合は**絶飲食**です。加えて、出血性ショックを起こすかもしれない状況で飴をなめていただくことは窒息などの危険もあります。

もし、低血糖が疑われたとしても救急車の中で、点滴などによりその対応はできます。また、イレウスがあったとしたら、その症状や程度によって、対応は違いますが、イレウスで吐物に出血が混じる場合は、複雑性（絞扼性）イレウス（⇒120頁参照）といい、緊急事態です。この場合も早急な救急対応が必要となります。

　介護職は、アセスメントを行った結果、生命維持に重大なリスクをもつような緊急事態と判断し、救急車要請をしました。もちろん、この状況を訪問看護師やご家族へ適切につないでいますが、まずは、救急車要請を行うことが重要でした。

　この状態で、バイタルサインを測り、看護師とご家族に伝えて、どうするかの指示をもらうことよりも、意識レベルを確認しながら、脈拍が触れることから血圧80mmHg以上はあるとおおよその判断をし、吐物や痛みの様子から救急車要請をすることが先決です。

　介護職の対応は、救急車が来るまでの間に、バイタルサインを測定し、訪問看護師やご家族へ連絡し、本人へは声かけ、励ましをしながら救急車の到着を待つ、という対応でした。もちろん、救急隊には、経過を説明し吐物を病院へ持参していただいています。

4 ｜ 事例の結果と振り返り

　この事例では、結果的に胃潰瘍の穿孔で緊急手術となりました。

　急性腹症とは、突然、急激な腹痛が起こり、急性に経過する疾患の総称です。同じ腹痛でも、表3－1のような種類があります。

表3－1　急性腹症の種類

内臓痛	内臓の炎症や感染などによって疼痛が発生します。鈍く慢性的な痛みで、悪心、嘔吐、冷や汗等を伴うことも多いです。
体性痛	腹膜や腸間膜などの炎症や出血による刺激で鋭く限局性の痛みが起こります。
関連痛	内臓痛や体性痛を受けた臓器から隔たった体表で限局的に感じる痛みです。

　Bさんの吐物は、赤黒い血のようなものが混じっていました。この吐物の性状から消化管からの出血が疑われます。同じ口から血が出るにしても、「吐血」

と「喀血」があります。大きな違いは出血元と血の色です。

今回のように、消化管からの出血の場合は、吐血といいます。**吐血**は、食道や胃や十二指腸などの消化器系の臓器からの出血です。胃液と混じることが多いため、暗赤色から茶色、または黒色でコーヒー残渣様吐物と表現されます。

喀血は、気管や気管支、肺などの呼吸器系の臓器からの出血です。咳などと一緒に出され真っ赤な色で泡沫と一緒に出てきます。これは、気管や肺胞の中は本来空気の入っている場所ですから、吐き出される時は、**空気が混じって**泡沫状になるのです。

また、便秘から**イレウス**も疑われました。口から摂取した飲食物は、胃、小腸、大腸を通り、消化吸収され、便となって肛門から排泄されます。唾液や胃液などの消化液も同じように小腸や大腸で吸収され、残りが便とともに排泄されます。これらの内容物が腸に詰まった状態がイレウスです。イレウスは、吐き気、嘔吐を伴う腹痛が現れる代表的な疾患です。

イレウスは**機械的イレウス**と**機能的イレウス**に分類されます。機械的イレウスとは、物理的な原因によって腸管の内腔が狭くなったりして腸の中の物が通過できなくなっているイレウスです。さらに**単純性イレウス**と**複雑性イレウス**に分類されます。

単純性イレウスと複雑性イレウスとの違いは、腸管への血流障害や血行不全があるかないかです。単純性イレウスは、手術後の癒着などによって、腸が折れ曲がったりすることが原因で起こる癒着性イレウスや閉塞性イレウスがあります。便秘により腸の中が便で詰まってしまい腸閉塞となる糞便性イレウスもこの閉塞性イレウスの中に入ります。

複雑性イレウスは、腸管の癒着に巻き込まれて腸がねじれた形になり、血流障害が起きます。腸重積[注8]やかん頓[注9]等によって腸管への血流障害が起きると腸に血液がいかなくなり腸が壊死してしまう危険なイレウスです。

一方、機能的イレウスも**麻痺性イレウス**と**痙攣性イレウス**の二つに分けられます。麻痺性イレウスは、腹部の手術後や脳梗塞などにより腸管の運動が正常に行われない運動性麻痺によるイレウスです。痙攣性イレウスは、鉛中毒などによって腸管に痙攣が起き腸管が収縮することで起こるイレウスです。この事例では、便秘もあり、イレウスも考えられましたが、吐物の性状から消化管出血の疑いがある以上、もしかしたら複雑性イレウス等の緊急性があると考えるセンスは重要です。いずれにしても、吐物に血が混じっている場合は緊急事態と考えて対応したほうが安全です。

なお、今回の場合、対応を誤れば出血性ショックを起こす危険性も考えられ

ます（⇒94〜95頁参照）。

〈注〉

1) **ベイスン**：食後高血糖を改善する糖尿病治療薬。
2) **パナルジン**：抗血小板薬で、血液を固める成分のはたらきを抑えて、血の固まりを防ぐ。
3) **ムコスタ**：胃薬で、胃を守る物質を増やしてくれる作用がある。
4) **HbA1c**：過去1〜2か月間の血糖値の平均的な状態を把握するための血液検査の項目。4.3〜5.8％が基準値。
5) **センノシド**：大腸を刺激し腸の運動を活発にして排便を促す便秘症の治療薬。
6) **筋性防御**：腹膜炎の時など、腹部を触診した際に、腹壁の筋肉が緊張して硬くなっていること。
7) **腸閉塞（イレウス）**：腸が閉塞や狭窄をきたしたり、腸の動きがみられなくなったりする疾患。
8) **腸重積**：腸の一部が重なり合ってしまい、そのままにすると腸組織の壊死を起こす疾患。
9) **かん頓**：出っ張った腸や内臓などが出口（ヘルニア門）で締められ血液循環が悪くなる重篤な状態。

第3節 「何か変！」いつもと何か違う利用者さんの場合

事例3

　Cさんは、要介護5でADL（Activities of Daily Living；日常生活動作）もIADL（Instrumental Activities of Daily Living；手段的日常生活動作）も全介助の88歳の女性です。家族で農業を営み、次男夫婦と同居しています。農業をしながら、貧しいながらも家庭を守ってきたお母さんだったと息子さんから聞きました。夫は、3年前に亡くなっています。

　今は、経済的にも問題はないそうです。孫は、独立して家庭をもっています。日中、息子夫婦は畑に出かけており、Cさんは独居です。Cさんは、去年、脳出血で倒れ、自分の意思表示もできない状態で、胃瘻（いろう）を造設後、帰宅し在宅で生活されています。意識レベルは、いつもJCS10（⇒22頁参照）よりは高いです。介護保険サービスは、訪問介護（ホームヘルプサービス）を日に2回、訪問看護を週に1回、訪問入浴介護を週に1回利用しています。また、往診も月に1回あります。介護職は午前11時と午後4時におむつ交換、清潔保持、整容、体位変換、手足の軽い体操で訪問しています。

　この日もいつものように、午前11時に訪問しました。

「何か変！」

　介護職はCさんの様子を見てそう思いました。

　もともと自発語はなく、意思表示もはっきりしませんが、今日は特に顔色が

蒼白（そうはく）で、じっとりと汗をかいていて、いつもと様子が違います。おむつ交換をしようと布団（ふとん）をはいだところ、パジャマが真っ赤に染まっています。胃瘻の挿入部分や胃瘻のカテーテルの接続部から真っ赤な血がじわじわ出ています。

1 | 事例から読み取れる情報を整理する

（例）

- 基本情報：88歳の女性、要介護5で自発語はなく、自分の意思表示もはっきりしない状態。
- 家族環境：次男夫婦と同居で日中は独居、ご家族で農業を営んでいる。3年前に夫を亡くした。本人も農業を手伝っていた。若い頃（ころ）は経済的に貧しかったが、今は問題はない。
- 既往歴：去年、脳出血になった。
- ADL：ADL・IADLともに全介助状態。
- 利用しているサービス：ホームヘルプサービスを2回／日、訪問看護を1回／週、訪問入浴介護を1回／週、往診を1回／月。
- 状況：ホームヘルプサービスで、介護職が午前11時と午後4時におむつ交換、清潔保持、整容、体位変換、手足の軽い体操で訪問している。午前11時に訪問した時に「何か変！」と感じる。
- 客観的情報：胃瘻が造設されている。訪問時、顔色は蒼白で、じっとりと汗をかいている。

2 | 追加して確認したい情報を考える

事例から読み取れる情報だけでは、正確なアセスメントはできません。そこで、不足している情報を集めて、補完する必要があります。補完したい内容としては、以下のようなものがあげられます。

（例）

- 基本情報（既往歴、内服薬、ご家族の介護環境、ご家族の急変時対応に対する意向など）。

第3節 「何か変！」いつもと何か違う利用者さんの場合

第3章 介護現場における生命維持のフィジカルアセスメント

- 全身状態の変化は？
- バイタルサインの変化は？
- 昨夜から今朝にかけて何か変化はなかったか？

　これらの情報を補完した結果、Cさんの既往歴は、50代に胃潰瘍で内服治療していました。それ以外は、高血圧症だけです。内服薬は、マーズレンS[注1] 1.5gを3回に分けて注入し、アムロジン[注2] 2.5mgを朝、注入しています。昨日の夜から今朝の様子は、変わりなかったことが、ご家族との連絡帳の内容でわかりました。ご家族からは、訪問当初から「何かあったら、救急車で病院搬送してください」と言われています。

　栄養剤と薬の注入は、ご家族が行っています。介護職は、おむつ交換と陰部洗浄、必要時、更衣や整容、口腔ケアと四肢の関節の運動をしています。

　いつもは、発語はなくとも開眼しているCさんですが、今日は眼を閉じており、大きく身体をゆすると、やっと開眼します。じっとりと汗をかいていますが、触った感じは冷たく四肢の末梢にはチアノーゼが見られます。介護職は、意識レベル低下と全身の異常を感じて救急車を要請しました。そして、おむつを交換するためにかけ布団をめくると、Cさんのパジャマは赤色に染まっていました。どこから出血しているのか？　と思い、恐る恐るパジャマの前を開くと、胃瘻の周りからじわじわと少しずつ出血しています。おむつにも黒い下血があります。脈拍を測ろうと橈骨動脈を触ったところ、微弱で測りにくいものの、何とか108回／分と測れました。いつもは、80回／分くらいです。血圧は測れません。全身が汗ばんでいて冷たい感じです。呼吸は20回／分でいつもは18回／分ですから少し速めです。

3 対応とその後の経過

　介護職は、すぐに救急車を要請し、サービス提供責任者にCさんの状況を伝えながら、ご家族へ連絡していただきました。原因はわからないけれど、アセスメントから、ショック状態になっていて緊急性があると判断しました。救急車が来るまでの間、全身状態の変化がないかを観察しながら、下肢を挙上させて掛け物で温めて声かけをしつつ、顔を横に向けて、吐いたり、吐血しても窒息や誤嚥をしないようにしました。

　少しは、止血の効果があるかもしれないと考えて、胃瘻の周囲をタオルで押さえました。ご家族が帰る前に救急車が来て、Cさんは緊急外来を受診され、

出血性ショックで入院となりました。

　介護職が利用者さんを見て「何か変！」だと感じることは、よくあるのではないでしょうか。それは、日頃の利用者さんの状況をきちんと観察しているからこそです。そして、プロである以上、何が変なのかをアセスメントできなければなりません。

　今回は、意識レベルや、顔色の変化、じっとりと汗をかいて身体が冷たく、四肢末梢にチアノーゼがあることに、「いつもと違って何か変！」と感じたのです。この時に、すぐにバイタルサインを測りますが、今回、体温は測っていません。汗をかいていても、触った感じや見た感じで発熱はないと判断ができます。それよりも**まず脈拍**です。脈拍でおおよその血圧もわかりますから、このような時こそ**脈拍を触知**します。

　橈骨動脈を触ると脈が触れにくく、さらに108回／分で、いつもより明らかに脈拍が増えていました。血圧も測れず、意識レベルもいつもより低下していましたので、ここは当然、救急車の要請です。救急車が来るまでに、何が起きているのかを観察しますが、パジャマが血で染まっていることから、胃瘻挿入部から出血があることを発見しました。

　これらの情報から、出血性のショックを起こしているとアセスメントしたため、下肢を挙上したり、保温したりして血圧を維持しようとしています。さらに、意識レベルが低下した状態での消化管出血が疑われますから、嘔吐も考えられ、吐物で窒息や誤嚥をしないように顔を横に向けています。出血部位もわかりませんが、胃瘻挿入部から血がじわじわと染み出しているので、そこを圧迫することで少しは止血ができるかもしれないと判断し行動しています。

　すばらしいアセスメントですね。でも、この対応ができたのは、ショックについての知識があったからです。今回のショックは出血性ショックで、コールドショックです。第2章第2節の「コールドショックとウォームショック」(⇒94〜95頁参照) を、もう一度振り返って確認してください。

4｜事例の結果と振り返り

　この事例では、結果的に胃潰瘍の穿孔で出血性ショックを起こしており、Cさんは入院しました。事例を振り返ってみましょう。

　ただ「何か変！」と思うだけではなく、どこがどのように変だと感じているのかをきちんとアセスメントしなければなりません。そのためには、やはり知識が必要です。

出血があって、顔色も悪く、冷や汗をかいていて、脈拍は微弱で増加し、呼吸も速まり、血圧が測れません。この情報から緊急性はすぐにアセスメントできますが、何が起きているのかを推測しながら対応することが大切です。もしかしたら、経験の中から対応することもできると思いますが、ここで、「何が起きていて」「だから、どうするのか？」を振り返り整理してみましょう。

　今回の状態は、出血性ショックでした。

　もし、この時に、「何か変なんです！」と、そのまま、訪問看護師が来るまで待つというようなことになったらどうだったでしょうか。それでは、Cさんの命が危険にさらされていた可能性もあります。「何か変！」と感じる感性はとても大事です。でも、「その変は、何なのか」をアセスメントして初めて適切なケアにつながります。出血性ショックの場合、救急車が来るまでどうしたらいいのか？　その対応法の知識も、ショックの知識があれば可能です。もし、この時点でどうしていいかがわからなければ、電話等で医療職に対応方法を聞いてもいいのです。今回、介護職はアセスメントにより、全身状態の観察から出血性ショックの可能性を推測し、救急車を要請しながら、コールドショックに対する対応をしています。この時の目的は、利用者さんの生命を維持することです。そしてこの時点での目標は、異常の早期発見と対応で身体的リスクを軽減することでした。

　介護職のケア次第で、利用者さんの命を救うことにもつながります。本当に命に直結する仕事であるということを心に留めておかなければなりませんね。

〈注〉

1） マーズレンS：消化性潰瘍の治療薬。胃粘膜の保護作用がある。
2） アムロジン：カルシウム拮抗薬に属した降圧剤。

第4節 いつもと違い「ボーっとしている」利用者さんの場合

事例4

通所介護（デイサービス）のお迎えにうかがうと、いすに座ってボーっとしながら待っているDさんがいました。いつもと様子が違い右に傾いていすから落ちそうな感じです。

Dさんは86歳の男性で、3か月前に脊柱管狭窄症（せきちゅうかんきょうさくしょう）の手術をしました。その後、リハビリテーションを行い、やっとADL（Activities of Daily Living；日常生活動作）が自立して2週間前に退院したばかりです。妻と二人暮らしで、子どもたちは遠方に家庭をもっています。今まで大きな疾患にかかったことはありません。デイサービスは週に2回利用されています。

この日は、朝から何を聞いてもハッキリしなくて、食事も摂れず、いすに座っても身体が傾いてしまうと妻が心配しています。顔色は赤く、やや汗ばんでいます。問いかけにやっと返答はありますが、「だるくてダメだから、横になりたい」と言っています。

バイタルサインを測ると体温は38.6℃で、平熱は35.8℃前後です。脈拍は94回／分でリズム不整はありません。いつもは76回／分前後です。呼吸数は20回／分で、いつもは18回／分前後です。血圧は148／88mmHgで、いつもは130／80mmHg前後です。

あなたならどのように対応しますか？

だるくてダメだから、横になりたい

1 | 事例から読み取れる情報を整理する

(例)

- 基本情報：Dさん、86歳、男性。
- 家族環境：妻と二人暮らし、子どもたちは、独立し遠方にいる。
- 既往歴：3か月前に脊柱管狭窄症の手術をしてリハビリテーション後、2週間前に退院された。
- ADL：ほぼ自立。
- 利用中のサービス：デイサービスを2回／週。
- 主訴：だるくてダメだ。横になりたい。
- 状況：いすに座っているが、右に傾いて落ちそうな感じ。返答はあるが、はっきりしない。
- 客観的情報：ボーっとしていて、何を聞いてもはっきりしない。朝の食事も摂れず、赤い顔色で、やや汗ばんでいる。
- バイタルサインは、体温は38.6℃、脈拍は94回／分（リズム不整なし）、呼吸数は20回／分、血圧は148／88mmHgです。
  通常のバイタルサインは、体温は35.8℃前後、脈拍は76回／分前後、呼吸数は18回／分前後、血圧は130／80mmHg前後です。

2 | 追加して確認したい情報を考える

　事例から読み取れる情報だけでは、正確なアセスメントはできません。不足している情報を集めて、補完する必要があります。ここで、補完したい情報としては、以下のようなものがあげられます。

(例)

- 基本情報（既往歴、内服薬、職業、性格など）。
- 痛みはないか？
- だるさはいつからか？
- 食事はいつから食べていないか？
- 便秘や下痢はしていないか？　尿の量や性状は？

- 咳や痰は出ていないか？
- よく眠れていたか？
- 目眩や耳鳴りはないか？
- 右側の手足のしびれや動きにくさはないか？
- 瞳孔の大きさの変化や左右差はないか？
- 顔や手足の触った感じは、右も左も同じか？
- 舌はまっすぐに出せるか？
- 握力は左右同じか？
- 皮膚や舌の乾燥はないか？

　これらの情報を補完した結果、Dさんの既往歴は高血圧症で内服治療をしていたくらいで、特に他にありませんでした。また、現在の内服薬は、ノルバスク注1 5mgを朝に服用しているのみです。もともと、小学校の用務員をされていた方です。定年退職後は、家の畑仕事を趣味程度にやっていました。性格は頑固ですが優しい方です。

　今、痛みはないか聞くと「ない」と話されます。昨夜から、だるさを感じていたようです。昨日の夕食は半分摂取し、今朝は、一口だけで水分も湯のみ半分で約100mlしか摂れていません。もともと便秘症はなく、昨日もやや硬めの排便が普通にあったようですが、尿は少なくて色も濃いようです。昨日あたりから咳が出てやや緑色がかった汚く固い痰が出ていると妻から情報があります。今も、喉元でゴロゴロと音がします。咳はありましたが、夜は寝ていた様子だと妻はいいます。本人に、耳鳴りや目眩がないか聞くと「ない」と話されます。瞳孔も左右差はなく5mmくらいです。手足の動きにくさやしびれは無く、握力や、顔や手足を触った感じも左右差はありません。舌をまっすぐに前に出してもらいましたが、左右に偏ることもありません。ですが、舌は乾燥しひび割れたようになっていますし、皮膚もカサカサしています。

3 | 対応とその後の経過

　Dさんのバイタルサインの変化と客観的情報から、身体のどこかに感染症が起きている可能性があると判断しました。介護職の行ったアセスメントは、特に、発熱や脈拍の増加、喉元の異常な音、だるさ、緑色っぽくて固く汚い痰の情報から、呼吸器感染を疑いました。また、食事量や水分量が減っていて皮膚や舌の乾燥があることから、脱水も考えられました。

右側に身体が傾いてしまう、ボーっとしていてはっきりしないという情報からは、脳血管疾患なども疑いました。そこで、介護職は、瞳孔不同[注2]の有無や、皮膚の触った感じの左右差の有無、握力の左右差の有無を調べたり、舌がまっすぐに前に出せるかなどを調べました。その結果、脳血管疾患の緊急性はないと判断し、デイサービスはお休みにして病院を受診していただいたところ、肺炎での入院となりました。

介護職はアセスメントとして、全身状態の観察から、緊急性のある脳血管疾患を疑いさらに細かく観察しましたが、その緊急性はなかったため、次に感染症を疑い細かく聞きました。そして、呼吸器の感染症の可能性を考えて病院を受診していただくことにしました。目的はDさんの望む生活が継続できることです。この時の目標は、異常の早期発見と早期対応により身体的リスクを軽減することです。

4 | 事例の結果と振り返り

通常、訪問して、『意識レベルが低下している』場面に遭遇したら、あわてますね。今までの事例のように、ショックという緊急事態も推測できます。ですが今回は、座位保持ができずに身体が片側に傾いている、返答はできていても何となくボーっとしていてはっきりとしない、などの情報から、脳血管疾患を疑うことになります。もし、脳血管疾患を疑うとしたら、今回のように五感を使って、脳神経系のアセスメントをして緊急性を見抜くことができます。

意識レベルが低下しているとしたら、JCS（⇒22頁参照）などでどの段階なのか、瞳孔不同や呼吸パターンの変化、感覚（五感の部分）に障害がないか、などをみます。ここで、もし、JCS30～100・200・300なら、瞳孔不同があったり対光反射がみられないかもしれませんし、呼吸もチェーンストークス呼吸などの変化がみられるかもしれません。ですが、意識レベルがここまで低下していたら、とにかく救急車要請です。

今回のように、意識レベルはいつもより鈍いが返答はあるようなら、バイタルサインを測り、脳血管疾患がないか、五感の部分のアセスメントをしていきます。この時に、何をどのように調べるのかを知っていることが重要です。

介護職は意識レベル低下はあっても会話が成立した内容や様子から、見え方や聴こえ方を探り、触った感じや握力、舌の動きなどを調べ、脳血管疾患での緊急性はなさそうだと判断し、さらに何が起きているのかをアセスメントしました。そこで、バイタルサインの変化と客観的情報から、呼吸器感染を疑い、

受診していただくように対応しました。

今回は、いすに座っていて、座位保持ができずに右に傾いてしまうのは、肺炎で体力がなく姿勢保持ができなかったためと思われます。

高齢者は、一つの病態があるだけではなく、基礎疾患をもっている方が多いです。また、脱水なども起こしやすく、さらに認知症などが背景にあったりして、アセスメントが難しいのも事実です。ですが、まずは、**生命維持**です。そのための緊急性を見抜けるアセスメント力は、介護職にとって絶対に必要なものなのです。

その時に、起こっている事象を推測しながらアセスメントをしていきます。第2章の基礎知識と観察ポイントは、常に繰り返し学習していきましょう。

〈注〉
1) **ノルバスク**：高血圧症や狭心症の薬。心臓や身体の血管を広げて血流をよくして血圧を下げる。
2) **瞳孔不同**：左右で瞳孔の大きさが違う状態。

第4章 介護職が生活支援のために行うフィジカルアセスメント

> **Summary**
>
> 本章では、介護現場で行われる**「食事介助」「清潔保持」「排泄介助」「移動・移乗の介助」**の四つの介助において、それぞれ阻害される要因が生じた際にどのようにアセスメントを行っていくかを解説します。
>
> 生活をしている利用者さんの「食べる」「清潔を保つ」「排泄する」「移動する・移乗する」は通常であればできて当たり前の行為ですが、それが「食べられない」「清潔を保てない」「排泄できない」「移動できない・移乗できない」という状態になると、利用者さんの生活は著しく制限されることになります。場合によっては緊急事態である可能性も出てきます。利用者さんの**生活を支え、QOL（Quality of Life；生活の質）を高めるために**、あるいは命を守るために必要な視点とアセスメントについて学びましょう。

第1節 食事介助とフィジカルアセスメント

事例1 Aさんの場合

Aさんは、4年前にアルツハイマー病と診断されて、現在はグループホームに入所中です。ADL（Activities of Daily Living；日常生活動作）はほぼ自立しています。この1か月の間、食事量が減ってきており、そのせいか活気もなくADLも低下しているように感じます。

介護職として何をアセスメントし、どのように対応しますか？

1 「食べる」ということ

まずは、「食べる」という行為について考えてみましょう。

毎日、当たり前にしている食事。私たちは、食事から栄養素を取り入れて、それを体内で燃やし、活動するためのエネルギーにしています。

私たちの体は、入ってくる食べ物を消化し、栄養を吸収して、その後、不必要なものを排泄することを繰り返しています。また、食べるという行為は、生きるために栄養を摂るということだけではなく、空腹を満たしたり、味覚を通して幸せを感じたり、一緒に食べる人や食事の雰囲気、食べる楽しみや喜びを感じる行為です。

特に、高齢者のように疾患や身体の老化現象による特徴や障害によって生活範囲が狭まり、思うように動けない場合、食べることが喜びや生きがいとなっている方も多いでしょう。

しかし、その生活の一部分である**食べること自体**が機能的に損なわれてしまったら、利用者さんの喜びは半減してしまいます。そんな環境の中でも、直接、介護でかかわる私たち介護職が、利用者さんの食べる意味を知り、その状況において本人の意思に沿って食べることを支援することが重要となるのです。基礎知識として口から食べ物を摂取するための機能について学びましょう。

2 口から食べ物を摂取するための基礎知識

私たちが自然にしている食事は、生理的、解剖学的なメカニズムがあって成

り立っています。ここにかかわっているのが脳神経です。脳神経は、それ自体では判断はできず情報を伝達したり指示に従って動く神経です。左右12対あって、それぞれが異なった役割をもち、脳内に一定の順番で並んでいます。この並び順で前頭部から後ろに向かって第Ⅰ脳神経、第Ⅱ脳神経……と呼ばれています。この脳神経は私たちが生きていくために欠かせない「食べるということ」に必要不可欠なものとなっています。

> **Memo**
>
> ## においを嗅いでから食べ終わるまでの一連のメカニズム
>
> 街を歩いていると、「あ〜おいしそうなにおいがするな〜。鰻屋さんがあるのかな？ 食べたいなぁ」などと、においで食欲をそそられて、何となくお店を探してしまうことがあります。鰻屋の看板（暖簾）はないかなと目で追っていき、「あっ、あそこにあった」と目指すお店を見つけます。早速入店して、お目当ての鰻を注文します。いよいよ目の前に鰻がやって来ました。「いいにおい！ おいしそう！」と箸を動かし、パクッと口に入れて食べます。よくかんで飲みこみ、食べ続け、最後の一口を食べると「あ〜おいしかった。ごちそうさま！」とぺこりと頭を下げます。こんな一連の動作が自然に行われています。この「食べる」という動作を、脳神経でみてみましょう（表4−1）。
>
> **表4−1 「食べる」という動作における脳神経のはたらき**
>
> | 第Ⅰ脳神経 | 嗅神経 | においを嗅ぐ |
> |---|---|---|
> | 第Ⅱ脳神経 | 視神経 | 食べ物を見る |
> | 第Ⅲ脳神経 | 動眼神経 | 目玉をキョロキョロさせる |
> | 第Ⅳ脳神経 | 滑車神経 | |
> | 第Ⅵ脳神経 | 外転神経 | |
> | 第Ⅴ脳神経 | 三叉神経 | 口に入れてかむ |
> | 第Ⅶ脳神経 | 顔面神経 | こぼさないように口をしっかり閉じる |
> | 第Ⅷ脳神経 | 聴神経 | 音を聴く、頭の位置を確認する |
> | 第Ⅸ脳神経 | 舌咽神経 | ごくんと飲み込む |
> | 第Ⅹ脳神経 | 迷走神経 | |
> | 第Ⅻ脳神経 | 舌下神経 | 舌で口の中をきれいにする |
> | 第Ⅺ脳神経 | 副神経 | （「ごちそうさま！」と）首を動かす |

| においを嗅ぐ | 見る | 食べる | 飲み込む |

脳血管疾患などの後遺症で食べることに支障をきたした際、この脳神経系に障害が起こり、影響を与えていることが多々あります。

口に入った食べ物は、細かくかみ砕かれ、唾液と混ざりあって飲み込みやすい塊となります。この塊は、食道につながる咽頭まで舌で運ばれ、反射的にごくんと飲み込まれ、食道を通って胃に運ばれます。咽頭に接して前方には気管、肺に通じる喉頭という器官があります。食べ物や水分を飲み込むときは、息の通り道である気管に食べ物が入るのを防ぐために、反射的に喉頭が塞がり食道の入り口が開くしくみになっています（図4-1）。

図4-1 ■ 上気道と下気道の構造

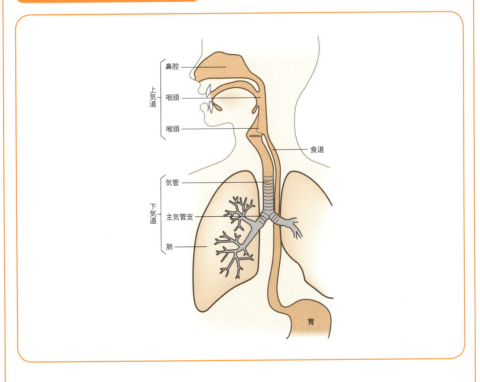

3 | 食事量や摂取状況のアセスメント

Aさんの食事量が減ってきた状態を、どのようにアセスメントしますか？

摂食機能について考えてみましょう。この食べることを分解して考えると、表4－2のようなポイントがあります。

表4－2 食事量減少のアセスメントとポイント

❶食思の確認
- 食べたいという食思がありますか？

❷認識・誤食・誤飲の確認
- 食べ物であることが認識できますか？
- 誤食はないですか？
- 誤飲はないですか？

❸口の開閉の確認
- 口の中に取り込めますか？
- 口を開けることができますか？
- 口を閉じることができますか？

❹口唇の確認
- 口唇を閉じることができますか？

❺咀嚼能力の確認
- かみ砕くことができますか？
- 食塊にできますか？

❻唾液の確認
- 唾液は出ていますか？

❼舌・喉の機能の確認
- 舌が動き、嚥下するために食塊を喉の奥へ運べますか？

❽嚥下・むせの確認
- きちんと嚥下ができますか？
- むせていませんか？
- 食べ物によってむせ方が違いませんか？

❾嗅覚・味覚の確認
- においがわかりますか？
- 味がわかりますか？

❿食道の確認
- 飲み込んでも何か残る感じがあったり、詰まる感じがありませんか？

ポイントに沿って、Aさんの食事量が減ってきている状態をアセスメントしましょう。

<❶食思の確認>

「食べたいという食思がない、または食べたくない」といった場合、この背景には多くの理由が隠れています。

この理由を確認するために、どれだけ観察して、どれだけ情報を共有しているかが大切です。

もし、Aさんが、毎日、施設内を歩き回っているとしたら、どのように考えますか？

「とても疲れてしまって食欲が湧かない」という経験は誰にでもあることではないでしょうか。つまり、施設内を歩き回ることで体力を消耗し、大変な疲労感があり、それで食欲がないのかもしれない、ということです。ここで、私たちは間違えやすいのですが、「歩き回ることでAさんに転ばれたら困る」とか、「行方知れずになったら困る」など、私たちの困りごとを解決しようと動きがちなことです。しかし、それはAさんの困りごとではないはずです。Aさんはじっとしていられず、動き回らなければいられないほどの何か困りごとを抱えているのに、認知症のためにそのことについてうまく伝えることができないのです。だとすれば、Aさんの本当の困りごとを探り、それを解決することこそが大事です。

もしかしたら、どこかが痛かったり、便秘をしていて苦しかったり、不安な夢を見て、いてもたってもいられないのかもしれません。でも、そのことを伝えられずに動き回っていることも考えられます。その動きの背景に、生命に直結するような身体的苦痛をもっている場合だってあるのです。歩くこと自体は決して悪いことではありません。適度な運動は、逆に食欲を生みます。問題は疲労感をもつほど動き回ることですから、その原因を探って、Aさんの困りごとを解決することが重要となります。また、逆に、Aさんが臥床ばかりしていて動かず、空腹にならないから食べたくない、という状況だって考えられます。

身体面だけではなく、心理面でも考えてみましょう。例えば、「悲しいことがあって食べる気持ちにもならない」という状況も考えられます。Aさんの表情に変化はありませんか？　悲しそうな表情がみられるとしたら、その理由と食事との関連も考えてみましょう。例えば、友人が面会に来て、親友が亡く

なったことを聞いたために悲しくなって食欲が湧かないのかもしれません。こうした場合、「Aさんの表情が変わった理由は何なのか？」「いつからなのか？」「悲しみの理由はどこにあるのか？」について、ご家族や同室者から情報を得て、それをスタッフ間で共有することが重要です。そして、その悲しみを癒すために、そっとそばに寄り添ったり、タクティール® ケア（⇒102～103頁参照）など心に触れるコミュニケーションをとったり、アロマや音楽、自然環境などで癒したり、あるいはご家族に付き添ってもらう、といったAさんの望む心のケアを組み立てることが必要となります。

　Aさんは、若い頃は太っていてダイエットを繰り返していたそうです。もしかしたら、認知症のせいで、心は若い頃に戻って「太るのが嫌だから」と摂食障害を起こしていることも考えられますね。この場合は、栄養面の医療的かかわりと同時に心のケアも必要です。必要な栄養が確保されるための栄養摂取の工夫や楽しめる食事環境をつくるために栄養士などに相談しながらケアプランを組み立ててチームで見守りましょう。栄養士がいない施設だから……ではなく、**必要時に相談できるチーム体制をつくる**こともチームケアには必要であり、実際、方法はいくらでもあります。

　または、Aさんの言動や行動にうつ傾向がないかどうかも必要な観察ポイントです。「生きていても仕方ない、だから食べない」等の言動があったとします。うつの原因は精神疾患や甲状腺機能低下症や認知症など多岐にわたります。もちろん、治療は必要ですが、介護職として心の叫びに耳を傾ける姿勢でかかわりましょう。このとき、傾聴をはじめとするコミュニケーション力が必要です。なぜ、「生きていても仕方ない」という言葉が出てくるのか、その背景にあるAさんの思いを観察しましょう。そして、その苦しくつらい状況を解決するために、チームで情報共有しながら、必要時は服薬治療なども検討していきます。

　Aさんが食事を摂らなくなった理由に「風邪薬を飲みはじめたら、食欲がなくなった」「膝痛緩和のために体重を減らしなさい、と医師から言われた」あるいは、「水分を摂るとトイレが近くなるから飲まない」などといった、身体的環境の変化も考えられます。この場合、その状況に合わせて、医師に相談して薬を変更したり、看護師や理学療法士（PT）などと連携して生活指導をするなど、やはりチームでかかわります。つまり、食事を摂ろうとしない要因を、どれだけ探せるかです。

　また、「だるくて熱があったり、吐き気があったり、食べた後に胸焼けや痛みがあったり、便秘でおなかが張っていたり、食べると下痢でつらかったり」な

ど、身体的な原因で食事が進まないときは、特に気をつけなければなりません。

　食べることに伴う随伴症状を確認しましょう。身体的な変化こそ、一番身近にいる介護職の観察が鍵となります。認知症や精神疾患などで自分の思いを伝えることが困難な利用者さんにこそ、私たちのアセスメントが必要なのです。食べるときの様子を観察したり、吐物、排泄物等を観察したりすることで随伴症状をもたらすような身体的要因を見つけられるかもしれません。これこそが、利用者さんの**命に直結する**部分の**フィジカルアセスメント**です。その情報をさらにチームメンバーがそれぞれの職域で、掘り下げて観察し、適切な治療や対応へつなげていきます。

＜❷認識・誤食・誤飲の確認＞

　食べ物であることが認識できない、あるいは誤食や誤飲がある、といった場合、食事量や摂取状況が変化します。そもそも、Aさんは認知症で食べ物の理解ができなかったり、視覚障害で食べ物の確認ができない可能性もあります。食べ物として認識するためには、まずは目（感覚器）で見て得た情報が、中枢へ運ばれ、食べ物と判断（中枢）し、食べる動作（運動）につながります。

　そのため、視覚障害があると、正確な情報は中枢へ運ばれません。この場合、においや触った感じなど他の情報がその役割を補完します。視覚障害のある方には、それが食べ物だという情報を伝えることから始めます。ただ「ご飯です」と伝えるだけではなく、利用者さんが「食べたい」と思うような説明をしてメニューをイメージしていただくことも大事です。

　認知症のため食べ物としての認識ができない場合もあります。そのときは、「なぜ、食べることができないのか？」の要因を探りながら対応していきます。

　認知症緩和ケア理念[注1]における認知症ケアの方法を参考にすると、食べ物の認識ができない時に、一つの方法として色の効果を使うことも有効です。高齢者は加齢に伴い、白内障などで視力も低下しています。白い容器に白いご飯では、何が食べ物かがわからないことがあります。こんな時は、容器の色を変えて白いご飯が見えやすく、わかりやすくするとか、梅干しや福神漬けのような赤い物を添えてみる方法もあります。認知症の方は（前頭側頭型認知症は赤色に攻撃性をもつ場合があるので要注意ですが）、赤い色は理解しやすく興味をそそる色ですから、白いご飯がわからなくても赤い物に手をつける可能性があります。ですから、それをきっかけとして食べることにつなげる方法もあります（図4−2）。

図4-2 ■色を使った工夫

　また、食べられない、食べない、の他に間違って食べてしまう「誤食」や「誤飲」によって食事摂取状況は変化する場合もあります。時には、自ら命を絶つための誤飲も考えられます。

　認知症や視覚障害がある場合は、特に環境を整えることが大事です。また、「誤嚥」と「誤飲」の違いも理解しておきましょう。

　誤嚥は、食べ物を食道ではなく、誤って気道へ送ってしまった状態をいい、誤飲は、食べ物でない物を飲み込んだ状態で、例えば、子どもがビー玉やボタン電池を飲み込んだり、高齢者が自殺のために農薬を飲み込むなどです。誤食は、食べ物ではない物を食べることをいいます。

　もし、Aさんに誤食や誤飲が考えられれば、**環境を整える**ことや心身のケアが必要となります。

One Point

本当の意味での環境を整える

　ある利用者さんが、グループホームに入居当時、夕食が終わり自室へ戻った後、入眠前の訪室で介護職は毎晩おかしな光景を目にしました。ティッシュペーパーを口いっぱいにほおばってニコニコしているのです。ここで、窒息したら危険だからとティッシュペーパーを本人の部屋からなくすことが環境を整えることと考えがちです。

　しかし、これでは環境を整えたことにはなりません。「なぜ、このような行為をするのか」「その背景にある本人の思いは何なのか」を考えなければなりません。介護職は、ティッシュペーパーを部屋からなくしたから大丈夫と考えまし

たが、今度は、洗面台に置いてあった歯みがき粉のチューブを口にくわえてニコニコしています。そうすると今度は、歯みがき粉を本人の目の届かない所へしまいます……。これではイタチごっこで何の解決にもなりません。

そこで、利用者さんの入居前の生活状況をご家族から聞くと、食事の時間や、内容、量などが大きく自宅とは異なっていることがわかりました。利用者さんは、空腹だったために周りにある物を口に入れていたのです。認知症のために、それが食べ物とは認識ができずに、ティッシュペーパーや歯みがき粉を誤食していたのです。そこでご家族から定期的に差し入れをしていただき、寝る前に少量ですが食べていただくことにより誤食はなくなりました。ただ危険な物を隠すのではなく、誤食の背景にある本当の理由を探ったうえで、その要因をなくした環境が本当の意味での**環境を整える**ということです。

＜❸口の開閉の確認＞

ここからは、食べるための通常の身体機能が保持されているかどうかの確認となります。当たり前ですが、物を食べて飲み込むためには、口を開けて、きちんと閉じることができなければなりません。ここでは口の開閉を観察しましょう。口を開けにくいとは、顎の関節がうまく動かない、またはその関節の可動に関係する筋肉が固く動きが悪い、あるいは開け方がわからない、などの原因が考えられます。顎関節症などの場合は、医師の治療が必要ですし、顎がはずれやすい場合には、もしもの時の対応ができるようにチームで対策を立てておきます。

関節が固くなり動きが悪い場合や筋肉が固くなって動きが悪い場合は、リラクゼーションや口唇のマッサージ、口腔内のマッサージ、首や肩、背中などの筋肉をほぐすなどの対応も有効です。

＜❹口唇の確認＞

口の開閉動作は問題ないとして、口唇をしっかりと閉じることはできますか？

脳血管疾患の後遺症などで口をしっかりと閉じることができない場合もあります。Aさんに脳血管疾患の後遺症などがないか、既往歴を確認しましょう。

食事の観察の際、口角から水分などがこぼれてしまう場合は、しっかり閉じ

きれていないことが予想されます。確認として調べる方法は、頬に空気を入れて膨らませていただき、指で膨らんだ片方の頬を軽く押してみましょう（図4－3）。口唇が十分に閉じきれないときは、唇の先で空気が抜けてしまいます。認知症で、こちらの指示が理解できずに口を膨らませる等ができなければ、ストローが使えるかどうか観察してください。唇をしっかりと閉じることができなければストローは使えなくなります。こうした場合、スプーンで水分を摂るなどの工夫が必要になります。

図4－3 ■ 口唇の機能の確認（左右で確認）

＜❺咀嚼能力の確認／❻唾液の確認＞

顎や口唇に問題はないとして、今度は食べ物をかみ砕いたり、食塊にすることができない、あるいは唾液が出ないということはないかを確認します。

かみ砕くためには、顎の関節や筋肉が動くことはもちろんですが、歯の状態がどうなっているかにも左右されます。虫歯や歯槽膿漏、歯ぐきに問題はないかなどを確認するとともに、総義歯か部分義歯かなども確認しましょう。また、食べ物を食塊にするには、舌の動きや唾液が重要な役割を果たしています。確認する方法は、舌が上下左右に十分に動くかなどを見ます。

もし、何かしら問題があれば、顎の動きをよくするためのリラクゼーションや舌のマッサージ、舌体操、唾液腺マッサージ、発声訓練などが有効です。Aさんの食事摂取の状況に合わせて、食べ物をミキサー食にしたり、とろみをつけたり、形態を変えて食べやすい状態で出すなどの環境を整えましょう。

また、脳血管疾患の後遺症で片麻痺がある場合などは、口腔内の患側に食べ物がたまってしまいます。食事介助時は一側嚥下（健側を下にした半側臥位となり、頭部と体幹は健側に傾斜させ頭と頸部は患側へ回旋させた姿勢）などのケア方法が有効な場合もあります。

<❼舌・喉の機能の確認>

　口の中に食べ物を入れても、そのまま口の中が動いていなかったり、いつまでも飲み込めず残っている場合、舌や喉(のど)の機能に問題があるかもしれません。この場合、口腔ケアや嚥下リハビリテーションをしたり、姿勢の確認や食事の形態の工夫、交互嚥下などで対応することも有効です。

　交互嚥下とは、一つの物を集中して食べ、終わると次の物を食べる方法ではなく、硬(かた)さや口の中でまとまりやすさの違ういろいろな食べ物を交互に食べることで、口の中に食べ物が残らないようにする方法です。例えば、お茶にとろみをつけたものと交互に食べていただくことで、付着性の違いで口の中の残留物をなくすなどです。よく介護の現場で見られるお粥(かゆ)に副食を全部混ぜて介助している方法は、嚥下障害の有無にかかわらずありえない方法ですが、特に嚥下障害のある方の場合は危険を含んでいます。

　また、脱水などで口腔内が乾燥していてもうまく食塊にすることができません。舌の表面がひび割れたように乾燥している場合は脱水が疑われます。舌の観察や水分量なども観察し、必要時、脱水の対応もしましょう。

<❽嚥下・むせの確認>

　食べている最中に、よく咳(せき)をするようになったり、食べた後に、喉のあたりでゴロゴロ・ヒューヒューと音がしたり、特にみそ汁や水でむせるなどの特徴がある場合、誤嚥や咽頭残留(いんとうざんりゅう)を疑います。

　誤嚥を繰り返しているうちに、肺炎になる危険性もあります。むせている本人は慣れてしまい、誤嚥の自覚があまりない場合もあります。また、逆にむせることが嫌で食事や水分を控(ひか)えるということも起こりえます。

　こんな時は、症状に合わせた食形態の確認や工夫、姿勢の確認や介助方法の確認と工夫、そして、嚥下のための訓練と口腔ケアが必要となります。

　また、誤嚥性肺炎の要因として、就寝後、寝ている間に唾液を誤嚥していて肺炎を起こしている方が多いといわれています。特に就寝前の口腔ケアは重要となります。

<❾嗅覚・味覚の確認>

　においや味がわかるかどうかも大きな要因です。鰻(うなぎ)のおいしそうなにおい

がわからなければ味わいも半減します。においがわからない原因にもいろいろあります。風邪やアレルギーで鼻づまりがあると、においの粒子がにおいを感じる嗅粘膜（きゅうねんまく）まで届かなくなり、においがわかりにくい場合もあります。あるいは、加齢によって視力や聴力の低下と同様に、においを感じる嗅粘膜やにおいを伝える嗅神経の機能が低下することによって嗅覚が低下しているかもしれません。また、頭部外傷や脳外科手術、脳腫瘍（のうしゅよう）、アルツハイマー病、パーキンソン病などにより嗅神経経路に異常が起きて、においがわからなくなることもあります。

　その原因によっては、風邪薬や鼻炎用の内服薬や即効性のあるスプレーなどが有効です。

　また、味がわからずに食べることで食事の楽しみがなくなり、QOLが低下したり、味がわからないことにより、逆に塩分や糖分を摂りすぎて「高血圧症」や「糖尿病」などの生活習慣病を悪化させることもあります。

　「味がわからない」「味がおかしい」などの味覚障害は、味を感じる「舌」に原因がある場合と、感じた味を脳に伝える「神経」に原因がある場合があります。

　神経に問題が生じる場合は、原因として「脳血管疾患」「脳の外傷」「耳の手術の合併症」などがありますが、味覚障害の多くは、舌に問題があります。舌の表面には「味蕾（みらい）」という味を感じる器官があります。一つの「味蕾」で甘味、塩味、酸味、苦味、旨味を感じることができます。

　「味蕾」は、新陳代謝（しんちんたいしゃ）が活発で7～10日で新しい細胞と入れ替わります。新しい「味蕾」が生まれ変わるときに必要なものが亜鉛（あえん）です。加齢や、食生活の乱れで亜鉛不足となると味蕾が再生しにくくなり数が減って味覚に異常が生じるのです。この場合は、亜鉛を多く含む『牛肉、レバー、乳製品、魚介類、海藻類』などを摂るように工夫します。また、抗がん剤や降圧薬の服用によって亜鉛が特定のたんぱく質と結合して排出されてしまうこともあります。胃の手術後に亜鉛の吸収が悪くなることもありますし、糖尿病、貧血、肝臓病（かんぞうびょう）、腎臓病（じんぞうびょう）などの全身疾患でも亜鉛不足になりやすいといわれています。

　また、喫煙（きつえん）やうつ、ストレスでも味覚障害が現れる場合があります。このような場合は、適切な医療を受けることも必要です。

　Aさんは味がわかっているのでしょうか。もし、味がわからないために食事の楽しみであるおいしいという感情が生じなければ、食事をしたいと思わないかもしれません。味がわからなくなっていそうなら、一つの方法として食事の前に甘い物を食べてもらいます。他の味覚が失われても甘味だけは最後まで残

るといわれていますので、甘味がわかったことがきっかけで食べられるようになる方もいらっしゃいます。

<❿食道の確認>

飲み込んだときに残っている感じや詰まる感じがある場合は、加齢に伴い食道の蠕動運動が鈍くなったり、食道自体に何か病変があったりすることが考えられます。病変がある場合は検査が必要です。例えば、喉頭がん、食道がん、逆流性食道炎（⇒62～63頁参照）などであれば治療が必要となります。加齢が理由の場合は、一口量の調整や、交互嚥下、食形態の工夫、嚥下訓練などが有効です。また、逆流性食道炎の可能性がある場合は、食後すぐに臥床せずに20～30分は座位か半座位などの姿勢を維持することで症状を軽減できます。

4 栄養状態のアセスメント

いろいろな事情で、低栄養状態の高齢者の割合は多いといわれています。低栄養状態に気づかず放置してしまうと、免疫力が低下して感染症などのさまざまな合併症を引き起こす可能性があります。こうした栄養状態のアセスメントについては、栄養士が行う具体的なアセスメントのほか、看護師であれば血清アルブミン値や血中コレステロール値、血中ヘモグロビン値などに注意して観察をします。利用者さんの生活に寄り添っている介護職の場合は、その方の日常生活や活動量、食事摂取状況、身体状況などについてアセスメントすることが重要です。

特に、体重の変化やBMI（Body Mass Index；体格指数）、食事量をはじめとする摂取状況、皮膚や皮下脂肪、むくみなどの変化については、早めに栄養状態を評価するために必要な日常行われるべきアセスメントになります。

BMIは次の式で求めることができます。

$$BMI = 体重（kg） \div （身長（m） \times 身長（m））$$

BMIは、18.5未満で『やせ』、18.5～25未満で『標準』、25～30未満で『肥満』、30以上で『高度肥満』と判定されます。

また、栄養素の基礎知識も押さえておきましょう（表4－3）。

表4-3 栄養素

糖質・脂質	エネルギー源および体を動かすもとになる栄養素
たんぱく質	血管や筋肉などの体をつくるもとになる栄養素
ビタミン・微量元素	各栄養素や体の機能のはたらきを円滑に保つ栄養素

　6か月の間に2～3kgの体重減少があれば低栄養のリスクがあると考えられます。低栄養でみられやすい症状（脱水を併発している場合も含まれます）として、表4-4などの症状があります。

表4-4 低栄養でみられやすい症状

- 見た目でもやせてきている。
- 皮膚の炎症を起こしやすくなった。
- 傷や褥瘡が治りにくい。
- 抜け毛が多い。
- 風邪などの感染症にかかりやすい。
- 握力が弱くなった。
- 下肢や腹部にむくみがある。
- 口の中や舌・唇が渇いている。
- 唾液がベタベタする。
- よろけやすくなった。
- 元気がなくボーっとしている時間が増えた。
- 皮膚が乾燥し弾力がなくなった。

　こうした症状と併せて尿や便の観察も必要になります。
　これらの観察によって、低栄養や脱水、心疾患、腎疾患、ホルモン異常などの発見につながることもあります。
　低栄養が疑われたら、その原因に合わせて食事内容や形態の工夫をし、環境を整えたり、栄養補助食品の利用や医学的な治療が必要となる場合もあります。
　例えば、Aさんの食事量が低下し、全身にむくみがみられたら、医療職に状況を伝えることで採血などの検査が行われ、低栄養や脱水があれば、必要時、高カロリー栄養や点滴などで対応するかもしれません。利用者さんやご家族の希望があれば、経管栄養なども検討されるでしょう。顔面にむくみがみられた

ら、腎機能や甲状腺ホルモンなどの血液検査をして、その結果、利尿剤やホルモン剤の内服が始まるかもしれません。

尿量が減ったうえで、下肢(かし)にむくみがみられたら、息切れや呼吸困難などの症状はないかなどを観察して情報を医療職に伝えることで、聴診や超音波検査、レントゲン検査を行い、結果、心臓の機能低下等があれば、塩分・水分制限、内服薬による治療が始まるかもしれません。

ところで、固形物の摂取が難しい場合など、安易にミキサー食や刻み食(きざしょく)、軟菜(なんさい)等に変更していませんか？ 同じミキサー食やゼリー食でも、いろどりや形、においや味の工夫で食べたいと思ってもらえるはずです。食事量が減ったからすぐに栄養剤だとか、固形物だとかみ砕けないから刻み食や軟菜にするのではなく、こうした時にこそ介護職のアセスメント力が必要となるのです。

環境というと、ベッドや部屋で使う品物の環境整理と考えがちですが、状況により、それぞれ対応の仕方が異なり、その内容によって、栄養が摂れるように指導の工夫をしたり、そのための方法の創造や提案をしたり、相談することも環境整備であり、重要な役割なのです。

5 ｜ 自分で食べる動作と姿勢のアセスメント、環境の整備

食べ物だと判断がついて、食べようと思っても「食べる」という動作ができなければ、食べることはできません。私たちは食べやすいように道具を使いながら「食べる」という当たり前の行為をしていますが、「茶碗を持つ」「箸(はし)を使う」といった一つひとつの動作ができないと自分で食べることができなくなります。また、動作はできても、食べるための姿勢が保持できなかったり、環境が整っていないと食べることができません。

日本食の文化は、嚥下障害にとっても理にかなっている方法だといわれています。日本食は、一汁三菜といわれ、いろいろな食べ物を食べますが、食べ方もご飯→みそ汁→ご飯→副菜→ご飯というように、主食と副菜を交互にバランスよく食べます。

食べる前にお茶などで口を湿らせてから食事を始めること、姿勢を正して食べること、ご飯茶碗をきちんと手に持つこと、箸で適量を取って口へ運ぶこと、口の中に食べ物が入っている時は話さないこと、テレビなど見ながら食べてはいけないことなど、「食事のしつけ」として言われてきたことが自然に活(い)きてきます。茶碗を手に持ち、箸で口に食べ物を運ぶ時、頸部は自然に前屈(ぜんくつ)し飲み込みやすくなります。口から箸を出す時は、食べ物が口からはみ出ないよ

第1節 食事介助とフィジカルアセスメント

うに唇がしっかりと閉じられます。ここに動作の一つひとつの機能が関係してきます。

　実は、この一つひとつの所作が食べることの意識を高め、食べるための姿勢をよくし、食べることに集中するための環境を整えることにつながり、嚥下機能が低下している場合はとても理にかなった方法なのです。

　食べるための動作には、多くの関節や筋肉の動きが直接的な影響を与えています。こうした関連する動作について観察しましょう（表4－5）。関節可動域の状態や筋力の状態によって介助方法も変わってきます。

表4－5　食べるための動作の観察ポイント

- 手は動くか？
- 握力はあるか？
- 指は思うように動くか？
- 首は動くか？

　もし、上肢の筋力低下があり、肘を曲げて口まで食べ物を運べなければ、それは、重力に逆らって動かす筋力がないということです。食べる動作で、箸を使うには前腕の回内、回外が必要です。スプーンを使うためには、肘の屈曲、伸展が不可欠です。この時にもし、屈曲、伸展するための筋力が弱い場合は、テーブルを高くして、肘をその上に置いて水平に動かして口まで持って

くる動作で代償できる場合もあります。その時は、器から食べ物をすくう動作が必要となります。そのためには、前腕や手首を回旋できるか、回旋ができなくてもすくえるようにつくられた、特別な自助具（皿、スプーン）が必要となります。

また、食べるために重要なのが姿勢です。食事場面の観察により、座位での食事が可能なら適切な摂食姿勢がとれるいすやテーブルの高さ、位置を設定します。ベッド上で行う場合は、体幹や頭部の位置や角度を設定します。

食べるための姿勢の観察ポイントは、表4-6のようなものがあります。

表4-6 食べるための姿勢の観察ポイント

- テーブルやいすの高さに無理はないか？
- 体幹は保持できるか？
- 頸部は前屈できるか？
- 姿勢が安定しているか？
- 股関節や膝関節の動きや曲がる角度は十分か？
- 足関節が曲がり、足の裏はきちんと床につくか？

例えば、座位になった時に、足底がしっかりと床についていないと、体幹が安定しません。そのため、頸部や身体のさまざまな筋が緊張してバランスをとろうとします。こうすると、嚥下にかかわる頸部の筋が十分に機能せずに嚥下障害のある方は、誤嚥しやすくなります。

また、嚥下には腹筋も関係します。足底が床についているほうが腹筋も使いやすいのです。まずは、しっかりと足底を床について、背もたれのある状態で、頸部がリラックスしやや前屈した状態が嚥下しやすい姿勢になります。筋力がなかったり、関節が固くて自分でこの姿勢が維持できなければ、介護職がクッションや福祉用具などを利用しながら、その環境をつくります。

ですから必要時、理学療法士（PT）や作業療法士（OT）、福祉用具専門相談員などの専門職に相談したり、指導を受けることができる体制をつくっておくことが大事です。

食事摂取状況の環境の観察ポイントは、表4-7のようなものがあります。

このような点に関心をもちながら、食事摂取のための環境を整えていきます。食事を食べるための「環境を整える」といっても、ただ、周りの環境や品物を整備するだけではなく、食べるための基本的な知識をもったうえで、その時の利用者さんの状態に合わせた環境を整備していくことが必要なのです。

表4-7 食事摂取状況の環境の観察ポイント

- 嚥下障害のある方の場合、食べることに集中できる環境で食事をしているか？
- テレビを見ながら食べていたり、口の中に入っているのに、「おいしいですか？」と話しかけたりしていないか？
- ギャッチアップしたベッドで体がずり落ち、適切な姿勢保持ができていないのではないか？
- 頭は上げたけれど、首は後屈のままではないか？
- 右半身麻痺があるのに、右側から食事介助していないか？
- 車いすに座っていても体幹保持ができずに体がひねられた状態のままではないか？
- 食べる場所は適切か？
- いつも使っているなじみのある綺麗な器か？
- 見た目がおいしそうか？
- おいしそうなにおいがしているか？
- 利用者さんの身体的機能にあった食器を使っているか？
- 適切な調理方法や栄養価で食べやすい盛りつけになっているか？
- 利用者さんをよく理解し、信頼関係のできた介護職が介助しているか？

6 身体的原因のアセスメント

食べられないことの身体的原因には、表4-8のようなものなど多数あります。

表4-8 食べられないことの身体的原因

- 吐き気があって食べられない。
- 腹痛があって食べられない。
- 目眩がして食べる気になれない。
- 便秘で腹部膨満感があり食べる気になれない。
- 口角や口唇に痛みがあって食べられない。
- 歯肉の腫れがあって痛くて食べられない。
- 口内炎や舌に痛みがあって食べられない。

一つひとつの原因となっている症状について、いつから、どんな時に、どのように具合が悪いのかをしっかりと観察することが必要となります。その内容に応じて、対応方法を変えていきます。

　とくに認知症や失語症、構音障害などで、苦痛を言葉で表現できない場合は、介護職のアセスメントが重要な意味をもちます。

　例えば、食事量が減ってきた認知症の寝たきりの利用者さんがいました。自分では意思表示が難しいため、どの介護職も同じように食事介助をしていましたが、なぜ食べないのか理由がわかりませんでした。ところが、ある介護職が介護支援専門員（ケアマネジャー）に「義歯が合わないようで、下顎の義歯と触れる奥の顎に発赤があり、腫れて痛そうです」と伝えました。皆、同じように食事介助をしていて、きちんと義歯を洗って口腔内の清潔も保っていたので、まさか、義歯が合わないとは思っていませんでした。しかし、この介護職は、義歯をはめる前に、しっかりと口腔内の粘膜、顎や唇の裏側、頬の裏側、舌の下などをライトで照らして観察していたのです。

　この時は、歯科医師に診てもらい、口内炎の治療をし、義歯の調整をして、その間は、義歯を使わなくてもいいような形態の食事に変えて、併せて栄養補助食品で栄養の確保をしました。そして、また食事ができるようになりました。

　原因となっている症状を観察することで、利用者さんの食べられない理由がわかることが多くあります。また、この場合、利用者さん自身に大きな苦しみがある場合が多いので、介護職のフィジカルアセスメントはとても重要なのです。

＜事例のその後＞

　Aさんは、介護職のアセスメントの結果、認知機能が低下して食べる意欲がなくなっていることがわかりました。一方で摂食機能は問題ありませんでした。この時、3日間ほとんど食事が摂れていない状態でしたが、食事の前に水羊羹を一口食べていただくと、その羊羹を丸ごと一つ完食されました。その後、食事を介助して口の中へ入れると食べはじめたのです。甘い物を先に食べていただくように介助すると、食べることを思い出したように食事ができるようになりました。それと併せて、オイルを使って手足のタクティール® ケアをすると、徐々にAさんは活気を取り戻されてきて、ADLも戻っていきました。

　ただ「食べられない」という症状から、こんなにも多くのことが考えられる

のです。「食べられない」から、「経管栄養にする」「栄養剤に替える」という短絡的な考え方をするのではなく、しっかりとアセスメントをしていけば、答えが見つかるものなのです。

〈注〉

1） 認知症緩和ケア理念：スウェーデン王立財団法人シルヴィアホームで始まった、WHO（世界保健機関）で定義された「緩和ケア」を基にした理念。「症状コントロール」「チームワーク」「家族支援」「コミュニケーションと関係」の4本の柱で実施される。

第2節 清潔保持とフィジカルアセスメント

事例2 Bさんの場合

Bさんは一人暮らしで、心不全の治療中です。両下肢の皮膚が脆弱で触っただけですぐに皮下出血を起こし、皮膚剥離もあります。両下肢は心不全のむくみで通常の3倍の太さになっています。利尿薬を服用していますので、尿量が多く、常に尿で汚染された状態です。温泉場で生活しているため自宅に浴槽はありません。介護支援専門員（ケアマネジャー）は通所介護（デイサービス）での入浴利用を勧めていますが、本人は拒否しています。
生活支援でかかわっている介護職としてどのように対応しますか？

1 皮膚の役割と清潔

皮膚の役割と清潔について考えてみましょう。
皮膚は、表皮、真皮、皮下組織から構成されています。手のひらや足の裏は、表皮が厚いですが、一般的には0.1～0.2mmの厚さです。表皮には、神経や血管はなく、表皮の一番下の層から、古い皮膚が徐々に表面に押し上げられ

て垢となってはがれ落ちていきます。古い皮膚がはがれ落ちるまでには、約4週間かかるといわれています。

　真皮には、神経の末端や血管が多く分布しています。さらに、コラーゲンやエラスチンというたんぱく質があり皮膚の弾力性を保っています。そして、皮下組織には血管や神経の他に脂肪細胞があります。

　皮膚にはいろいろな役割があります。肌は皮脂膜が有害な物質や細菌、アレルゲン等の侵入を防いで身体を守っています。さらに、血管を収縮させたり拡張させ汗を出すことにより体温を調整し必要以上に水分が蒸発することを防いでいます。また、汗腺から汗を分泌したり、脂腺から皮脂を分泌しています。

　皮脂や汗の中には、老廃物も含まれているため排泄の役割もあります。表皮の一番下の層にあるメラニン細胞は、紫外線に当たるとメラニン色素をつくります。これが日に焼けて皮膚が黒くなるしくみです。メラニン色素は、紫外線に対してバリアのはたらきをしています。さらに、皮膚には痛みや温度などを感じる感覚器としてのはたらきもあります。

　爪や毛も皮膚の一部と分類されます。爪も毛も表皮の角質化によって生じたものといわれています。爪の下部には毛細血管が集中しており、爪は、血液の健康状態に影響を受けやすい部分です。毛は、身体の保護と保温の役割をもっています。ですから皮膚の観察といったら、**爪や毛の観察も含まれる**のです。

　清潔の意義は、皮膚や粘膜や毛髪などから埃や垢等の汚れを取り除き、身体を保護し、細菌感染を防ぎ、新陳代謝を高め、血液循環を高めることにより、各器官の生理機能を円滑にして感染を防ぐということです。併せて、苦痛や倦怠感を軽減し、温熱効果やマッサージ効果、関節運動などが食事や睡眠、排便など生活全体によい影響をもたらします。また、入浴行為は、それ自体が生活リハビリテーションとなり、全身の機能低下も防止できます。さらに疲労を回復し、リラックス感を得たり、爽快感や回復意欲を高め、それにより自立した生活へ向かうきっかけともなります。

　清潔保持には、皮膚だけではなく、鼻や、口腔の清潔も重要です。鼻の中には黄色ブドウ球菌が存在していることが多く、清潔ケアを怠ると免疫力の低下した高齢者は、副鼻腔炎などの感染症の危険もあります。また、口腔内の清潔が保持できないと誤嚥性肺炎（⇒50頁参照）などの引き金にもなりますので、清潔ケアには欠かせない項目です。

　介護職にとって清潔介助、特に入浴の介助は、皮膚の状態や全身の関節、運動機能等の状態を観察する機会にもなります。一口に清潔保持といっても、単に体を清潔にするということだけでなく、さまざまな効果があり、非常に大切

な意味があります。

2 | 入浴拒否（清潔保持のため）のアセスメント

Bさんの場合、なぜ、入浴を拒否しているのでしょうか？
何をアセスメントして、どのようにケアしていくか考えてみましょう。
まずは、入浴拒否をしているBさんが、清潔についてどのように考えていて、なぜ、入浴を拒否しているのかをアセスメントしましょう。
入浴を拒否する理由はさまざまです。例えば、表4－9のような理由などさまざまな可能性が考えられます。

表4－9　Bさんが入浴を拒否する理由

- Bさんはもともと入浴が嫌いだ。
- 入浴の行為が面倒だ。
- 傷があって入浴で痛みを伴うので嫌だ。
- そもそもデイサービスに行くことが嫌だ。
- 感染症の危険が理解できていない。
- この状態の身体を他の人に見られたく（知られたく）ない。
- 自分の下肢を思うように動かせない状態で、入浴なんて無理だと思っている。
- デイサービスの利用時間や利用料を心配している。
- 体調不良で入浴したくない。
- 以前に入浴中に体調を崩したことがある。

まずは、本人が清潔に対してどのような考え方をもっていて、今までどのようにしてきたのか、そしてなぜ今回、入浴を拒否しているのか、本人の考えを聴くことからスタートしましょう。
例えば、Bさんは、入浴したらさらに皮膚剥離が進んでしまうのではないかと心配しているとしたら、どのように対応しますか。
入浴の行為の全過程で、皮膚剥離が起きそうな状況を想定して先に予防をします。もちろん、医師からの入浴の許可や条件をあらかじめ把握しておくことが前提です。
まず、下半身に浮腫があり自分の意思で動けない状態で尿汚染が激しい場合、清拭だけでは清潔保持は困難です。それでも、どうしても在宅で清潔ケアを望まれるとしたら、傷のない場所は清拭をし、皮膚剥離や尿汚染のひどいと

ころは、本人の身体の下にフラットなおむつや処置シートなどを敷いて、シャワーのように、そっと洗浄しながら清潔保持を試みましょう。そして、その清潔になった部分を清潔なガーゼで覆い、看護師の処置を待つなどの対応になります。

Bさんが、何とかデイサービスに行くことになったとしたら、車いすで移乗して送迎車に揺られてデイサービスへ行くことになります。その際の介助はおそらく1人では難しいでしょうし、へたに皮膚の脆弱している場所を触ったら、皮膚剥離を増やすことになります。いくら気をつけていても、知らず知らずに下肢が車いすのどこかに当たって皮膚剥離を増やすことも容易に考えられます。そんな時は、車いすの周りの環境整備や、着ている洋服の工夫、さらに下腿をレッグウォーマーのようなもので保護しながら、万が一当たっても、傷をつくらないようにすること等の対応が考えられます。

無事にデイサービスに着いて過ごされ、入浴することになりました。本人のプライドを守るために、なるべく、他の利用者さんに下肢の状態を見られないように配慮しましょう。また、感染症予防のためにもシャワー浴が安全かもしれません。ガーゼをはがす時も、痛くないように、シャワーで濡らしながら、そっとゆっくりはがし、綺麗に洗い流します。入浴後は、清潔なガーゼで保護し、必要時は、尿汚染で濡れてもガーゼの中までしみていかないように、ガーゼの上から専用の保護テープを貼ることも必要かもしれません。

ここは、看護師などの医療職と相談しながら、介護職ができる範囲でケアに参加します。また、せっかく清潔になって家へ帰ってきても、今のように尿汚染の状況では、すぐに不潔になってしまいます。本人のいる場所の環境を整えて、尿漏れが起きないようなパッドやおむつの使用方法を福祉用具専門相談員に相談したり、着ている衣服を更衣しやすい物にするなど、適切な方法や物を使って清潔環境を整えます。以上のような対応法とその理由を、Bさんに説明し納得していただくことで清潔ケアが可能となります。

3 | 身体状況、疾病、体調変化等のアセスメント

身体状況等から清潔保持の介助を考えます。アセスメントとしては、表4－10のポイントなどをみたうえで、今の状態のBさんの清潔保持のケア方法は、何が考えられて、それらはどのようにしたら安全が保たれ、かつBさんが満足できるのか考えましょう。

表4−10　清潔保持のアセスメントのポイント

- 今の身体状態で入浴をしてもよいのか？
- 心不全の治療中の入浴は大丈夫なのか？
- シャワー浴が適切か？
- 両下肢の皮膚脆弱は何が原因なのか？
- 皮膚が剥離した状態で入浴してもよいのか？

　Bさんは、心不全の治療中です。両下肢が通常の3倍になるまでひどいむくみがあります。それだけ、心臓のポンプ機能が低下しているということです。さらに、皮膚の脆弱がひどく皮膚剥離が広範囲にあるような状況です。「入浴をしてさらに心臓に負担をかけていいのか？」「利尿剤を内服している状況で、脱水などの注意は必要か？」「皮膚の脆弱の原因は何か？」など身体状況に不安がある場合は、医師に確認しましょう。

　皮膚の脆弱で、水疱や皮膚剥離が徐々に増えていく経過を観察したら、類天疱瘡のような疾患があることも予想できますので、やはり、アセスメントした内容を医療職へ早めにつなぐ必要があります。この場合は、さらにステロイド剤などの内服治療も開始されますので、感染症にはより注意が必要となります。心機能低下や皮膚剥離の伴う感染症などのリスクを考えると、身体的負担も少なく安全に清潔保持ができるシャワー浴を選択することが望まれます。

4　随伴症状のアセスメント

　Bさんは、心不全のうえに、両下肢がむくんで重く、自分の意思では動かすことが難しい状態で、皮膚剥離が下肢一面にあり、すぐに出血する状態です。入浴の行為が、生命の危険に直結するような事態を招かないためにも、随伴症状をアセスメントする必要があります。

　表4−11のように、随伴症状があれば、そのアセスメントが重要です。

　心不全の症状やアセスメントのポイントは、第2章（⇒90〜94頁参照）で解説しましたが、もし、バイタルサインで脈拍が増え、息切れや体動時の呼吸困難の症状が強くなり、チアノーゼがあれば、心不全の重症化も考えられます。こんな状況では、いくら清潔が大事でも、心肺機能の悪化を招くため入浴は避けたほうがいいでしょう。バイタルサインに変化はなくとも、臥床時に咳が喘息のように続き、水っぽい泡沫状の痰が出て、体動時に呼吸困難があるよう

表4-11　随伴症状のアセスメント

- バイタルサインに変化はないのか？
- 尿や便の性状や量に変化はないのか？
- 食事や水分の量に変化はないか？
- 睡眠は問題ないのか？
- 喘息のような症状、息切れ、移動時の呼吸困難はないのか？
- 起きていても頸静脈の怒張が見られることはないか？
- 末梢のチアノーゼ等は見られないか？
- 咳や痰はないのか？　もしあれば、どんな性状の咳や痰なのか？
- 咳や痰、呼吸困難は起きている時と寝ている時では変化があるのか？
- むくみの増減はあるのか？

なら、心不全の悪化も考えられますので、情報を医療職へつなぎ指示を仰ぐことが必要です。

5 ｜ 皮膚、毛髪、爪などのアセスメント

入浴ケアでは、他の皮膚の状況も観察ができるチャンスです（表4-12）。

表4-12　入浴ケアでの皮膚の観察ポイント

- 下肢の皮膚剥離や、出血、発赤、腫脹、滲出液などに変化はないのか？
- 下肢や、皮膚の傷の痛みに変化はないのか？
- 皮膚の変化は、下肢だけなのか？　上肢や体幹、口腔内などにはないのか？
- 脆弱のない場所の皮膚は、弾力や色艶、汚染の状態はどうか？
- 毛・髪の状態はどうか？
- 抜け毛や湿疹などはないか？
- 爪は切られているか？
- 白癬で爪が脆くなっていないか？
- 巻爪ではないか？

もし皮膚剥離の部分が、発赤や腫脹していて痛みが強くなったり、滲出液が緑色っぽくて汚い滲出液に変化してきたら、感染の疑いがあり要注意です。やはり、適切な治療が必要となりますから、医療職へ情報をつなぎます。
　もし、心不全や皮膚変化に関係なく以前から巻爪があったとしたら、爪と皮膚の隙間の垢を無理のない範囲で綿棒などで綺麗に取り除きます。**巻爪**の爪切りは看護師が行うことになります。また、爪が全体的に白っぽく肥厚していて変形していたり、ボロボロと欠けてきたりする場合は、**爪白癬**が疑われます。この場合はディスポーザブルの手袋をして爪周囲を清潔にして、看護師に爪切りを任せます。普通の爪の場合は、介護職が爪を切りますが、深爪には注意しましょう。
　この時も、爪と皮膚の間の隙間の垢は取り除くことが原則です。高齢者は、この隙間の垢がたまっていて、肉なのか垢なのかわからずに切って出血させてしまう場合があります。
　特に足の爪は硬くなっていますので少しずつ切っていきます。爪と皮膚との隙間を離すように指で押さえながら切ることで出血を予防します。巻爪予防のためにも、爪の両角はまっすぐに切り、角は引っかからないようにヤスリで整えます（図4－4）。

図4－4 ■爪の切り方

　また、特に夏になると増えるのが、**疥癬**です。腋窩や腹部、陰部などに、小さく赤い汗疹のような発疹が出て、痒みが強く特に夜になると増強する傾向があります。特徴的なのは「疥癬トンネル」といわれる細くて灰白色で長さ数ミリの線状の皮疹です。これは、ヒゼンダニの雌成虫が皮膚の角質層にもぐりこんで、そこで産卵するための道です。このような皮膚の変化が見られたら、疥癬を疑い感染に注意が必要となりますので、医療職にすぐに情報を伝えてください。この場合、外用薬による治療が必要となります。

6 | 清潔動作のアセスメント

　自分でできる清潔動作は、何ができて、何ができないかについて観察します。できないのであれば、その理由は何か、どうしたらその動作は可能となるのか、福祉用具などを使えば可能になるのか、などをアセスメントしましょう（この動作のアセスメントは、第4節を参照してください（⇒177〜180頁参照））。

7 | 清潔保持のアセスメント

　Bさんの生活環境は、常に尿汚染が起こる環境ですが、どうしてそのような環境になるのでしょうか？
　どうしたら清潔保持ができるか考えてみましょう（表4－13）。

表4－13　清潔保持のアセスメント

- Bさんは、そのことに対してどのように考えているか？
- 入浴の機会以外の手洗いや口腔ケアはどのように行われているか？
- Bさんはこの状態で排泄をどのような方法で行っているのか？
- その方法で行うのはどうしてなのか？

　Bさんは、もともとは綺麗好きな方でした。自分で歩行してトイレへ行くことができれば、尿汚染はないのですが、下肢の浮腫により歩行してトイレへ行くことができないため、リハビリテーションパンツと尿取りパッドを使用して自分なりに一生懸命、清潔を保持しようとしていたのです。ですが、利尿薬の内服で尿意は頻回になり、さらに尿量も増え尿漏れが起きて衣服や布団を汚染している状態でした。
　排便は、布団の上におむつを敷いて、そこですまして新聞紙で何重にもくるみ、尿汚染したリハビリテーションパンツや尿取りパッドと一緒に、ごみ袋に入れて布団の近くに置いておきます。独居のうえ、今は動けないため、茶の間に布団を敷いて、生活はすべてこの布団の上で行っています。この排泄方法は苦肉の策で本人なりに工夫して行っていたのです。
　訪問介護（ホームヘルプサービス）の導入も、当初は拒否されていました。このような不潔な環境を他人に見てほしくはなかったのです。そこで、介護職は、Bさんの今の困りごとと、希望を聞きました。すると、心臓や皮膚のこと

はもちろん困っているが、今一番困っているのは、この尿汚染の環境で生活しなければならないことでした。そして、本人は、また元のように綺麗な環境で、友人や近所の方が来て一緒にお茶が飲めるようになりたいと、希望を話してくださいました。

そこで、介護職は、この情報をケアマネジャーに伝え、訪問看護が入ることになりました。一番困っていた排便コントロールは看護師が行い、介護職が更衣や洗濯を支援し、布団の上や周囲の環境を整えることにしました。

＜事例のその後＞

Bさんは、以前、地域では有名な茶道の先生でした。おしゃれで、いつも着物を着て多くの生徒さんに囲まれて華やかな生活をしてこられた方でした。ですが、高齢になり徐々に身体は思うように動かなくなっていったようです。特に、足がむくみ、少し動いても息切れがするようになり、やっと受診して心不全と診断されました。独身で家族もいません。

もともと、綺麗好きな方でしたが、動けなくなってからは生徒さんに来ていただき、掃除をしてもらったり買い物をしてもらったりしてきました。そのように生活してきたのですが、茶道の教室を閉じてすでに10年が経過しており、生徒さんも疎遠になってきています。足がどんどん重くなり、思うように動けなくなってきてから、家の中は散らかるようになっていきました。そうすると、部屋に人を入れることも恥ずかしくなり、かつての生徒さんにお願いすることもできなくなっていきました。そのうちにトイレに歩いて行くこともできなくなり、今はリハビリテーションパンツを使用し、さらに他人にはこの状態を見せたくないという悪循環に陥っていきました。

主治医が往診してこの現状を知り、介護保険のサービスを利用するように勧め、ケアマネジャーが入ることになったのです。ケアマネジャーは、環境整備のために介護職のサービスを勧め、介護職が掃除、買い物、食事のかかわりをするようになりました。

Bさんは、足が重くて歩行してトイレへ行くことができないうえに、利尿薬の内服で尿量が多く、間に合わずに失禁してしまうことの繰り返しで、そのうえ、下肢に皮膚剥離の傷があるため感染症や褥瘡の危険もあります。介護職が入ってから、清潔環境が保たれるようになっていきましたが、入浴をいつも行っていた温泉に行ける状態ではありません。そこで、デイサービスでの入浴を拒否する理由についてですが、Bさんは「こんなみじめな姿を、人様に見ら

れたくない」と介護職に話しました。かつての華やかな生活からは想像できない自分になり、下肢が3倍にまでむくみ、さらに皮膚が剥離してひどい状態の自分を他人に見られたくない、だからデイサービスには行きたくない、これがデイサービスの入浴は嫌だという要因でした。介護職は、さらに更衣の支援をしながら、皮膚剥離の滲出液と皮膚の状態を見て、感染症の危険があるとアセスメントしました。しかし、Bさんには、感染症の危機感が全くありませんでした。

　そこで、訪問看護師から感染症の説明をしてもらいました。Bさんは清潔保持が重要なことに気づくと、自分からデイサービスで入浴をしたいと話しました。こんな姿を他人に見せたくないというBさんの思いを考慮し、心不全の状態も含めて、入浴目的の短時間のデイサービスで、他の利用者とは接点を少なくして、さらに機械浴またはシャワー浴を利用することになりました。

　皮膚剥離しやすい方の清潔保持は技術的にも大変です。ですが、それ以前に、利用者さんが今の自分の身体の状態をどのようにとらえていて、本当は、どうしたいのかを理解しないと、利用者さんの困りごとの真の解決には至らないのです。今回は、介護職がBさんの思いを聴き、さらに下肢の皮膚の観察から感染症の危険性を察知して、ケアマネジャーや看護師に情報をつなげることにより、こうした解決に至りました。生活場面に最もかかわりの深い介護職だからこそアセスメント力が求められています。

第3節 排泄介助とフィジカルアセスメント

事例3 Cさんの場合

Cさんは、末期の肝臓がんです。肝硬変の既往があります。退院して2週間が経過しています。Cさんは妻と二人暮らしですが、妻が腰痛で動けないため、介護職がポータブルトイレの介助と清潔介助をしています。妻から「昨日から、変なことを言ったり、急に怒ったりして何かおかしい」との情報をいただきました。

訪問時のCさんは、トイレ誘導も拒否し、失禁状態のため、おむつ交換と陰部洗浄をしようとしましたが、それらも拒否して暴れます。時々手を大きくふるわせるような変な動きが見られました。ポータブルトイレの中の尿も褐色の濃い色で量も少ないようです。

介護職として何をアセスメントして、どのように対応しますか？

1 排泄の基礎知識

身体にたまった不要な老廃物を、尿や便として身体の外へ出すことを「排泄」といいます。

＜排尿・排便のメカニズム＞

　腎臓で濾過された老廃物や余分な水分は、膀胱にためられ200mℓ前後の尿がたまると、膀胱壁が圧力による刺激を受けて、脊髄から脳へ信号が送られ尿意を感じます。

　尿意は大脳がコントロールします。尿が300〜500mℓとなり膀胱反射中枢に命令が出されると膀胱がしぼみ尿道が緩んで尿が出ます。

　また、便は、消化によって分解された食べ物の残りや、新陳代謝によってはがれた腸内細胞、腸内細菌、腸内分泌液や老廃物でできています。直腸に便が到達すると、直腸壁がそれを感知して骨盤神経から脊髄を通り大脳へ信号が伝わり便意を感じます。直腸の活動により、内肛門括約筋が緩み、力むなどの意図的な動作に入ると外肛門括約筋も緩みます。腹筋などが収縮して腹圧が高まると、便が排出されます。

2 ｜ 排泄に伴うフィジカルアセスメントと状態に合わせたケア方法

　排泄に伴う身体的アセスメントにより、身体的な異常の早期発見や対応ができます。排泄は、観察ポイントが多くあります。ここでは、そのポイントを理解し、それをアセスメントしてどのように対応に結びつけるのかを身につけます。

＜排泄に伴う身体的機能のアセスメント＞

　排泄に伴う身体的機能のアセスメントのポイントは、表4－14のようなものがあります。

表4－14　排泄に伴う身体的機能のアセスメントのポイント

排尿機能（排尿困難）	排便機能（排便困難）
●出にくいのか ●漏れてしまうのか ●どんな出にくさか ●尿の性状や量に変化はないのか ●尿意はあるのか	●出にくいのか ●漏れてしまうのか ●どんな出にくさか ●便の性状や量に変化はないのか ●便意はあるのか

One Point

熱中症の高齢者（脱水と尿の性状・量）

　真夏に訪問すると、窓も閉められ布団の中で真っ赤な顔をして利用者さんが寝ていました。ボーっとしていますが、返答はされます。真っ赤な顔をしていたので体温を測ると38.5℃あります。高熱なのに汗はかいていません。自覚症状は、頭痛があり、だるいと話されます。こんな時、まず真っ先に熱中症を疑うのではないでしょうか。

　熱中症とは、体液の不足や体温上昇で起こる障害の総称で、脱水になりやすい高齢者の場合は、必然的に熱中症になりやすいのです。

　通常、人間は、体温が上昇すると汗をかいて（汗が蒸発することで皮膚の気化熱を奪い）体温を下げます。しかし、脱水などで体液が少ないと、発汗が続くことで体液が失われることを防ぐために発汗をストップさせます。すると発汗による体温調節機能がはたらかなくなるため体中の臓器に障害が現れます。この時、最も障害を受けやすいのが脳です。ですから、熱中症で意識障害や痙攣が起きるのは、極度の脱水により脳に障害が起きているということなのです。

　この利用者さんの場合、介護職は、訪問しておむつ交換と水分補給をしています。利用者さんには甲状腺機能低下症があり、夏でも寒いといって厚着をしていました。ご家族は、日中独居のためエアコンをつけて出かけられるのですが、本人は、「寒い」と言って切ってしまいます。また、枕元にあるご家族が用意していったお茶もあまり減っていません。

　このところ、眠いのかボーっとしていることが多く、時々、頭痛を訴えたり、吐き気もあって食事量も減っていました。脇の下は乾いていて、皮膚がカサカサで、しわや目のくぼみも目立つようになりました。舌は乾燥してひび割れたようになっています。微熱が続き、脈拍も少し増えて、逆に血圧は少し低下していました。尿の量は少なく、**褐色の濃い色の尿**となり、便秘になっていました。

　ここまで、情報がそろっていれば、エアコンが苦手でも風通しをよくしたり扇風機をつけたり、氷枕で冷やしたり、洋服を薄手のものに替えるなどの工夫ができます。水分もお茶ではなくスポーツドリンクに替えたりすることで摂取が増えるかもしれません。水分はどのくらいの量を摂っていて、また、どのくらいの尿が出ているのかを調べることで、脱水の可能性を導けます。脱水の場合、さまざまな症状が出ますが、尿の性状や量は、脱水を示唆する大事な情報となりますので意識してアセスメントしましょう。

熱中症による脱水などが疑われたら、すぐに、布団をはいで、窓を開けて風を通したり、エアコンをつけて涼しい環境をつくり、さらに、氷枕などで身体を冷やしたり、水分、塩分、糖分のある飲み物を飲んでいただき、様子をみましょう。加えて、バイタルサインや本人の意識レベルや嘔吐（おうと）などの随伴症状（ずいはんしょうじょう）を観察しながら、もし悪化すれば救急車で病院へ搬送をするなども考えましょう。

3｜排泄行為に伴うアセスメント

　排泄するという行為に伴う観察の視点としては、「動きの問題」「環境」「認識」「精神的な問題」「福祉用具の利用」などがあります（表4－15）。

表4－15　排泄行為に伴う観察の視点

●身体の動きに問題はないか？
　　腰を下ろす、ズボンの上げ下ろしをする、立ち上がるなどの行為
●環境が利用者さんにとって適切か？
　　便器様式、手すり、温水洗浄便座などの設備
●排泄行為自体を認識できているか？
　　トイレの場所、トイレの利用方法など
●不潔行為などはみられないか？
　　認知症、精神疾患、知的障害など
●適切な福祉用具が適切に使われているか？

　以上のアセスメントからケアにつなげる場合、例えば、左右のどちらかに半身麻痺（はんしんまひ）があって、歩行してトイレへ行くことやポータブルトイレの移乗はできるけれど、ズボンの上げ下ろしができず排泄行為が1人でできない利用者さんがいたとします。

　この場合、身体を預けられるポールやトイレの壁に身体を寄り掛からせた状態でズボンの上げ下ろしをすることができます。また、ベルトをはずすとズボンが床に下がってしまい上げにくくなる場合は、ゴム紐（ひも）でつくった輪を大腿部（だいたいぶ）の真ん中に止めた状態にすると、ベルトをはずしても、ズボンはそこから下へは落ちずに上げることができます（図4－5）。下着の前側だけマジックテープで開くように工夫している方もいらっしゃいます。

図4-5 ■ ズボンの上げ下ろしの工夫

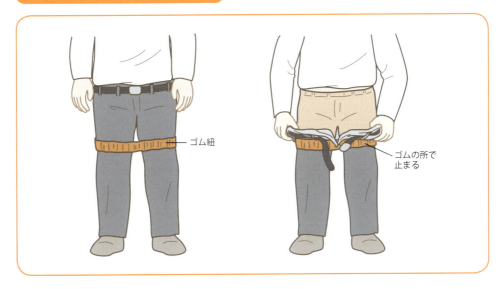

また、握力がなく特に親指の力がないとつまむという動作ができません。日常生活の中でつまむ動作に障害があるとすれば、実は、その方はパンツやズボンの上げ下ろしに苦労しているはずです。パンツやズボンはつまむという動作ができないと上げることができないのです。その時は、伸縮性のある柔（やわ）らかい素材でウエストがゴムのズボンを履（は）けば、親指以外の4本の指で内側から引っかけて持ち上げる等の工夫で上げ下ろしが可能になる場合もあります。

4 尿失禁のアセスメント

尿失禁の種類は表4-16のとおりです。

表4-16 尿失禁の種類

切迫性尿失禁	急に尿意が出現したり我慢できずに漏れてしまう。
腹圧性尿失禁	咳や重い荷物を持つなど腹圧がかかった時に漏れてしまう。
溢流性尿失禁	前立腺肥大のように尿意はあるのに尿が出にくくなり、少しずつ漏れてしまう。
機能性尿失禁	排尿機能は正常だが、運動機能の低下や認知症などが原因で漏れてしまう。

切迫性尿失禁の場合は、抗コリン剤[注1]の内服が有効です。また、膀胱に少

しずつ尿をためる訓練も効果があります。腹圧性尿失禁の場合は、骨盤底筋訓練が有効です。この訓練は、切迫性尿失禁の方にも有効です。漏れそうになった時に我慢することに役立つからです。

溢流性尿失禁の場合は、なぜ、残尿があるのか原因を探ることが大事です。原因が前立腺肥大等の場合は手術など治療が必要です。残尿をなくす方法としては、毎回、尿を出し切るように腹圧をかけたり、おなかを押したり、膀胱を縮ませる薬を内服したりすることなどが有効です。それでもだめな場合は、カテーテルを入れて、そのつど、尿を出す導尿法などがあります。

機能性尿失禁の場合は、運動機能や環境に問題があるのでその原因を探って対処します。関節や筋肉など機能的な問題があるとしたら、リハビリテーションをしたり、排泄動作の工夫と訓練で対処できる場合もあります。手すりをつけたり、段差を解消したりしてトイレ動作がしやすいように環境を整備することも重要です。必要時、適切な福祉用具を利用することも有効です。

認知症などでトイレの場所がわからない場合は、本人の目線の高さに合う位置で、トイレのドアにトイレと理解できる表示をしたり、トイレの写真を貼ってみたり、赤い色のシールなどで興味をもたせることなども有効な場合があります。

5 | 便失禁のアセスメント

便失禁の原因として、表4－17のようなものが考えられます。

表4－17　便失禁の原因

- 薬の副作用、下剤の乱用などにより漏れてしまう。
- 神経系の障害（脊髄損傷など）により漏れてしまう。
- 運動機能の障害により漏れてしまう。
- 認知症などにより漏れてしまう。
- 肛門括約筋の手術後などの機能的障害により漏れてしまう。

便失禁も、尿失禁同様にいろいろな原因で起きます。運動機能の障害でトイレに行くまでに漏れてしまうのなら、トイレの近くの居室にしたり、下ろしやすい衣服にする、ポータブルトイレにするなどの環境を整備したり、肛門括約筋を締める訓練をしたりします。

脊髄損傷の方の場合は、おむつを利用し下剤と浣腸、または訪問看護師の

摘便などで対応している方が多いです。薬や下剤の乱用の場合は、生活習慣の見直しや食生活の改善、骨盤底筋訓練なども有効です。

痔の手術後の場合は、肛門括約筋の障害が考えられますから、薬物療法やパッドの使用、骨盤底筋訓練などが有効な場合もあります。

認知症などで便意がわからなくなって失禁してしまう場合は、食後などに定期的にトイレ誘導をして習慣化を図ったり、便意はわかっていそうなら、ADL（Activities of Daily Living；日常生活動作）の中での本人のちょっとした変化と、排便の関係を観察して、早めにトイレ誘導するなどの対応もできます。

6｜随伴症状・特に尿閉・便秘と緊急性のアセスメント

排泄の随伴症状はいろいろあります（表4－18）。

表4－18　排泄の随伴症状

身体的変化	発熱・疼痛・残尿感・頻尿・浮腫・残便感・腹部の張り感・排ガス消失・嘔吐・意識レベル低下・血尿・血便などの異常　など
心理・精神的変化	認知症・うつ　など
社会的変化	経済的要因、社会からの孤立　など

例えば、残尿感や排尿時痛、発熱などがあれば膀胱炎などの泌尿器の炎症を考えます。排便時に痛みがあり、真っ赤な鮮血が便についていたら、痔を疑います。

認知症の方はうまく排泄ができない苦痛からBPSD（Behavioral and Psychological Symptoms of Dementia；行動・心理症状）が現れているのかもしれません。排泄がうまくいかずに失禁状態になれば、外出などを嫌がりうつ状態になって閉じこもってしまう方もいらっしゃいます。それで、結果的に社会から孤立して悪循環に陥ってしまうこともあるのです。

また、リハビリテーションパンツやおむつなどを購入する費用が捻出できない等の経済的要因で排泄にかかわる感染症を引き起こしてしまうことも考えられます。さまざまな随伴症状がありますが、命に危険が迫るような尿閉や腸閉塞（イレウス）注2は、特に注意が必要です。

尿閉とは膀胱内に尿が多量に貯留し、尿意があるにもかかわらず排尿できない状態をいいます。

尿閉の原因としては、表4−19のようなものがあります。

表4−19　尿閉の原因

- 前立腺肥大症などの下部尿路の通過障害。
- 糖尿病（知覚鈍麻により膀胱内容量が多量になる）や脊髄損傷など。
- 副交感神経遮断作用の強い胃腸薬や抗ヒスタミン薬や解熱・鎮痛薬など。
- ベッド上で排尿ができない等の心因。
- 手術後など、痛みのため腹圧がかけられないこと。
- 性器の感染症や炎症。
- 排尿筋の収縮不全。

また、尿閉の緊急性については、表4−20のようなものに注意します。

表4−20　尿閉の緊急性

- 急激に発症し膀胱痛や強い残尿感、頻尿などがあれば、導尿により膀胱内の尿を排出しないと危険である。
- 残尿により膀胱内に尿が充満すると、水腎症や尿毒症の危険がある。
- 重篤な合併症には、腎後性腎不全や膀胱の自然破裂等がある。

また、便秘とは、便の排泄が困難になっている状態で、便の通過障害や慢性型機能性便秘があります。便秘の原因としては、機能性便秘（便がつくられる過程や排便のしくみに障害がある。薬の副作用で起こる便秘も含まれる）と器質性便秘（腸そのものに病変（腸の腫瘍や炎症、閉塞等））があり、緊急性では、腸捻転とイレウスに注意します（表4−21）。

表4−21　腸捻転とイレウス

❶腸捻転
　腸の一部がねじれて塞がれた状態です。症状は激痛や嘔吐がありますが、腸のねじれを治す処置が遅れるとねじれた部分から細胞の壊死が起こり命も危険な状態になります。

❷イレウス
　何かの原因で腸管が塞がってしまい、便を送り出せない状態です。適切な処置をしないと、命の危険もあります。また、過去に開腹手術をしている人は、腸に癒着が起こりイレウスになる場合があります。

> **One Point**
>
> ### 尿閉とイレウス
>
> 　訪問中に、いつもよりも頻回にトイレへ行く利用者さんが気になり、本人がトイレへ行っている時にご家族に聞きました。「いつもより、トイレに行かれる回数が多いようですが、下痢をしているのかしら？　おしっこはちゃんと出ていますか？」ご家族は「トイレが汚れていないし下痢はしていないと思います。頻回にトイレへ行っているのでおしっこも出ていると思いますよ」と話され、トイレに頻回に行っているから、おそらく尿もたくさん出ていると思われているようでした。
>
> 　利用者さんは認知症もあり会話があまり成立しないのですが、念のため介護職は本人に聞いてみました。すると「行っても、すぐにしたくなる」と話されました。尿失禁がある利用者さんですが、今日は尿汚染はありません。何となく落ち着きがなく、少し冷や汗をかいているようにも見受けられます。
>
> 　リハビリテーションパンツは汚れていませんが、穿き替えを促して介助をしていると、やせている利用者さんのおなかが、いつもとは違い大きく膨れて張っているように見えます。この情報から、もしかして、尿閉でトイレに行っても出ない（尿がたまっている）のではないかと考え、病院受診をご家族に勧めました。
>
> 　おなかを見たご家族は、便秘でもしているんじゃないかとあまり気にされていませんでしたが、尿閉なら危険なことだと説明し受診していただきました。やはり、尿がたまり導尿で1200mlの尿が一気に排泄されたそうです。ご家族は、トイレへ何回も行っているので尿は出ているものと思い安心していましたが、介護職は、利用者さんの様子がいつもと違うことから、観察しアセスメントをして大事に至らずにすんだのです。
>
> 　また、別の利用者さんは、食事量が減っていました。ある時、急に強い腹痛を訴えて、嘔吐してしまいました。吐物は便臭がします。介護職は、この状況を介護支援専門員（ケアマネジャー）に伝え、利用者さんは救急車で病院へ受診することとなりました。その結果、イレウスで保存的治療のため入院となりました。
>
> 　もともと便秘症の方でしたが、排便が8日間もなく食事量も減ってきていて、元気がなかったことを介護職は気にしていました。帝王切開で2回手術されている方で、便秘症だからと下剤を内服して自分でコントロールされていらっしゃいました。

この1週間、ポータブルトイレへ移乗しても、排便はなく、排気ガスも聞こえません。今日排便がなければ浣腸をすると話されていました。介護職は癒着(ゆちゃく)があるかもしれないことや、食事量が減っていること、排ガスがないことからイレウスの危険を予測していたのです。ですから、今回の腹痛と嘔吐、さらに便臭の吐物ですぐに救急車搬送と判断できたのです。いくら本人がコントロールしているからといっても、イレウスの危険が予測されていた方でしたので、通常は3日に1回は排便があったにもかかわらず、1週間排便がないという時点でケアマネジャーに相談する等の判断をする必要があるケースでした。

＜事例のその後＞

　介護職は、Cさんの様子がおかしいと感じ、バイタルサインを測定しようとしましたが、それすら、抵抗して満足に測定できないような状態でした。昨日から、なぜか妻へ暴言をはいているそうです。介護職が話しかけると、一応は、具合は悪くないと話しますが、いつもと様子は違います。2日間排便がなく、おなかもパンパンに張っているように見えます。尿も少なく褐色になっているため、おかしいと感じて、白目（強膜）を見ました。すると、黄色がかっています。さらに、いつもはしない「手をバタバタさせる」不思議な仕草をします。介護職はCさんの様子が異常だと判断し、訪問看護師に情報をつなげました。

　すぐに、肝性脳症の疑いがあるため入院となりました。肝臓に疾患があるCさんの排泄に問題があるということは、アンモニアの処理ができず危険な状態につながる可能性がありました。暴言や異常言動、手をばたつかせている姿（羽ばたき振戦(しんせん)）は肝性脳症の症状だったのです。

　肝性脳症は、肝硬変の合併症の中でも特に注意が必要です。肝性脳症の主な原因は、血液中に神経毒を有するアンモニアがたまり高アンモニア血症となることです。肝臓は、通常はアンモニアを解毒して無毒化させますが、肝硬変で肝機能が低下すると解毒作用も低下するため、血液中にアンモニアがたまってしまいます。

　食事に含まれるたんぱく質は、大腸菌などの悪玉菌によって腐敗して腸管内にアンモニアを発生させます。ですから、たんぱく質を控える(ひか)食事を摂ります。また、便秘は悪玉菌が増えた腸内環境のため、腸管内のアンモニア生成量が増加することによって、肝性脳症を発症させたり悪化させたりします。その

ため、便秘を予防したり、悪玉菌を減らして善玉菌を増やすといった腸内環境を整える取り組みが大事になります。

　便秘がさまざまな肝臓病にとって症状を悪化させるリスク要因であることを知識として知っていることは介護職にとってとても重要なことです。

　排泄におけるフィジカルアセスメントは、排泄介助をするためだけではなく、利用者さんの予後を大きく左右することもある大事なアセスメントなのです。

……………………………………………………………………………………………………

〈注〉

1）　**抗コリン剤**：アセチルコリンの作用が妨害され、副交感神経が抑制されるため、頻尿や尿失禁の症状の改善につながる薬。
2）　**腸閉塞（イレウス）**：腸が閉塞や狭窄をきたしたり、腸の動きがみられなくなったりする疾患。

第4節 移動・移乗の介助とフィジカルアセスメント

事例4 Dさんの場合

通所介護（デイサービス）に、軽度認知症のDさんが来所されました。玄関先で、送迎職員より「ご家族から、『昨日は、なぜか寝なくて安定剤をあげたところ、今朝はまだ、ボーっとしていて朝食もあまり食べなかった』と言われた」と申し送りを受けました。いつもなら手すりにつかまって自分で歩行されるDさんですが、転倒したら危険と判断し、「今日は、車いすでデイルームまで行きましょう」と介助してデイルームに入りました。介護職は、車いすからいすに移乗していただくために、Dさんに、テーブルにつかまって立ち上がっていただき、車いすからいすへと移乗の介助を行いましたが、Dさんは、立ち上がったと同時に尻もちをついて転倒してしまいました。けがはありませんでしたが、介護職は、なぜ、このアクシデントが起きたのかを振り返ってインシデントレポートを書きました。

何が要因だったのでしょうか？ 介護職の判断や介助の何がいけなかったのでしょうか？

1 | 移動動作の基礎知識

ここでは、移動動作とはどういう動作かを考えてみましょう。

移動動作とは、食事、排泄、入浴、着脱等の生活動作をするうえでの基本的な動作です。例えば、「立つ」「歩く」「移る」「座る」等は私たちが生活するうえで当たり前に行っている動作です。「立つ」という動作では、「立ち上がって、そのままの姿勢を保つ」動作となります。立ち上がるには、多くの関節や筋肉が連動して動いて初めて成り立つ動作です。そして、立ち上がった後も、立位を保つにはやはり立っているために必要な筋力や関節可動域等が適切にはたらいていることが必要です。さらに、身体を支えるための支持基底面と重心が重要な役割をもちます。

支持基底面とは、身体を支えるために床と接している部分を結んだ範囲のことで、同じ立位でも、両足をくっつけて立つよりも、両足を開いて立ったほうが安定することは、皆さん経験されていると思います。さらに、力士のように足を開き、膝を曲げ、腰を落として重心（重力の中心点）を低くしたほうが、安定することは、移乗介助のときなどに体験しているのではないでしょうか。この姿勢の時は支持基底面が広く重心も低いために立位が安定しているということなのです。

基本的な移動動作には、「寝返り」「起き上がり」「立ち上がり」「立位保持」「座る」「歩く」などの動作があります。それぞれの動作を行うために、必要な筋力と関節可動域のはたらきが求められます。

移動動作は、同じ平面上で行われる動作で、Dさんのように車いすからいすへの移動は乗り移る動作ですので移乗になります。それでは基本的な移動動作の成り立ちを考えてみましょう。理学療法士（PT）・作業療法士（OT）は、その動作からできない要因をアセスメントして、利用者さんができるように指導していきます。

＜寝返りをする＞

一般的には、仰臥位から、膝を立て向きたい方向に膝を横に倒し、それに合わせるように腰が回り、さらに肩や胸部、首、頭が回って寝返りするということになります。この何気なくやっている一連の動作は、実は一つひとつ細かいはたらきがあって成り立っているのです。例えば、膝が曲がるということ

は、股関節や膝関節が屈曲できるということです。さらに足で床を蹴る筋力があり、骨盤や胸部、頭部が連動して回旋できるということです。このうちのどこかが障害されると寝返りはできなくなるわけです。

＜起き上がる＞

起き上がるには、仰臥位からそのまま頭を持ち上げ、腰を曲げて起き上がる方法や寝返りの状態で横になってから、肘をついて頭を起こしながら起き上がる方法等があります。やはり、それぞれの動きに合わせて関節可動域がはたらき、身体を起こす筋力があって初めて起き上がることができます。

＜立ち上がる＞

立ち上がるには、前方へ重心が移動し、次に上方へ重心が移動します。この時に、体幹が前傾することで身体を前方に移動し、それに伴い下腿も前傾するため、足に荷重がかかります。さらに臀部を離床させ、体重を前下方に移動し、腰背部を伸展させ足底で床を蹴り、両下肢を伸展させて立ち上がります。支持基底面が小さくなるため、バランスを取るためにさまざまな筋肉や関節が連動して協調的にはたらく必要があります。

＜立位を保持する＞

立位保持は、より支持基底面が狭いため、立位時の姿勢を安定させ、重心線から大きくはずれないように抗重力筋というさまざまな筋肉が関節のはたらきを調整しています。これらの筋肉は、さまざまな感覚器からの情報を中枢で判断し、そのフィードバックにより緊張と弛緩が細かくコントロールされて立位の保持がされます。

＜座る＞

「立ち上がる」と同様、重心の移動に伴うさまざまな筋肉、関節の連動が協調的にはたらくことで座ることができます。重心の移動に伴い、下半身の筋肉のすべてがはたらき、次に大腰筋（骨盤と背骨をつなぐ筋肉）がはたらき、下半身と上半身の動きを連動させ、さらに体幹の筋肉がはたらきます。これらの

筋肉のはたらきにより各関節のはたらきは調整されて座ることができます。

<歩く>

　歩くためには、片足を前に出して着地する動作と、足をつま先立ちにして後ろへ蹴りだす動作ができなければなりません。そのために、多くの筋肉や関節が連動してはたらきます。歩行するには、身体の位置を正確に認識して、下肢を歩行するために的確に命令する中枢(大脳皮質)のはたらきがあり、その命令を伝達する機能(大脳・脊髄、末梢神経)がはたらき、その動きをスムーズに行えるようにする機能(錐体外路系)がはたらき、歩行するためのバランスをとる機能（小脳系、感覚系）がはたらき、身体を動かすための機能（筋肉、骨、関節）がはたらいて初めて歩けます。この他に、平衡感覚機能等も関係しており、歩くためにはこうしたさまざまな機能が連動して、協調的にはたらく必要があるのです。

　どの動作も、筋肉や関節が勝手に動いているわけではなく、感覚器で情報を入力し、末梢神経で情報を中枢へ伝え、中枢で判断し、命令を出し、末梢神経で筋肉へ伝え、運動器系で動かすことになります。こうした一連の動きがスムーズにはたらいて初めて、これらの動作は成り立つのです。

2 | 移動・移乗のためのアセスメントとケア

<疾病・障害の部位や程度>

　移動・移乗をする際に支障となる疾病や障害がないかアセスメントします。
　Dさんは、軽い認知症はありますが、ADL（Activities of Daily Living；日常生活動作）はほぼ自立しています。もし、脳血管疾患などの後遺症や神経難病などがあれば、生活に支障をきたす関節可動域の減少や筋力低下がみられますから、その方の基本動作は何ができて何ができないのか、それはなぜなのかをアセスメントすることで、その症状に合わせた介助内容や方法をとることになります。

　その動作は、「動けと命令が出ているのに、命令が伝わらず動かないのか」「命令は伝わっているのに筋肉や関節が動かないのか」など、疾病や障害により動かない理由が違えば、ケア方法も違って当然となります。詳しいアセスメントは、PTなどにやってもらうとしても、ADLの観察が一番にできるのは介

護職ですから、その情報を共有して利用者さんの自立を目指すことができます。

＜活用できる機能＞

　もし、半身麻痺などがあれば、その状態をアセスメントして、残存機能を活かして移動・移乗を行っていただきます。この時に、寝返りや立ち上がり等、基本動作の成り立ちを知っていることが重要です。それにより、なぜ、その基本動作ができないのかがわかれば対応法も変わってきます。

＜体型、姿勢＞

　極端に太っていたり、やせていたり、円背や腰曲がり等の姿勢変化があれば、移動・移乗に影響を及ぼします。必然的に移動・移乗するための方法も、使う福祉用具も変わってきます。

> **One Point**
>
> #### 円背の場合
>
> 　例えば、円背で自力で起き上がりもできないため、介護職がベッドから車いすへの移乗を介助する利用者さんがいるとします。移乗の介助時に、痛みを訴える利用者さんに対して、どのように対応しますか？
>
> 　これを考えるために、円背のない方の介助方法を用いて、足を下ろしながら、身体を起こし、足の間に介助者の足を入れて車いすに移乗してもらう方法で介助した場合を考えてみます。
>
> 　・痛いのはどこでしょうか？
> 　・どの動きの時に痛いのでしょうか？
> 　・それは、ベッド上で寝ている時も、体位変換の時もいつも痛いのでしょうか？
> 　・リウマチや神経痛などの疾患はないでしょうか？
> 　・車いすに座っている時も痛いのでしょうか？
> 　・褥瘡などの皮膚疾患はないでしょうか？
>
> 　円背の方は、骨盤が後ろに大きく倒れたような形で座ることになるため坐骨だけでなく尾骨にも圧力がかかり痛みを訴えることがあります。なぜ、痛いの

かの観察が必要となります。起き上がりの介助をする時に、痛みの部分が坐骨や尾骨なのに、円背でない方の介助と同じように、足を下ろしながら、この部分を軸にして上半身を後ろに回すような介助をしていれば、痛い場所に圧がかかっているうえに、擦れることにより痛みを増強している場合も考えられます。このような場合は、まずは、足を下ろす動作をする。次に上半身を前下方に屈めるようにしてゆっくりと起こしていく。こうすると、圧力がかかる場所が移動するので痛みが軽減できます。

また、いすから立ち上がりを介助する時も、円背なのに、前上方や上方に引き上げるように介助すると、お尻を上げることができませんから立ち上がりがうまくいきません。擦らないように片側ずつゆっくりと、やや浅めの位置に臀部の位置を移動し、逆に前下方に誘導するとスムーズに立ち上がり介助ができます。また、スライディングボードの活用なども有効です。

＜筋力の状態＞

基本動作をするための筋力が保たれているか確認します。筋力が低下していた場合、それは、年齢的な変化なのか、病的な変化なのかをアセスメントします。

例えば、肘が曲がらないと水道の上下のレバーを操作することができません。水道の水を止めようとしたら、レバーを上へ跳ね上げないと止まりませんが、この時、重力に逆らって上にレバーを上げられるだけの筋力が上腕二頭筋にあり、それに連動して肘関節が曲がることでレバーを上げる動作ができるのです。そのため、重力に逆らって上に持ち上げる筋力がないのであれば、水道のレバーを上下型から横型に変更することで自分で水道を使えるようになります（図4-6）。ナースコールも同じです。親指に跳ね上げる筋力がなければナースコールのボタンを下向きではなく、横向きにすることで自分で押せるのです。

＜関節の状態＞

関節が拘縮していて動かなければ、いくら思いがあっても動けません。例えば脳梗塞の後遺症で半身麻痺があり、肩関節の可動域が狭ければ、そちら側から衣服を着たり、脱ぐときは逆に動く腕のほうから脱ぎますね。なぜ、その

図4-6 ■水道のレバータイプ

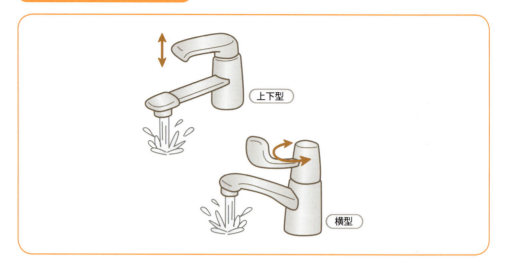

動作ができないのかをアセスメントして要因がわかれば対応を考えることができます。

　例えば、麻痺がなくても更衣の介助で、なかなかスムーズにいかない場合があります。高齢で臥床時間が長い方の場合、肩関節や肘関節の可動域が狭くなっていることが考えられます。そんな時、片側の袖を通して、そのままシャツを肩まで上げていると、反対側の脇口（腕を入れる場所）の位置が高くなり腕を上げることができないため腕を通しにくくなるのです。ですから、このような時は、片側の袖を通しても肘くらいの場所でいったん止めて、そのまま反対側の袖を肘くらいまで通します。背中のシャツを頭の方向に徐々に上げていけば、利用者さんに苦痛を与えずに更衣ができます。このような場合に、一番都合がいいのは着物かもしれませんね。

＜バランス感覚＞

　立位保持や座位保持、歩行にもバランス感覚は重要です。感覚器で集めた情報がきちんと中枢へ伝わり、判断され、さらにその情報に沿って微妙な筋肉や関節の動きが連動して協調的にはたらいて初めてその状態を維持できます。小脳の機能や内耳等の平衡感覚に影響を与える器官のはたらきはどうでしょうか？　ここのところを詳しくアセスメントするのは、PTや看護師かもしれませんが、その前にそこへ導くための大切な情報をアセスメントするのは介護職の役割です。

One Point

自覚症状を聞くことができない場合

　あまり動こうとしない失語症の利用者さんがいました。ほとんど1日中、ベッドに臥床していてデイルームにも出てきません。食事の時間に、介護職が部屋に呼びに行きますが、暗い表情で目を閉じながらベッド用手すりにつかまって、やっと起き上がります。ベッドに端座位になりしばらくたってから、立ち上がりますが、やはり目は閉じたままです。

　そして立位にもふらつきがみられます。介護職は、この頃、よく転倒していることに気がつき車いすで介助して食堂へお連れしましたが、食欲もありません。

　この場合、目眩がある可能性があります。目を閉じながらベッド用手すりにつかまって起き上がるのも、目眩のせいかもしれません。三半規管の問題も考えられますし、自律神経の障害で起立性低血圧を起こして、ふらついているのかもしれません。

　転倒は、筋力低下や関節の動きが悪い場合もありますが、脳神経に問題があって転倒しやすいことも考えられます。本人は、失語症で自分の状況をうまく伝えることができません。今までも、何を伝えたいのか、介護職が一生懸命聴いたのですが理解できずに、本人があきらめて言わなくなったことがあります。

　三半規管などの障害で起こる目眩だとすると、メニエール病のように、ぐるぐる回るような目眩だといわれます。また、脳卒中によっても目眩は起きます。この場合は、比較的長い時間（20〜30分、もしくは2〜3時間）目眩が続くのが特徴です。

　障害を受けた場所によって回転性の目眩だったり揺れるような軽い目眩だったりします。

　介護職は、この利用者さんが食事をする様子を見ていて、気になることがありました。箸で食べ物を口へ運んでいるのですが、口からずれた場所や鼻に食べ物を運んでいるように見えるのです。これらの情報を医療職へ伝え、検査の結果、小脳に問題があることがわかりました。

　小脳は、平衡機能を司っており、身体の位置を把握して、複数の動作を組み合わせて動かすためのはたらきをしています。ですから、小脳に何かしらの障害が生じて、身体の位置を把握できなければ、食べ物を口へ運ぶこともスムーズにはできなくなります。

ただ、ふらつく、目眩がする、といっても、原因はさまざまです。利用者さんから自覚症状を聞くことができれば早く原因を探れますが、失語症や認知症などで伝えられない方こそ、介護職が観察して情報を有効に使って利用者さんの状態を把握しようとすることが必要です。

＜移動・移乗に対する意思・意欲＞

　全身状態が不良で動けなかったり、うつや認知症などで動きたくなかったり、動き方がわからなくなったり、動くと痛み等の苦痛が伴うので動けなかったり、薬や環境の変化で動けないこともあります。「なぜ、動こうとしないのか」「動きたいのに動けないのか」「動く気持ちになれないのか」などをしっかりアセスメントすることにより要因がわかれば、ケア方法もおのずとみえてきます。以下、事例でみていきましょう。

　認知症の利用者さんが、お誕生日のお祝いでご家族とともにホテルに食事に行きました。トイレに行きたいという利用者さんと一緒にご家族はトイレに来ましたが、ドアを開けたとたん、利用者さんは中に入ろうとせずに、レストランへ戻ってしまいました。

　しかし、用を足したい思いはありますから、また、トイレへ行きます。また、ドアを開けると、中には入れずに、ドアの前を行ったり来たりするだけです。ご家族は困ってしまいました。

　利用者さんに何が起きているのでしょうか？　豪華なホテルのトイレの床は白と黒の市松模様の大きなタイルが貼られていて、とても洗練されたおしゃれなデザインでした。実は、認知症の方の場合、床が黒かったり、暗いグレーな

どの色使いがされていると、そこから先には、進めなくなることがあります。これは、床の黒い場所を床と認識できずに、穴のように見えていることが考えられます。穴にわざわざ足を踏み入れようとはしませんよね。利用者さんにとって、大きな白黒の市松模様の床は、穴だらけにしか見えない場所で、怖くて足を進めることができなかったのです。

認知症緩和ケア理念[注1]における認知症ケアの方法を参考にすると、スウェーデンでは、認知症の方の場合は、色には大きな意味があり、特に、床の色には注意が必要だといわれています。

3 | 動きにくさの身体的アセスメント

身体が思うように動かせない時には、多くの原因が考えられます。まずは、身体が動くためのしくみを考えましょう。動きの信号が脳で生じて、神経を伝わり、筋肉や関節を動かす流れを表4-22にまとめました。

表4-22　身体が動くためのしくみ

❶動きの信号が中枢で生じる
- 生じないため動かない→脳梗塞や一過性脳虚血発作
- 不要な信号を起こし、勝手に動く→てんかんや各種疾患による不随意運動など

❷脊髄を通して信号が伝わる
- 伝わらない→脊髄損傷など

❸脊髄の神経根から末梢神経に信号が伝わる
- 伝わらない→椎間板ヘルニアなど

❹末梢神経を信号が伝わる
- 伝わらない→末梢神経障害など

❺末梢神経からの信号を筋肉が受け止める
- 受け止められない→重症筋無力症など

❻筋肉そのものが動く
- 動かない→多発性筋炎、周期性四肢麻痺、有痛性痙攣など

❼関節を動かすことが可能である
- 動かない→関節リウマチなど

出典：山内豊明『フィジカルアセスメントガイドブック──目と手と耳でここまでわかる 第2版』医学書院、39～40頁、2011年を元に著者改変

食事中に、よく箸を落とすようになった利用者さんがいます。常時ではないのですが、時々、不思議そうに自分の右手を見ています。「どうされましたか？」と尋ねると、なぜか急に右手に力が入らない時があって、歯ブラシを落としたり、櫛（くし）を落とすことがあると話されます。その時は、何となくしびれも感じるとのことでした。

　介護職は、利用者さんに自分の指を握（にぎ）ってもらい握力を調べました。右手の握力が弱いように感じました。そこで、医療職へ情報をつなげると病院受診となり、この症状は、一過性脳虚血発作だったとのことで、脳の血液循環をよくする薬が処方されました。

　もし、この情報が医療職に伝わらずに経過していたら、脳梗塞になっていたかもしれません。ここでは、箸を落とすという症状から、握力の左右差を確認して、情報をつなげるという介護職のアセスメントが重要だったのです。

4 ｜ 随伴症状のアセスメント（考えられる疾患）

　身体を動かしづらい、あるいは動かせないことに伴う症状から、考えられる疾患を表4-23にまとめました。

表4-23　「動かしづらい」「動かせない」から考えられる疾患

- ❶ 大腿や上腕が動かしづらい
  - →筋疾患（周期性四肢麻痺、重症筋無力症、筋ジストロフィー、多発性筋炎）の可能性
- ❷ 手先や足先が動かしづらい
  - →神経疾患（脳梗塞、一過性脳虚血発作、神経の圧迫）の可能性
- ❸ 左右両手足が動かせない
  - →周期性四肢麻痺など
- ❹ 右手、右足など身体の片側が動かせない
  - →脳血管疾患
- ❺ 力が入らない
  - →筋疾患、神経疾患
- ❻ 勝手に身体が動く
  - →パーキンソン病、バセドウ病、極度の緊張や不安など
- ❼ 不意に力が入る
  - →足のつり、チック、筋痙攣、舞踏病、斜頸・アテトーゼなど
- ❽ 力が抜ける、しびれる

→椎間板ヘルニア、正座によるしびれ
❾力が入りっぱなし
　→痙性麻痺、パーキンソン病
❿バランスが取れない
　→小脳梗塞、一過性脳虚血発作、脳腫瘍、三半規管の障害など
⓫指先がこわばる
　→関節リウマチ
⓬痛みがある
　→関節や筋肉の炎症性疾患など
⓭関節が曲がらない、伸びない
　→関節の拘縮、筋肉の硬直など
⓮動く気力がない
　→うつ、認知症、精神疾患、電解質異常、視力障害、聴力障害など

出典：山内豊明『フィジカルアセスメントガイドブック――目と手と耳でここまでわかる　第2版』医学書院、38～39頁、2011年を元に著者改変

　よくつまずくと自覚症状のある利用者さんがいました。確かに、介護職もつまずいて転びそうになっている利用者さんを何度も見かけていました。
　そこで、介護職は利用者さんの歩き方とつまずく様子を観察することにしました。やはり、段差もない床でつまずいています。スリッパで室内を歩行されていましたが、スリッパが脱げそうで危険だと感じ、ズックに替えてみましたが、それでもつまずきます。
　介護職は、つまずく足はいつも左足であることに気がつきました。そこで、左手は変化がないか聞いたり、観察しましたが、左手は問題がありません。なぜ、左足だけがつまずくのか、よく観察すると、歩く時に左足の足関節が背屈されずにつま先から降りている様子がわかりました。
　通常、歩く時は、足関節は背屈されて踵（かかと）から足は地面に着きます。この利用者さんは、右足は踵から着いているのに、左足はつま先から着いているのです。そのためにつまずくことがわかりました。この情報を医療職へ伝え、病院で受診していただき、腓骨神経麻痺（ひこつしんけいまひ）があることがわかりました。
　短下肢装具が作製されてそれをつけることで踵から足をつけることができるようになり、つまずくことはなくなりました。ですが、日常的に面倒であまりつけたがりません。そこで、長靴だと常に足関節は背屈した状態になるため長靴を履いて動くようになりました。
　この利用者さんは、居室でも正座しながら洗濯物をたたんでいたり正座しな

がら箪笥に荷物を入れていたりと、膝関節を屈曲させた姿勢が多いことがわかりました。そこで、膝関節の裏側にある腓骨神経を圧迫しないように、いすに腰かけて行ってもらうようにしました。

5 ｜ 移動・移乗に関する環境のアセスメント

移動・移乗を妨げる外的な要因がないか確認しましょう。例えば、表4－24の内容を確認し、阻害要因を取り除くようにかかわりましょう。

表4－24 移動・移乗を妨げる外的な要因

- ●家庭環境はどうか？
  - ・独居か？
  - ・移動や移乗の介助が必要なときに支援者のいる環境か？
- ●生活環境はどうか？
  - ・床に布団を敷いているのか？
  - ・ベッドか？
  - ・畳生活か？
  - ・いすの生活か？
  - ・トイレは洋式か？
  - ・浴室は滑らないか？
  - ・玄関などの段差はないか？
  - ・平屋か？
- ●経済的状況や近隣者との関係、社会的サービスの導入状況はどうか？
- ●福祉用具を使用しているか？
  - ・（使用していた場合）適切な物を適切に使用できているか？

One Point

環境の調整

　パーキンソン病の利用者さんが、夫と二人暮らしをしていました。夫は畑仕事があるため、日中独居です。布団で生活していましたが、徐々に動けなくなり仙骨部には褥瘡ができはじめていました。介護支援専門員（ケアマネジャー）がかかわることになり、本人に一番困っていらっしゃるのは何かを聴きました。
　すると「トイレに行きたくても、思うように動けないから昼に夫が帰ってくる

まで トイレを我慢(がまん)しなければならないことが一番つらい。そのために水分も摂らないようにしている」と話されました。そこで、ギャッチベッドの導入と訪問介護（ホームヘルプサービス）で排泄介助をするサービスを開始しました。

　布団からベッドに変わり、介護職の介助で起き上がることができるようになりました。ポータブルトイレも介助で利用できるようになり、褥瘡(じょくそう)も治癒(ちゆ)しました。すると本人は、1人でポータブルトイレを使えるようになりたいと話すようになりました。ケアマネジャーに情報を伝え、訪問看護でリハビリテーションをすることになりました。介護職は、ベッドから起き上がりもできなかった頃から、利用者さんの身体の動きを見ています。

　なぜ、1人ではポータブルトイレに移れないのか？　介護職は利用者さんの腰が上がらないことが1人で立ち上がれない理由ではないかと感じていました。その情報を元にサービス担当者会議を開き、立ち上がりいすを利用して練習することになりました。

　すると今度は、身体が前に出すぎて転倒の危険が出てきました。そこで、立ち上がりいすの前に歩行器を置いて練習を続けると1人で立ち上がりもできるようになり、日中は、そこで起きて過ごせるようになったのです。訪問看護のリハビリテーションと並行して、介護職は、ベッドからポータブルトイレに移る生活リハビリテーションを続けました。移動支援バーをつけていただき、それをつかんで、身体の重心を前に置く前傾姿勢で腰を上げ、もう片方の手でベッド用手すりにつかまって立ち上がり、ポータブルトイレの手すりにつかまり直して、1人で排泄ができるようになりました。

　ここでも、一番身近な介護職が、本人の希望を聴きながら、それがかなわない要因は何なのかを観察し、情報をチームで適切に共有することで、利用者さんの自立支援をしています。この時、適切なアセスメントができていないと、適切な福祉用具も使用できず、移乗するための環境を整えることも難しくなるのです。

＜事例のその後＞

　Dさんは移乗介助の際になぜ転倒したのか、転倒場面の再現をしたり、介護職の聞き取りをして要因がわかりました。Dさんは、通常であればADLに支障がなく、1人で手すりにつかまって歩行ができます。しかし、認知症の症状がみられ、昼夜逆転気味で、この時も前日に安定剤を服用して眠られました。

朝、まだ、ボーっとしている様子が申し送られたので、介護職は、転倒を予測して車いす対応をしています。これは、Dさんの身体的アセスメントから安全面の配慮(はいりょ)として間違っていませんでした。
　その後、デイルームのテーブルについていただくために、車いすからいつものいすに移っていただこうとしましたが、Dさんは、尻もちをつくような形で転倒してしまいました。この時、介護職は、Dさんにテーブルに手をついて立ち上がって、立位保持をしていただき、その間に車いすを引いていすに移るように介助しています。この場面を再現した時に、Dさん役の人が、やはり尻もちをつきました。それは、立ち上がった時のDさんの足の位置に問題があったのです。

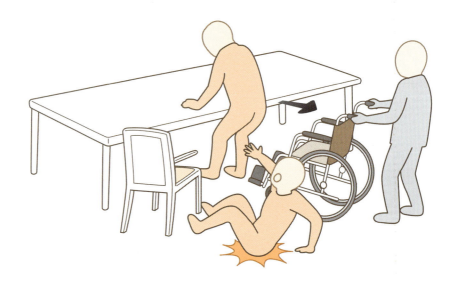

　介護職は、何気なくテーブルに近づいた場所で車いすを止めていますが、この時のDさんの足は、テーブルの中側に入っていました。通常なら、膝が直角の状態かさらにいす側に足を引いた状態で、テーブルにつかまりながら、頭や体幹を前傾し、それから上の方向に上半身を伸展させて立ち上がりますが、膝の屈曲が不十分な状態で、足が前に出されたような形のまま立ち上がろうとしたため重心がお尻のほうにかかり、身体を支えられずに尻もちをついてしまったのです。また、Dさんは、認知症と安定剤の内服でボーっとしていたため、通常のDさんなら、自分が立ち上がりやすい位置に足を引いてから立ち上がるのに、自分の足の位置を直すこともせず、言われるがままに立ち上がってしまったのでした。この時、介護職が、立ち上がりの動作のしくみを知っていて、Dさんの身体的状況が的確にアセスメントできていたら、さらには、テー

ブルと足の位置の関係を理解できていれば、転倒事故は起こりませんでした（図4－7）。

図4－7 ■ 足の位置による動作の基本

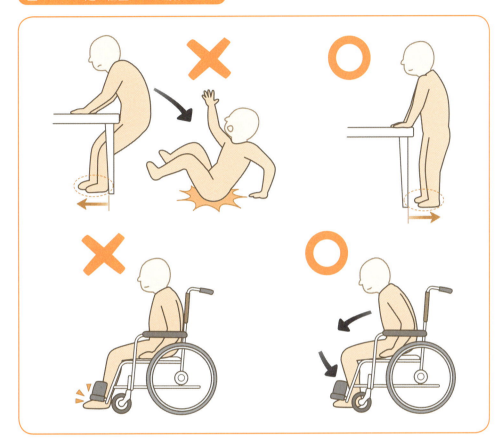

　介護職は、常に命と向き合う仕事をしています。知識はもちろんですが、介護技術の向上も常に求められます。そして、この介護技術もやはり知識と的確なアセスメントに基づいて行われないと、根拠のあるケアにはなりません。
　介護現場のフィジカルアセスメントでは、緊急性を見抜くことが重要ですが、そのためにはやはり相応の知識が必要です。その知識があるかどうかが的確な観察ができるかどうかにつながり、さらに、観察内容を適切に判断し、よい対応ができるかどうかにつながります。
　本章で紹介している視点は、看護職の真似事としてのフィジカルアセスメントではなく、介護職が介護現場で活かせるアセスメント力の向上を目的としたものです。本章は、明日から介護現場で活かせる視点とアセスメントポイントについて解説していますので、有効に活用してください。

〈注〉

1) **認知症緩和ケア理念**：スウェーデン王立財団法人シルヴィアホームで始まった、WHO（世界保健機関）で定義された「緩和ケア」を基にした理念。「症状コントロール」「チームワーク」「家族支援」「コミュニケーションと関係」の4本の柱で実施される。

第2部

応用編

第5章 介護現場のフィジカルアセスメントの応用 〜事例で考える演習〜

> **Summary**
>
> 　本章では、事例を用いてフィジカルアセスメントの考え方の演習を行います。事例から、自分の思考を**見える化**していき、最終的な判断へとつなげていきます。ある事象の情報整理ができ、その問題を解決するために不足している情報が何かを拾い出すことができるようになれば、利用者さんの目標を達成することができます。
>
> 　情報の見える化と情報収集の視点が身につけば、介護現場で起きる多くの問題を解決できるということになります。本章で解説する演習方法は介護現場で働く多職種すべてに応用可能ですので、ぜひ活用してください。

第1節　演習の方法

　ここでは、まず演習の進め方について解説します。演習の流れは、まず❶事例を読んで事例から読み取れる情報の整理を行い、さらに、❷事例ではみえていないけれど、利用者さんの状態を知るために追加して確認したい情報をまとめます。そして、❸それらの情報から利用者さんの状態をアセスメントし、❹利用者さんの目的と今の目標を明確にしたうえで、❺介護職としての対応を判断します。

　この流れで自分の考えていることを『見える化』する訓練をしましょう。ある程度、こうした『見える化』ができてくると、現場でのフィジカルアセスメントが有効に行えるようになります。

　それでは、以下の事例からスタートです。

事例 1 「入浴したい」

　　Aさんは30年来のパーキンソン病で、内服治療をしている80歳の男性です。Aさんは入浴が大好きで、週2回の通所介護（デイサービス）での入浴を楽しみにしています。デイサービスの職員は、Aさんの様子が少しおかしいと先週の利用時から感じており、なんとなく気にかかっていました。実際、Aさんは37℃前後の微熱が続いており、咳(せき)も出ています。食欲も低下していて昼食の摂取量も減っているようです。また、少し動くと呼吸がゼイゼイするようで、休みながら歩いており、少し前から両下肢(りょうかし)にむくみも出ています。今回の利用でもAさんは入浴を希望されていますが、介護職としてはどのように対応しますか？

1 │ 事例から読み取れる情報を整理する

　まずはじめに事例を読んで、この文面からわかる情報を整理してください。箇条書(かじょうが)きで結構です。

-
-
-
-
-
-
-

　これは皆さん簡単にできますね。例として以下のようにまとめます。

（例）

- Aさん、80歳、男性。
- パーキンソン病（内服治療中）。
- 入浴好き。
- デイサービスの利用（週2回）。
- 37℃前後の微熱、咳、食欲低下あり。

第5章　介護現場のフィジカルアセスメントの応用〜事例で考える演習〜

第1節　演習の方法

- 少し動くとゼイゼイする。
- 両下肢にむくみがある。

さて、それでは、不足している情報、欲しい情報について考えてみましょう。

2 | 追加して確認したい情報を考える

目の前にAさんがいるものと想像して、追加情報を集めてみてください。

この場面で知りたいことは何ですか？ あるいは、見えていない部分は何ですか？ これらについて、思いつくかぎり、書き出してください。

-
-
-
-
-
-

例えば、以下のようなことが知りたいのではないでしょうか？

(例)

- 他の疾患や内服している薬はあるか？
- ふだんのバイタルサインはどうか？
- 食欲が低下しているが、体重はどうか？
- むくみはいつからあるのか？
- 水分は摂れているか？
- 尿や便の変化はないか？
- 皮膚の状態はどうか？
- 息苦しさや、胸痛、喉の痛み、頭痛、鼻水などはないか？
- 咳や痰はどのような状態か？
- 咳や痰は、以前から出ていたのか？
- 夜はよく眠れているか？

- 食欲がないのは、吐き気や痛みがあるからなのか？
- 入浴の何が楽しみで、好きなのか？
- 今の季節は？　暑い時に汗はかいているか？

＜追加した情報＞

（例）

- 高血圧症で内服薬を服用中。
- 体温＝36℃前後、脈拍＝75回／分前後、呼吸＝16回／分前後、血圧＝140／80mmHg前後。
- 体重は1か月の間に1kg増えている。
- 2週間前からむくみはある。
- 水分は、以前からあまり摂らないほうで200㎖／日くらいしか飲んでいない。
- 排泄は自立しているので確認はできていないが、トイレへ移動する回数は少ない。
- 皮膚はカサカサしていて弾力がなく、舌も乾燥している。
- 随伴症状は、動くと息苦しいのですぐに休む。胸痛や、喉の痛み、頭痛はない。鼻水もない。ゼイゼイしていて、喘息のような咳が続く。特に夜間など臥床すると咳が止まらない。痰は水っぽくて泡が混じっている。
- 咳は、1か月前までは気にならなかったが、徐々に咳が出るようになってきて、ここ1週間は特に気になる。
- 咳き込むようになって以降、よく眠れていない。
- 特に吐き気や痛みはないが、何となく食べたくない。
- 昔から入浴が大好きで、よく温泉にも行っていた。パーキンソン病になってからは、家で1人で入浴するのは危険だからとご家族から止められている。デイサービスでの入浴しか機会がないので入りたい。思うように動けなくなったから、デイサービスに来ないと友人とも話せない。特に、○○さんと、風呂で裸の付き合いで話すことが楽しみ。入浴の後の心も体もすっきりした感じが好き。
- 今は、7月で暑い日が続いている。汗もかいている。

知りたい情報を上記の追加情報からピックアップしていきます。すると、以

下のようになります。

（例）

- 他の疾患や内服している薬はあるか？
  →高血圧症で内服薬がある。
- ふだんのバイタルサインはどうか？
  →体温＝36℃前後、脈拍＝75回／分前後、呼吸＝16回／分前後、血圧＝140／80mmHg前後。
- 食欲が低下しているが、体重はどうか？
  →体重は1か月の間に1kg増えている。
- むくみはいつからあるのか？
  →2週間前から。
- 水分は摂れているか？
  →以前からあまり摂らないほうで200mL／日くらいしか飲んでいない。
- 尿や便の変化はないか？
  →排泄は自立しているので確認はできていないが、トイレへ移動する回数は少ないように感じる。
- 皮膚の状態はどうか？
  →カサカサしていて弾力がなく、舌も乾燥している。
- 息苦しさや、胸痛、喉の痛み、頭痛、鼻水などはないか？
  →動くと息苦しいのですぐに休む。胸痛や、喉の痛み、頭痛はなく、鼻水もない。
- 咳や痰はどのような状態か？
  →ゼイゼイしていて、喘息のような咳が続く。特に夜間など臥床すると止まらない。痰は水っぽくて泡が混じっている。
- 咳や痰は、以前から出ていたのか？
  →1か月前までは気にならなかったが、徐々に咳が出るようになってきて、ここ1週間は特に気になる。
- 夜はよく眠れているか？
  →咳き込むようになって以降、よく眠れていない。
- 食欲がないのは、吐き気や痛みがあるからなのか？
  →特に吐き気や痛みはないが、何となく食べたくない。
- 入浴の何が楽しみで、好きなのか？
  →昔から入浴が大好きで、よく温泉にも行っていた。パーキンソン病に

> なってからは、家で1人で入浴するのは危険だからとご家族から止められている。デイサービスでの入浴しか機会がないので入りたい。思うように動けなくなったから、デイサービスに来ないと友人とも話せない。特に、○○さんと、風呂で裸の付き合いで話す事が楽しみ。入浴の後の心も体もすっきりした感じが好き。
> - 今の季節は？　暑い時に汗はかいているか？
>   →今は、7月で暑い日が続いている。汗もかいている。

3 | 追加した情報も含めてAさんの状態をアセスメントする

　最初に整理した情報と、追加で集めた情報を組み合わせて、利用者さんの状態を考えてみましょう。どこに注目するかが重要です。おそらく、皆さん気になるのが、微熱、咳、ゼイゼイいう、両下肢のむくみ、といったキーワードになると思います。それぞれ、個別に考えてみましょう。

(例)

> - 微熱と咳があり動くとゼイゼイして息苦しい喘息のような咳が続いている。
>   →この症状から、風邪、気管支喘息、何か呼吸器に異常がある、などと考えるかもしれない。
> - 両下肢のむくみがある。動くと息苦しい。食事量が減っているのに体重が増えている。
>   →この症状から心臓に何か異常があるなどと考えるかもしれない。
> - 微熱があり水分摂取が少なく、季節は夏で皮膚が乾燥している。
>   →この症状から脱水や熱中症などを起こしている可能性があると考えるかもしれない。

4 | Aさんの目的と今の目標

　では、Aさんの目的は何だったのでしょうか。また、この時の目標は何でしょうか。

文面からでは、目的はわかりにくいかもしれませんが、通常は、皆さん、「自分らしく普通に日常生活が送れること」が目的です。当たり前のことですが、ここが一番重要なことです。個人個人の自分らしさは皆違いますし、望まれる日常生活も皆さん違って当然だからです。つまり、目的として文面は同じでも、状況によってその時々の目標は変わるのです。Aさんの目的も、自分の望む生活が楽しく安全に送れることなのではないかと思います。

　この点は、本来、介護支援専門員（ケアマネジャー）が本人の意向として確認していて、居宅サービス計画（ケアプラン）に記載されていたり、私たちが確認している目的のはずです。

　そして、今のAさんの目標は**「異常の早期発見と対応で、清潔保持のリスクを減らし、デイサービスを楽しめること」**だと思います。実は、入浴は、清潔保持のための手段です。ですから、入浴ができることは手段であり目標ではありません。

　なぜ、入浴をするのか？　入浴をしたいのか？　利用者さんによって、状況によって、入浴の意味も皆違うという点に気付くことが大事です。Aさんも、入浴をすることが目的ではなく、入浴の機会をもつことで心も体もすっきりして気持ちがよくなることや、友人と裸の付き合いで楽しい時を過ごすことが入浴の目的でした。ですから、もし、身体的な理由で入浴ができなくても目標は達成できるはずなのです。

5 ｜ 介護職としての対応

　あなたなら、Aさんの入浴したいというニーズにどのように対応しますか？入浴ができるとすれば、そう考えた判断の根拠も含めて、また、入浴ができないと判断するのであれば、その場合のAさんへの説明内容も含めて書いてくだ

さい。

<解説>

　咳や痰が出ているということですが、肺炎や風邪の場合は、熱や咳が出るとともに他に随伴症状があることが多いです。例えば、鼻水や鼻づまり、喉の痛みや頭痛、頭重感、痰、食欲不振などさまざまな症状があります。肺炎は、通常だと38℃以上の高熱が続き息切れや全身のだるさ、悪感戦慄等がみられますが、高齢者は、そのような症状が出にくいという特徴があります。加えて、呼吸器で感染症を起こしているかどうかの観察ポイントには、咳や痰の性状があります。風邪や肺炎などの呼吸器感染の場合は、臥床した時に特に喘息様の咳が続くようなことは少なく、痰も水っぽくて泡の混じった痰ではなく、感染して炎症を起こしていますから、黄色から緑色で固く汚ない痰です。ここが、同じ「咳や痰」でも風邪や呼吸器感染の時とは異なる点でした。

　では、むくみが出る原因としては、下肢の循環不全、腎不全、心不全、栄養失調などがありますが、この事例の場合は、動いていますし、立ち仕事や車いすに長時間座っている等のような環境もありませんから、下肢の循環不全ではなさそうです。腎臓も特に既往もなく、むくみの場所も顔や瞼ではないので腎不全ではなさそうです。低たんぱくも考えられますが、むくみの場所が全身ではなく下肢に限局されている点や、ここ数日の食事量減で急激に低たんぱくになることも考えづらいです。一番可能性が高いのは心臓といえそうです。第2章でみた「心不全」のように、心臓のポンプ機能の低下があると、左心系に血液が戻りにくくなり肺うっ血になります（⇒92頁参照）。左心不全になると、左心系が血液で充満された状態なので、血液が肺から心臓へ戻りたくても戻れず、今度は肺が血液で満杯状態になります。すると、右心系から肺へ血液を送

りたくても、行き先の肺が満杯のため血液を送りだせなくなります。これが右心不全で、右心系が血液で満杯となると、全身の静脈から血液が戻れないという両心不全の状態になります（⇒91〜94頁参照）。この時に全身の静脈にうっ血が起きています。このため、心臓のポンプ機能が低下したことで、下肢の静脈が循環不全になりますから、下肢にむくみが見られるようになるのです。

　また、本来、肺胞には空気しか入っていないはずなのに、肺うっ血になると水がしみ出して肺胞が水っぽくなりますから、それを出そうとして咳が続きます。特に、臥床時はその姿勢から肺が圧迫されますから、なおのこと、咳をして水分を出そうとし、喘息のように苦しそうな咳をするのです。これが心不全の時の特徴です。この時、本来は空気の入った肺胞の中から、咳をして水を出そうとするので、泡の混じったような痰になります。また、感染を起こしているわけではないので、緑色などの汚ない痰ではなく泡沫状（ほうまつじょう）の痰になるのです。時には、ややピンクがかった痰が出る場合もあります。Aさんは、水分摂取量が少なく、食事量も減っているのに体重が増えています。この点も、水分が身体に蓄積されている可能性を示す重要なポイントです。

　微熱や、食欲低下、皮膚乾燥、舌の乾燥などの症状は、脱水を起こしているためかもしれません。熱中症だと、汗をかいていなかったり、吐き気や嘔吐（おうと）があったり、意識レベルに変化があったりしますが、今回はまだ、そのような症状にはなっていません。実は、脱水を予測して、むやみに水分をたくさん摂っていただこうとすることも危険があります。それは、心不全を起こしている可能性がある以上、水分制限となる場合もありえるからです。ですから、心臓の機能が低下している可能性を予測して病院受診を勧めることが必要です。

　結論として、ここでの介護職の対応としては、Aさんに心臓の機能が低下している可能性があるため、心臓に負担をかける入浴は危険なこと、したがって今日の入浴は中止することを納得していただき、そのうえで清拭（せいしき）や足浴（そくよく）で対応し、病院受診を勧めることが妥当（だとう）だと考えられます。

　ここで、納得していただく際に、どのように説明するかが重要になります。医療職がいればもちろん、医療職から説明してもらいますが、いなければ、納得していただくように介護職が説明することになります。その時に、今、身体で起きているであろうことを症状から説明して、説得ではなく納得していただくこと、さらに余計な不安を与えないように説明することが大切です。

　例えば、「Aさん、この頃（ごろ）、少し動いても息苦しさを感じられているようですが、そのことに対して、どのように考えていらっしゃいますか？」とまず

は、「Aさんがそのことを自覚されているのか」「それに対して、どのように思っているのか」を聞くことから始めます。Aさんの話を聞いたら「そうですか、そのように感じていらっしゃるのですね」と繰り返してAさんの感情を確認します。そのうえで「実は、今日の身体の様子をみさせていただき、少し気になることがあります。動いた時のゼイゼイした感じや、息苦しさ、そして足のむくみですが、心臓の機能が低下した時に起こる症状かもしれません。入浴は、気持ちいいですし、皆さんと裸の付き合いで楽しく話せるし、デイサービスの中でも、とても楽しみな時間ですよね。ですが、もし、心臓の機能が低下しているための症状だとしたら、入浴自体が心臓にさらに負担をかけることになって危険なのです。私たちとしては、今日は、シャワー浴か清拭と足浴にしていただけますと、心臓に負担もかからずに安心だと思うのですが、いかがでしょうか」と「こうですから、こうしましょう！ こうしてください！」ではなく、あくまでも事実を伝えながら、Aさんに意向をうかがう形のコミュニケーションが有効です。

　そして、さらに「もし、心臓の機能が低下していたら薬などで調整していただけますから、主治医の先生にご相談いただけると安心なのですが、いかがですか」と受診を勧める提案もして、ご家族へも連絡帳で状況と対応、受診の必要性を伝えます。また、ケアマネジャーにも状況と対応を伝えることが必要です。このような対応が可能となるためには、日頃からの信頼関係が重要となります。

　まずは、生命維持にかかわる問題を解決すること、そして、今のAさんの目標を達成することです。Aさんの目標は、清潔になり、心身ともに気持ちよくなることと、友人と楽しい語らいができることですから、シャワー浴や清拭、足浴で清潔保持をして気持ちよくなっていただき、さらに友人と、会話が楽しめるような環境を意識してつくればいいわけです。

　このAさんの事例はデイサービスですが、在宅では介護職が1人で判断し対応することが多く、「何が起きているのか？」「いつもと同じケアを続けていてよいのか？」など悩むことが多いですね。

　第2節から第4節では、事例を用いて実際に演習を行っていただきます。解説を読まずに、「利用者さんの目的と今の目標」まで導いてみてください。

第2節 演習1『足が太くなっている、浮腫？』

> **演習 1** 『足が太くなっている、浮腫？』
> このまま、同じケアを続けていてよいのか？

Bさんは、脳出血の後遺症で左半身に不全麻痺のある86歳の女性です。なお、要介護度は5です。

日中は独居のため、昼食時に清潔ケアと食事介助で訪問介護（ホームヘルプサービス）を利用することになりました。入院中から認知症の症状もみられるようになり、もの忘れもあり、発語も少なく無気力になってきています。自分からは何もしようとせず、ただ寝ている状態で通所介護（デイサービス）も拒否しています。介護職は、訪問時、おむつ交換をして陰部洗浄をし、ご家族の用意した昼食を介助して食べていただき、口腔ケアをして終了、というケア内容です。退院してから1か月が経ち、介護職はBさんの両下肢全体が徐々に太くなっていることが気になっています。

このまま同じケアを続けていてもよいでしょうか。

1 事例から読み取れる情報を整理する

-
-
-
-
-
-

2 | 追加して確認したい情報を考える

-
-
-
-
-
-
-

　追加して確認したい情報を書き込んだら「演習1の解説」の中にある「●追加情報」（⇒205～206頁参照）を確認してください。そのうえで、次のステップへ進みましょう。

3 | 追加した情報も含めてBさんの状態をアセスメントする

-
-
-
-
-
-
-

4 | Bさんの目的と今の目標

　これらからBさんの目的と今の目標が何かを考えます。

演習1の解説

1 | 事例から読み取れる情報を整理する

（例）

- Bさん、86歳、女性、要介護5、1か月前に退院してきた。
- 脳出血の後遺症で左半身に不全麻痺がある。
- 日中は独居のため、毎日、清潔ケアと食事介助でホームヘルプサービスを利用している。
- 入院中から認知症の症状がみられ、もの忘れもあり、無気力で発語も少ない。
- デイサービスも拒否しているため、日中はベッド上で臥床しているだけ。
- この1か月の間に両下肢全体が太くなってきている。

2 | 追加して確認したい情報を考える

（例）

- 基本情報：既往歴、内服薬、Bさんとご家族の意向は？
- 生活状況の変化：職業、性格、ご家族との関係性は？
- バイタルサインの変化は？
- 食事摂取状況は？
- 排泄の状況は？

- 睡眠の状況は？
- 体格や体重変化はないか？
- 他のサービス利用は？
- 自力で動く範囲は？
- 両下肢の皮膚の状態や痛みの有無などは？
- 全身状態の変化と随伴症状の有無は？
- 認知症の症状の変化の有無は？

● 追加情報

　家庭環境は、教師をしている長男夫婦と同居です。長男夫婦には子どもがいないため三人暮らしです。既往は、高血圧症と糖尿病で内服薬治療をしています。毎朝、アマリール^{注1} 3mg、ブロプレス^{注2} 4mgを内服しています。Bさんは、病気後、急に何も話さなくなったため、Bさんの意向はわかりませんが、長男夫婦は、なるべく以前のように社交的な生活が送れるようになってほしいと思っており、デイサービスに行っていろいろな方と話す機会をもってほしいと考えています。

　本当は往診してほしいのですが、なかなか往診してくれる医師が見つからず、ご家族が総合病院へ通院介助をしています。両下肢の重みで車いす移乗もご家族ではうまくできなくなり、病院受診が遠のいている状況です。

　夫は公務員でBさんは主婦として家庭を守ってきました。もともとは社交的で日本舞踊を趣味でやっており、友人も多く、夫が亡くなってからも、友人と出かけるなど自分らしく自由に生活していました。今は、1日中、テレビを見て無表情で過ごしています。ADL（Activities of Daily Living；日常生活動作）、IADL（Instrumental Activities of Daily Living；手段的日常生活動作）ともに全介助です。

　バイタルサインは、体温が36℃台、脈拍が74回／分、呼吸が16回／分、血圧が140／80mmHg台で、いつもと変わりありません。食事は、ご家族と同じ物を介助で召し上がっていますが、量や好みに変化はありません。むせもありませんが、ご家族がベッドサイドにお茶を用意しても、ほとんど手をつけません。

　排泄はおむつを使用しており、このところ、尿量が少なくなっていますが、尿の色などにあまり変化はありません。便秘症で、3日に1回は下剤（センノシド^{注3}）を内服して排便しています。夜は、よく眠っている様子とご家族からの情報があります。

　体格はもともとよかったのですが、入院時の測定で150cm・55kgでした。

退院後は測定していませんが、見た目でも太っているように見えます。他のサービスは、訪問入浴介護を週に1回利用しています。
　左上肢の動きはやや鈍いですが、特に困る様子もなく上肢は自力で動かせます。両下肢は、退院時から動かそうとしていませんでしたが、今は、臥床してばかりで動かさずに過ごしていたせいか、まったく自分の意思では動かせなくなり、丸太のように太く、重たい状態です。
　ここ1か月の間に、急に両下肢が大腿から足先まで太くなりました。そのため、両膝も曲がりにくくなり、車いす移動時等は、動かすと痛がります。皮膚は、白くテカテカと光っており、触ると硬くてパンパンに張っている感じです。
　指で押すと少しだけ跡が残りますが、顕著ではありません。傷があったり、赤く熱をもっていることもありません。おむつ交換で体位変換時等に足を動かすと痛がりますが、臥床時は、動かさないので痛みの訴えはありません。静脈瘤も見られません。息苦しさの訴えや胸痛、咳、痰などの症状はありません。頸静脈の怒張も見られません。足背動脈は両方とも触知でき、チアノーゼや冷感もありません。入院中から無気力で、もの忘れも目立ちましたが、退院してから急激に悪化した様子もありません。BPSD（Behavioral and Psychological Symptoms of Dementia；行動・心理症状）もみられません。

　追加して確認したい情報を上記の「●追加情報」からピックアップしていきます。すると、以下のようになります。

（例）

- 基本情報：既往歴、内服薬、Bさんとご家族の意向は？
  →教師をしている長男夫婦と同居、長男夫婦には子どもはいないため三人暮らし。既往は、高血圧症と糖尿病で内服薬治療をしている。毎朝、アマリール3mg、ブロプレス4mgを内服している。Bさんは、病気後、急に何も話さなくなったため、Bさんの意向はわからないが、長男夫婦は、なるべく以前のように社交的な生活が送れるようになってほしいと思い、デイサービスに行っていろいろな方と話す機会をもってほしいと考えている。往診の先生が見つからず、ご家族が総合病院へ通院介助をしている。両下肢の重みで車いす移乗もご家族ではうまくできなくなり、自然に病院受診が遠のいている状況。

- 生活状況の変化：職業、性格、ご家族との関係性は？
  - →主婦で公務員の妻であった。社交的で日本舞踊を趣味でやっていた。夫が亡くなってからも、友人と出かけるなど自分らしく自由に生活していた。今は、1日中、テレビを見て無表情で過ごしている。ADL、IADLともに全介助。
- バイタルサインの変化は？
  - →体温＝36℃台、脈拍＝74回／分、呼吸＝16回／分、血圧＝140／80mmHg台で、いつもと変わりない。
- 食事摂取状況は？
  - →ご家族と同じ物を介助で召し上がっているが、量や好みに変化はない。むせもないが、ご家族がベッドサイドにお茶を用意してもほとんど手をつけない。
- 排泄の状況は？
  - →おむつを使用しており、このところ、尿量が少なくなっている。尿の色などにあまり変化はない。便秘症で、3日に1回は下剤（センノシド）を内服して排便している。
- 睡眠の状況は？
  - →よく眠っている様子とご家族からの情報がある。
- 体格や体重変化はないか？
  - →体格はもともとよかったが、入院時の測定で150cm・55kg。退院後は測定していないが、見た目でも太っているように見える。
- 他のサービス利用は？
  - →訪問入浴介護を週に1回利用している。
- 自力で動く範囲は？
  - →左上肢の動きはやや鈍いが、特に困る様子もなく上肢は自力で動かせる。両下肢は、退院時から動かそうとしていなかったが、今は、臥床しているだけで動かさずに過ごしていたせいか、まったく自分の意思では動かせず、丸太のように太くなり重たい状態。
- 両下肢の皮膚の状態や痛みの有無などは？
  - →ここ1か月の間に、急に両下肢が大腿から足先まで太く変化している。そのため、両膝も曲がりにくくなり、車いす移動時等は、動かすと痛がる。皮膚は、白くテカテカと光っており、触ると硬くてパンパンな感じ。指で押すと少しだけ跡が残るが、顕著ではない。傷があったり、赤く熱をもっていることもない。おむつ交換で体位変換時等に足を動かすと痛

> がるが、臥床時は、動かさないので痛みの訴えはない。静脈瘤も見られない。
> - 全身状態の変化と随伴症状の有無は？
>   →息苦しさの訴えや胸痛、咳、痰などの症状はない。頸静脈の怒張も見られない。足背動脈は両方とも触知でき、チアノーゼや冷感もない。
> - 認知症の症状の変化の有無は？
>   →入院中から無気力で、もの忘れも目立ったが、退院してから急激に悪化した様子もない。BPSDもみられない。

3 | 追加した情報も含めてBさんの状態をアセスメントする

　足が太くなるという情報から、まずは、太ったことが考えられますが、上半身に変化はなく、下肢のみが太くなっていることから、**太ったためではない**と判断しました。他に太くなる症状は、浮腫か炎症による腫脹ですが、この場合、赤みや熱や皮膚に傷があるわけではないので炎症による**腫脹でもなさそう**です。もし、何かしらの循環不全があるとしたら、動脈の場合は、色が悪くなり冷たくなりますが、その症状はありません。

　また、両足の足背動脈は触知しているので、**動脈の循環不全もなさそう**だと判断しました。静脈の循環不全では、下肢を指で押したときにわずかな圧痕はありましたが、顕著ではなく、静脈瘤もありませんので、心不全などで見られる浮腫とも少し違うように考えられます。さらにバイタルサインに変化はなく、咳や胸痛や水っぽい痰もなく、頸静脈の怒張もないということからも、**心不全の浮腫ではなさそう**です。栄養も摂れていますから**低たんぱくによる浮腫でもなさそう**です。

　退院後、無気力で動かせるはずの足も動かさずに、ただベッドに仰臥位で寝ているだけの日々から、動かさないために両下肢の循環が悪くなり浮腫になるのではないかと考えました。もし、動かないことによる浮腫だとしたら、ベースに糖尿病もあって血管障害を起こしやすいですから、なおのことエコノミー症候群のように深部静脈に血栓ができてしまう危険があります。もし、血栓があれば、動かすことで血栓が肺などに飛び、梗塞を起こすリスクがあります。そこで、介護支援専門員（ケアマネジャー）にこの情報を提供し、ご家族に受診をお願いしました。

4 | Bさんの目的と今の目標

　Bさんは、認知症の症状もありますが、特に無気力で自分から何かをしようという気持ちがみられません。目的は居宅サービス計画（ケアプラン）に記載されていると思いますが、本来、社交的な方だったという情報から、目的は「自分らしい生活を取り戻し、生き生きと過ごせる」ことではないでしょうか。もちろん、認知症だから何も答えられないと考えてBさんに望みを聞かないことがあってはいけません。必ずBさんに聞いてください。聞いてわからなければ、ご家族から情報をいただき、Bさんの日頃（ひごろ）の様子からみんなで考えましょう。今の目標は **「苦痛なく、下肢が自力で動かせるようになる」** ことですね。その目標が達成できれば、新たに自分がどうしたいのかという次の目標がみえてくるかもしれません。

5 | 実際の対応

＜結果＞

　演習1の事例のその後です。
　介護職として、上記のような観察をして、サービス提供責任者を通してケアマネジャーに情報を提供しました。そして、さらに全身状態の観察をしながら、足に傷ができないように注意して、おむつ交換や清潔ケアをしました。
　ケアマネジャーは、介護職からの上記の情報を主治医に報告したところ、**無動による続発性リンパ浮腫の可能性**があるということで、訪問看護と訪問リハビリテーションが入るようになりました。訪問看護師は、深部静脈血栓症がないかをアセスメントしながら、その情報を随時、共有してくれます。
　そして、介護職としても、全身状態を観察しながら、看護師およびリハビリテーション担当者と連携して、危険がないように下肢の皮膚を優しくなでたり、タクティール® ケアをしました。そして徐々にベッド上での軽い運動を始めることになりました。すると少しずつですが、太くなっていた両下肢も細くなっていきました。リハビリテーション時も最初は痛みがありましたが、徐々に動かしても痛みはなくなり、自力で動かせるようになると、Bさんの表情も明るくなり、発語も多くなっていきました。

<振り返り>

この事例を振り返ってみましょう。

足が腫れていますが、腫れとは何でしょう？　むくみのことでしょうか？

ここでは、足が太くなってきていることを腫れているとしていますが、大きく分けて二通りあります。充血とうっ血に伴う腫れです。この二つには、実は大きな違いがあります（⇒79頁参照）。

Bさんの状態は、炎症が起きているわけではなさそうですが、気をつけなければいけないことは、<u>蜂窩織炎</u>（ほうかしきえん）等を起こしやすいということです。蜂窩織炎とは、皮膚の深いところから、皮下脂肪組織にかけての細菌感染による化膿性（かのうせい）の炎症です。ですから、皮膚の観察とケアは重要です。

では、Bさんの足の腫れは、何が原因だと考えられるでしょうか？　原因はわからなくとも、緊急性があるかどうかの判断やこれから起こりうるリスクを予測できるかが重要なポイントになります。今回は、全身状態の変化がないことや、皮膚の状態から、今すぐの緊急性はなさそうだと判断しました。この判断が<u>一番重要</u>なところです。ですが、動かないことにより、リンパ液の回収がうまくいかずにむくんでいる可能性があるとアセスメントし、それにより静脈の循環不全があるとすれば、血栓ができていることも予測できました。それは放置すれば命にもかかわる危険性があるとアセスメントして、医療職へ情報をつなぐという対応をしました。もし、何か炎症を起こしている状態が見られたり、血栓のリスクがあれば、すぐに医療機関を受診していただく必要があります。この事例では、介護職が医療機関につなぎ、そして医師による医学的な判断のもと、理学療法士（PT）や看護師の職域によるアセスメント情報を共有しながら、介護職として下肢を挙上したり、なでたりしながら、少しずつ足を動かすという生活リハビリテーションにつながっていくのです。これが根拠のあるケアです。さらに介護職として気をつけることは、Bさんは、糖尿病があるわけですから、傷などがないか観察し、爪切り（つめきり）や皮膚の清潔保持と保護などのフットケアを適切に行うということです。

〈注〉
1）アマリール：インスリンの分泌を促して血糖を下げる血糖降下剤。
2）ブロプレス：末梢血管の抵抗を低下させて血圧を下げる薬。
3）センノシド：大腸を刺激し腸の運動を活発にして排便を促す便秘症の治療薬。

第3節　演習2『こぶなら大丈夫？』

演習2　『こぶなら大丈夫？』
このまま、デイサービスへ行ってもよいのか？

　Cさんは、要支援の78歳の男性です。若い頃から農業をされて生計を立ててきました。今も、家の前の畑で趣味程度ですが桃をつくっています。奥さまは大腸がんで3年前に亡くなっています。子どもは2人いますが、遠方で、それぞれに家庭をもっています。

　半年くらい前からパーキンソン病を指摘されて内服薬治療をされています。

　子どもたちは、一緒に住まないかと勧めていますが、1人でも、この家で今までのように畑に出て暮らしたいと断り、独居を選ばれました。今のところは、ADL（Activities of Daily Living；日常生活動作）、IADL（Instrumental Activities of Daily Living；手段的日常生活動作）ともに、ほぼ自立されています。入浴だけは不安があるとのことで、通所介護（デイサービス）を週に2回、利用されています。

　この日、お迎えにうかがったところ、Cさんはコタツに座っていました。「デイサービスのお迎えにうかがいました」と言うと、「今日はデイサービスだっけ？」と聞かれます。几帳面な方でふだんなら玄関先で準備を万端に整えて待っているのに、様子がいつもと違います。

「どこか体調が悪いですか？」

「さっき玄関で尻もちをついて転んだんだ」

　介護職は、あわててCさんの身体を観察しました。特に外傷もありません。何となく元気がない様子が気になり、頭を見させていただくと右側頭部に直径5cmくらいの大きなこぶができています。

「大きなこぶができていますね。頭をどこかに打ちましたか？」

「こぶなら大丈夫だ」

「こぶなら大丈夫というと、どういうことでしょうか？」

「こぶは、大丈夫なんだ」

と繰り返し話されますが、何となく話しづらそうにもみえます。

　このままデイサービスに行ってもよいでしょうか。

1 | 事例から読み取れる情報を整理する

-
-
-
-
-
-
-

2 | 追加して確認したい情報を考える

-
-
-
-
-
-
-
-

追加して確認したい情報を書き込んだら、「演習2の解説」の中にある「● 追加情報」（⇒214〜215頁参照）を確認してください。そのうえで、次のステップへ進みましょう。

3 | 追加した情報も含めてCさんの状態をアセスメントする

-
-
-

-
-
-
-

4 | Cさんの目的と今の目標

これらからCさんの目的と今の目標が何かを考えます。

演習2の解説

1 | 事例から読み取れる情報を整理する

（例）

- Cさん、78歳、男性、要支援、独居。
- 3年前に、妻が大腸がんで他界、2人の子どもたちは遠方で家庭をもっている。
- 半年前からパーキンソン病を指摘され、内服薬治療中。
- ADL、IADLともにほぼ自立。
- 入浴は不安があるためデイサービスを週2回、利用している。
- 子どもたちは同居を勧めるが、Cさんは、1人でこの家で今までのように畑をしながら生活したいと断っている。
- 農業をずっとしてきた。今も、家の前の畑で趣味程度の桃づくりをしてい

- 几帳面な性格で、デイサービスの日は、玄関で荷物を持って待っているのにこの日は、コタツに座っていて、デイサービスの日も忘れている。
- 会話から推測すると、玄関で転んで頭を打ったらしい。
- 右側頭部に直径5cmくらいの大きなこぶができている。
- Cさんは、「こぶなら大丈夫」と、何を根拠に言っているかわからないが、話しづらそうに答える。

2 追加して確認したい情報を考える

（例）

- 既往歴は何かあるのか？　内服薬は？
- 体調不良の時の対応は？（本人は？　ご家族は？）
- 今までも転倒はしていたのか？
- 以前に転倒した時の症状は？　その時はどうしたか？
- 今日は、どうして転倒したのか？　どのように転倒したのか？
- 他に随伴症状はないか？
- 言葉が出にくいという自覚はあるのか？
- バイタルサインの変化は？
- 朝食は食べたのか？
- 日頃から、排泄に問題はないのか？
- 夜はよく眠れているか？　睡眠薬は飲んでいないか？
- 他のサービス利用は？

● 追加情報

　1年前に一過性脳虚血発作といわれて、パナルジン[注1]100mg（朝）を内服するようになりました。パーキンソン病は、メネシット[注2]300mgを食後、パーロデル[注3]1.25mgを朝に内服しています。Cさんは、具合が悪ければ、かかりつけの病院か近くの総合病院を受診するつもりで、ご家族は本人に任せています。今までも時々、転倒はしていたようですが、独居なので詳しい情報はありません。打ち身などの跡は、手足に時々見られました。その時は、Cさん

が自分の判断で対応していたようですが、転倒で病院へ受診した情報はありません。毎朝、桃の花の付き具合を見るために畑へ出ています。

　今日も同じように畑に行った帰りに玄関で尻もちをついたようです。その時に、下駄箱に頭をぶつけたらしいです。吐き気やふらつきもなく、見え方の変化なども特に訴えはありません。ただ、Cさんらしい、しっかりとした返答ではなく、言葉もたどたどしくて話しづらそうにみえることが気になります。Cさんにそのことを尋ねると「うまくしゃべれない」と話されます。

　バイタルサインは、体温が35.8℃、脈拍が76回／分、呼吸が16回／分、血圧が142／72mmHgで、いつもとほとんど変わりません。ただ、意識レベルが清明とはいえず、返答が鈍い感じです。

　朝食は、台所に食べた跡がありますが、Cさんは、わからないと言います。日頃から、便秘もなく、前立腺肥大等の排尿障害もありません。今までは、眠れないという情報もなく睡眠薬を飲んでいるという情報もありません。デイサービス以外のサービスは利用していません。

　追加して確認したい情報を上記の「●追加情報」からピックアップしていきます。すると、以下のようになります。

（例）

- 既往歴は何かあるのか？　内服薬は？
  - →１年前に一過性脳虚血発作といわれて、パナルジン100mg（朝）を内服するようになった。パーキンソン病は、メネシット300mgを食後、パーロデル1.25mgを朝に内服している。
- 体調不良の時の対応は？（本人は？　ご家族は？）
  - →本人は、具合が悪ければ、かかりつけの病院か近くの総合病院を受診するつもりで、ご家族は本人に任せている。
- 今までも転倒はしていたのか？
  - →時々、転倒はしていたようだが、独居なので詳しい情報はない。打ち身などの跡は、手足に時々見られた。
- 以前に転倒した時の症状は？　その時はどうしたか？
  - →本人が自分の判断で対応していたが、転倒で病院へ受診した情報はない。
- 今日は、どうして転倒したのか？　どのように転倒したのか？
  - →毎朝、畑の桃の花の付き具合を見ており、今日も同じように畑に行った帰りに玄関で尻もちをついたらしい。その時に、下駄箱に頭をぶつけた

- 　らしい。
- 他に随伴症状はないか？
  - →吐き気やふらつきはない。見え方の変化なども特に訴えはない。ただ、Cさんらしい、しっかりとした返答ではなく、言葉もたどたどしくて話しづらそうにみえる。
- 言葉が出にくいという自覚はあるのか？
  - →Cさんに、尋ねると「うまくしゃべれない」と話される。
- バイタルサインの変化は？
  - →体温＝35.8℃、脈拍＝76回／分、呼吸＝16回／分、血圧＝142／72mmHgで、いつもとほとんど変わらない。ただ、意識レベルが清明とはいえず、返答が鈍い感じである。
- 朝食は食べたのか？
  - →台所に、朝食を食べた跡がある。Cさんは、「わからない」と言う。
- 日頃から、排泄に問題はないのか？
  - →特に便秘もなく、前立腺肥大等の排尿障害もない。
- 夜はよく眠れているか？　睡眠薬は飲んでいないか？
  - →今までは、眠れないという情報もなく睡眠薬を飲んでいるという情報もない。
- 他のサービス利用は？
  - →デイサービス以外のサービスは利用していない。

3 ｜ 追加した情報も含めてCさんの状態をアセスメントする

　利用者さんが転倒したという話はよく聞きます。独居の場合は、入浴などの機会に皮膚の観察で、推測したり発見しないかぎり、なかなか情報は入手できません。本人の訴えがないと気がつかない危険があるということです。

　ここで、Cさんの様子がいつもと違うと感じたため介護職は、「どこか調子が悪いですか？」と聞いています。几帳面な性格で準備万端にして玄関で待っているCさんなのに、今日は、コタツに座っていて、返答が鈍い、この情報から「珍しいな」と感じながら、いつもどおりにデイサービスの送迎をしていたら大変なことになっていたかもしれません。

　Cさんの性格と一致しない行動と、いつもとは違う鈍くて、言葉もたどたどしい返答と話しづらそうな様子。さらに一過性脳虚血発作があって血液循環を

よくするためにパナルジンを内服しているため、出血しやすい身体的リスクがあるという知識から、もしかしたら、転倒で頭をぶつけた所から、硬膜下出血もありえるとアセスメントして、病院受診としました。

　今回のCさんのように、理解するのが難しい返答はよくあります。転んで頭を打ち「こぶができたから、大丈夫」と言う方が意外と多いことに驚きます。こぶができたということは、頭蓋骨の外側に出血していて内側には出血していないから大丈夫と考えているようですが、そうではありません。Cさんは、几帳面です。独居となり、体調を崩して周りの人に迷惑をかけたくないと生活全般に注意をしていました。テレビの健康情報番組もよく見ていたそうです。今回の「こぶができたから大丈夫！」という思い込みは、その時に誤った情報を頭に入れてしまったことが原因だと後でわかりました。

4 ｜ Cさんの目的と今の目標

　Cさんは、「1人になっても今までどおりに、この家で、畑で桃をつくりながら生活したい」と話されていました。ですから、Cさんの目的は、**「今までと同じように在宅で自分らしく過ごしたい」**であり、そして、今の目標は、**「異常の早期発見と適切な対応で身体的リスクを避ける」**ということです。

5 ｜ 実際の対応

＜結果＞

　この事例のその後です。
　介護職は、Cさんの情報をサービス提供責任者へ伝え、サービス提供責任者から介護支援専門員（ケアマネジャー）に伝えてもらい、病院受診となりました。CT（Computed Tomography；コンピューター断層撮影法）での検査の結果、急性硬膜下血腫で入院となりました。血腫を取り除き、Cさんは、また元気になって退院してきました。もし、この時に、Cさんの言った「こぶができたから大丈夫」という言葉を真に受けて、デイサービスにお連れしていたら意識障害が起きて手遅れになっていたかもしれません。「なぜ、この介護職はこの言葉を真に受けなかったのか」ですが、それは、介護職は知識と経験があり、高齢者の身体の特徴を知っていたからです。転倒時に推測できる、さまざまなリスクを知識としてもっていて、そして、日頃から、Cさんをよく観

察していたからこそ、変化と照らし合わせて適切なアセスメントができたのです。

＜振り返り＞

　この事例を振り返ってみましょう。
　Cさんの事例は、急性硬膜下血腫でした。第2章の「高齢者の身体の特徴と観察のポイント」では、硬膜下血腫を解説しましたが（⇒42頁参照）、今回のように、1回の転倒により急激に変化していくのが急性硬膜下血腫です。しかし、高齢者は何回も転んだり、頭をぶつけているうちに、知らず知らずに出血が少しずつ続いて血腫となり、脳を圧迫してさまざまな症状をもたらす慢性硬膜下血腫の方が多いです。また、「転んでも、頭は打たなかったから大丈夫」ということはありません。転倒の外的刺激で、脳が頭蓋骨にぶつかって衝撃を受け、知らず知らずのうちに内側に出血をしていた、ということもあります。慢性硬膜下血腫は、利用者さんの自覚症状がすぐに出てくるわけではないので、いかに周りの者が気をつけているかにかかってきます。特に、在宅の現場では、独居の方が多く、脳梗塞の予防で多くの高齢者が血液をサラサラにする薬を内服しています。この薬の効果は、手術をする前はしばらく内服を中止するほどで、逆にいえば、出血しやすい状況をつくっている薬です。ですから、「転倒した」「頭を打った」等の情報があったら、1か月くらいは、特に気をつけて全身状態や生活環境を観察することが必要です。
　脳血管疾患の時に起こる症状を観察し、情報を共有し、対応することで、利用者さんの望む生活が送れなくなるというリスクを減らすことができるのです。「転倒した→症状に注意して観察→異常があれば早急に病院受診」という対応をすることが重要です。

〈注〉

1) パナルジン：抗血小板薬で、血液を固める成分のはたらきを抑えて、血の固まりを防ぐ。
2) メネシット：パーキンソン病治療の代表的な薬で、主症状を速く、強力に改善しADLの改善に効果がある。
3) パーロデル：脳を刺激して産後の乳汁分泌を抑えるはたらきがある薬。末端肥大症やパーキンソン症候群に応用される。

第4節　演習3『足が変！　歩くと痛い』

演習3　『足が変！　歩くと痛い』
こうした訴えの際、どうしたらよいか？

　Dさんは、介護老人保健施設に入所中の82歳の男性です。会社員で長年、営業職をしてきた方です。定年退職後は、地域の老人会の一員として、子どもたちに昔の遊びを教えるボランティアをしていました。

　8年前から、糖尿病で内服治療をしていますが、ここ半年間は血糖コントロールがあまりよくない状態です。他には、脂質異常症と前立腺肥大症で内服治療されています。半年前に転倒して腰椎の圧迫骨折をして1か月入院しました。筋力低下があり、退院後は、リハビリテーションを兼ねて通所リハビリテーション（デイケア）を利用しています。

　ADL（Activities of Daily Living；日常生活動作）は、ほぼ自立です。IADL（Instrumental Activities of Daily Living；手段的日常生活動作）はご家族が行っています。ご家族との関係性は良好です。

　Dさんの妻は、5年前に亡くなっています。長男家族と同居です。長男は、有機農法にこだわった農業をしています。今回は、長男夫婦が農繁期で忙しいため、Dさんは、リハビリテーションを兼ねて3か月入所をしています。

　もともと社交的なDさんは、友人もでき、楽しそうに生活されていました。今日も友人と食堂へ歩いて行こうとしますが、何となく右足をひきずるようで足取りがおかしいです。一緒に歩き出すのですが、少し歩くと「この頃、おかしいんだな。歩くと右足が痛くて……なんか変な感じなんだ。でも、少し休めば大丈夫だから、先に行ってくれ」と話している様子を介護職は聞いていました。そういわれれば、この頃のDさんは、何となく元気がなく集団リハビリテーションにも参加しないことが増えてきています。

1 | 事例から読み取れる情報を整理する

-
-
-
-
-
-

2 | 追加して確認したい情報を考える

-
-
-
-
-
-
-

　追加して確認したい情報を書き込んだら、「演習3の解説」の中にある「●追加情報」（⇒223〜224頁参照）を確認してください。そのうえで、次のステップへ進みましょう。

3 | 追加した情報も含めてDさんの状態をアセスメントする

-
-
-

-
-
-
-

4 | Dさんの目的と今の目標

これらからDさんの目的と今の目標が何かを考えます。

演習3の解説

1 | 事例から読み取れる情報を整理する

（例）

- Dさん、82歳、男性、介護老人保健施設に入所中。
- 8年前から、糖尿病で内服治療をしているが、ここ半年間の血糖コントロールは不良。
- 会社員（営業職）だった。定年退職後は、老人会で地域の子どもたちに昔の遊びを教えるボランティアをやっていた。
- 糖尿病以外に、脂質異常症と前立腺肥大症で内服治療中。
- 半年前に転倒をして、腰椎の圧迫骨折で1か月入院した。
- 退院後は、筋力低下からリハビリテーションを兼ねてデイケアを利用している。

- ADLは、ほぼ自立。IADLはご家族が支援している。
- 妻は5年前に他界。長男家族と同居している。
- 長男夫婦は、有機農法で農業をしている。
- 今回は、農繁期のためリハビリテーションを兼ねて3か月入所をしている。
- 以前は社交的な性格で、入所中に友人もでき、楽しく生活していた。
- この頃は何となく元気がなく、集団リハビリテーションも参加しないことが増えている。
- 足がおかしいことを自覚されている。
- 歩くと右足が痛い。休めば痛みはなくなる。
- 歩行の様子を見ていても、足取りがおかしいと介護職も感じている。

2 | 追加して確認したい情報を考える

(例)

- 他に内服薬はあるか？ 変化はあるか？
- 認知症やうつ症状はないか？
- バイタルサインや全身状態の変化はあるか？
- いつから「足が何となく変！」と感じているか？
- 足の皮膚の状態や、触った感じ、見た感じの変化は？ 浮腫は？ 左右差はないか？ 足背動脈は触知できるか？
- 痛みは、どんな痛みで、どのくらい続き、痛みの増強はどんな状況で変化があるのか？
- 血糖コントロールは、どのような状態か？
- 身長・体重、BMI（Body Mass Index；体格指数）は？
- 食事や運動などの生活環境に変化はないか？
- Dさんのリハビリテーションに対する思いは？
- 排泄は問題ないのか？
- よく眠れているのか？ 睡眠薬などの内服はないか？
- 集団リハビリテーションに参加しない理由は？
- ご家族との関係性は？
- 体調不良の時の対応は？（本人？ ご家族？）

追加情報

　ディオバン[注1]40mg（朝）、リピトール[注2]10mg（朝）、エビプロスタット[注3]2錠（朝・昼・夕）、オイグルコン[注4]2.5mg（朝・夕）を内服しています。認知症やうつ症状はありません。ただ、何となく元気がないことは気になります。

　バイタルサインは、体温が35.6℃、脈拍が78回／分、呼吸が16回／分、血圧が146／84mmHgで、特にいつもと変わりありません。意識レベルは清明です。随伴症状として特に、呂律が回らない、歩行時片側に偏る、手足に力が入らない、握力に左右差がある等の脳神経系の疾患の時に起こるような症状はありません。

　Dさんは、2週間前くらいから、徐々に「足が何となく変！」と感じるようになりました。左足は血色がよいですが、右足は、やや紫色です。浮腫はありませんが、右足だけ脛の毛が抜けていて、まだらに生えています。左右ともに触覚はありますが、右足は少し鈍いです。静脈瘤などはありません。左足は温かいですが、右足は冷たいです。傷や、熱をもった赤みなどは見られません。足背動脈は、左足は触れますが、右足は触れません。

　触って特に痛む限局した場所はありません。寝ていたり、動かさないと痛みはありませんが、5メートルくらい歩くと、右足のふくらはぎに突っ張るような痛みがあります。動いた後に休むと痛みはなくなります。

　血糖コントロールは、HbA1c[注5]が7.5％、空腹時血糖が140mg／dlで、食後2時間血糖が190mg／dlと不良です。身長・体重は158cm・50kgで、BMIは20.0です。

　食事は、1200kcalで変わりなく、いつも完食されます。運動は、集団リハビリテーションにも参加してよく動いていましたが、ここ2週間は、食事や入浴時以外はほとんど部屋から出ていませんので、運動量は減っていると思われます。Dさんは、「早く、子どもたちと一緒に遊びたい」「そのためにも元のように動けるようになりたい」と話されていて、リハビリテーションへの意欲もみられました。前立腺肥大症における排尿障害は、内服治療によりみられなくなりました。便秘症はみられ、頓用でセンノシド[注6]を内服され3日に1回は排便があるようにコントロールされています。夜もよく眠れている様子で、睡眠薬などは内服していません。

　集団リハビリテーションは同室者に「動くと痛いため、みんなに迷惑をかけるといけないので参加しない」と話されているそうです。家族関係も良好でお互いに大事に思っていらっしゃることが、双方の様子から感じられます。体調

を崩した時は、職員の判断で、隣接する病院へ受診をしてほしいと言われています。

　追加して確認したい情報を上記の「●追加情報」からピックアップしていきます。すると、以下のようになります。

（例）

- 他に内服薬はあるか？　変化はあるか？
  → ディオバン40mg（朝）、リピトール10mg（朝）、エビプロスタット2錠（朝・昼・夕）、オイグルコン2.5mg（朝・夕）を内服している。
- 認知症やうつ症状はないか？
  → ない。ただ、何となく元気がないことは気になる。
- バイタルサインや全身状態の変化はあるか？
  → 体温＝35.6℃、脈拍＝78回／分、呼吸＝16回／分、血圧＝146／84mmHgで、特にいつもと変わりない。意識レベルは清明。特に、呂律が回らない、歩行時片側に偏る、手足に力が入らない、握力に左右差がある等の脳神経系の疾患の時に起こるような症状はない。
- いつから「足が何となく変！」と感じているか？
  → 2週間前くらいから、徐々に感じるようになった。
- 足の皮膚の状態や、触った感じ、見た感じの変化は？　浮腫は？　左右差はないか？　足背動脈は触知できるか？
  → 左足は血色がよいが、右足は、やや紫色。浮腫はないが、右足だけ脛の毛が抜けていて、まだらに生えている。左右ともに触覚はあるが、右足のほうがやや鈍い。静脈瘤などはない。左足は温かいが、右足は冷たい。傷や、熱をもった赤みなどは見られない。足背動脈は、左足は触れるが、右足は触れない。
- 痛みは、どんな痛みで、どのくらい続き、痛みの増強はどんな状況で変化があるのか？
  → 触って特に痛む限局した場所はない。寝ていたり、動かさないと痛みはないが、5メートルくらい歩くと、右足のふくらはぎに突っ張るような痛みがある。動いた後に休むと痛みはなくなる。
- 血糖コントロールは、どのような状態か？
  → HbA1cが7.5％、空腹時血糖が140mg／dlで、食後2時間血糖が190mg／dlと不良。

- 身長・体重、BMIは？
    - →158cm・50kg、20.0。
- 食事や運動などの生活環境に変化はないか？
    - →食事は、1200kcalで変わりなく、いつも完食される。運動は、集団リハビリテーションにも参加してよく動いていたが、ここ2週間は、食事や入浴時以外はほとんど部屋から出ていないので、運動量は減っていると思われる。
- Dさんのリハビリテーションに対する思いは？
    - →「早く、子どもたちと一緒に遊びたい」「そのためにも元のように動けるようになりたい」と話されていて、リハビリテーションへの意欲もみられる。
- 排泄は問題ないのか？
    - →前立腺肥大症における排尿障害は、内服治療によりみられなくなった。便秘症はみられ、頓用でセンノシドを内服され3日に1回は排便があるようにコントロールされている。
- よく眠れているのか？　睡眠薬などの内服はないか？
    - →よく眠れている様子で、睡眠薬などは内服していない。
- 集団リハビリテーションに参加しない理由は？
    - →同室者に「動くと痛いため、みんなに迷惑をかけるといけないので参加しない」と話されている。
- ご家族との関係性は？
    - →良好でお互いに大事に思っていらっしゃることが、双方の様子から感じられる。
- 体調不良の時の対応は？（本人？　ご家族？）
    - →本人もご家族も、体調を崩した時は、職員の判断で、隣接する病院へ受診をしてほしいと言われている。

3 ｜ 追加した情報も含めてDさんの状態をアセスメントする

　Dさんは、本来は社交的で自分から積極的に集団リハビリテーションに参加される方です。そのDさんが、部屋で臥床している時間が長いということは、何かあるはずです。Dさんの「足が何となく変！　動くと痛いのに休むと痛みがなくなる」という訴えからアセスメントは始まりました。バイタルサインな

どに明らかな変化はありませんが、糖尿病の方の合併症は、糖尿病性網膜症・糖尿病性腎症・糖尿病性神経障害があり、十分な観察と、フットケアなどによる異常の早期発見と対応が重要です。

　糖尿病の既往や治療中の方は、特に末梢の循環不全に気をつけています。ここでDさんの右足を観察すると、明らかに左足と差がありました。右足だけ冷たく、色も紫色です。じっと、臥床していると特に問題はなくなります。歩行すると右足が痛く、休むと治る、これを間欠性跛行といい閉塞性動脈硬化症の時にみられる特徴的な症状です。「血流が悪いのではないか？」と推測したら、足背動脈が触れるかどうかを確認すればわかります。Dさんは、足背動脈が右側だけ触知できませんでした。このため、動脈塞栓のリスクを推測して病院での緊急受診が必要と判断しました。

4 ｜ Dさんの目的と今の目標

　Dさんの目的は**「自分らしく、楽しく在宅生活が普通に続けられること」**です。そして、今の目標は**「痛みのない、元の健康な下肢に戻り、子どもたちと楽しい時がもてる」**ことです。

5 ｜ 実際の対応

＜結果＞

　この事例のその後です。

　Dさんは、もともと、糖尿病と脂質異常症があり、血糖コントロールがあまりよくない状態で、動脈硬化もありました。今回、歩いた時だけ、右足に違和感や痛みを感じていた症状は間欠性跛行でした。足の血管の動脈硬化により血管が狭くなったり、詰まることにより、そこから先の血流の流れが悪くなって、足先に栄養や酸素がいかないために起きた症状でした。

　足背動脈が触知できないことを確認し、その根拠から、このままでは血流障害から壊死になる危険があるとアセスメントし緊急受診の判断をしました。Dさんは入院し、バルーン付きカテーテルで処置をして詰まりを取ると、痛みもなくなりました。すると下肢の色もよくなり、足背動脈も触知できるようになりました。退院後は、積極的に食事療法とリハビリテーションをするようになり、また、ボランティアとして、子どもたちと楽しい時を過ごされるようにな

りました。

＜振り返り＞

　この事例を振り返ってみましょう。
　糖尿病や、脂質異常症の方が動脈硬化に気をつけなければならないことは認識されていると思います。動脈硬化で血管が詰まりやすい状況の中で、心臓の血管が詰まれば**心筋梗塞**ですし、脳の血管が詰まれば**脳梗塞**です。
　足の動きが悪いといわれたら、脳梗塞の可能性も否定できません。緊急性を考えるとしたら、脳で何か異変が起きていないかを考え、アセスメントすることは重要です。
　「意識レベルに変化はないのか？」「言葉は変わりなく話せるのか？」「身体の動きや握力、姿勢、感覚（触った感じや痛みに対する感じ方など）に左右差や変化がないのか？」「食事や排泄に変化がないのか？」などを観察します。
　全身状態に大きな問題がないと判断したら、下肢に注目してアセスメントをします。この時、下肢の皮膚の見た感じや触った感じにも左右差があり、右足が冷たくて、紫色に変化しており、毛もまだらに抜けていることを観察しています。これは、動脈の流れが悪いということです。動脈は、主に酸素と栄養と熱と赤みを運びます。酸素が不足すると**細胞の酸欠状態**で痛みを感じます。細胞が酸欠状態になると、神経終末でそれを感じ取り、脳へ痛みとして伝えます。このため、歩くという動きで細胞が酸素を余計に必要とするのに、血流障害により細胞が酸欠となっているため痛みを感じます。しかし、休んで血流が回復すると痛みがなくなるのです。
　また、栄養が不足すると、毛が抜けるという症状になります。熱が届きにくいので、冷たくなります。赤みが届かないので紫色に皮膚の色が悪くなるのです。動脈硬化でもまだ血流が完全に途絶えていない状態の時は、Dさんのように間欠性跛行がみられます。この時に、痛いからと動かなければさらに悪化してしまいます。動脈硬化の危険因子である糖尿病や脂質異常症の治療が適切に行われているだけではなく、歩くことが重要です。それにより、側副血行路[注7]が発達し、血行が改善されますので、休みながらでも歩くことが必要なのです。また、寒冷刺激も足の血流を悪くさせますので、保温に努めることも重要です。さらに、血流が悪いのですから、深爪や足に傷をつくらないように靴下を履く等、足に気をつけて、さらにフットケアが重要です。
　第2章の「高齢者の身体の特徴と観察のポイント」では、「脈の触知」につ

いて解説しましたが（⇒90〜91頁参照）、今回は、足背動脈が触知できないことを根拠に緊急性を見抜き、病院受診と判断したことがポイントでした。もし下肢の皮膚状態の左右差や右足の異常に気がつかずにいたら、動脈塞栓で壊死することもあるのです。異常を早めに察知することはもちろんですが、さらにリスクを回避するためにも、禁煙や食事、運動などの生活習慣を改善することが重要であり、介護職には、生活習慣も含めた観察と予防的なかかわりが必要になってきます。

〈注〉

1) **ディオバン**：昇圧作用を示すアンジオテンシンⅡの血管収縮作用を遮断して血圧を下げる高血圧の薬。
2) **リピトール**：脂質異常症の治療薬で、コレステロールの産生を抑えたり、中性脂肪を低下させたりする作用がある。
3) **エビプロスタット**：前立腺肥大症の初期症状に用いられる治療薬。
4) **オイグルコン**：インスリンの分泌を促して血糖値を下げる血糖降下剤。
5) **HbA1c**：過去1〜2か月間の血糖値の平均的な状態を把握するための血液検査の項目。4.3〜5.8％が基準値。
6) **センノシド**：大腸を刺激し腸の運動を活発にして排便を促す便秘症の治療薬。
7) **側副血行路**：血行障害により主要な血管に閉塞がみられた際に、血液循環を維持するために新たにつくられる血管の迂回路。

第5節 本章のまとめ

演習を元に、今までの学習のまとめをしましょう。

下記にあげる状態や症状がみられたら、何をアセスメントして、どのように対応するかをまとめています。ここであげている内容は、最低限押さえておきましょう。

1 意識がない

意識がない場合は、次のように対応します。

→緊急事態と判断し、とにかく救急車を要請します（救急車が到着するまでの間、フィジカルアセスメントを行います）。

→脳血管疾患の疑いがある場合には、脈拍の触知の有無を確認し、橈骨動脈が触れなければ、頸動脈が触れるかを確認します。また、瞳孔不同・呼吸パターンの異常の確認、状況によってバイタルサインの確認を行います。

→代謝性疾患の疑いがある場合には、低血糖の症状の有無を確認します。また、冷や汗・吐き気・嘔吐・振戦・下痢・脱水の確認、インスリン注射・内服薬・食事量などの確認、バイタルサインの確認を行います。

→コールドショックまたはウォームショック（⇒94〜95頁参照）の症状の有無を確認します。

→呼吸が停止している場合は、心肺蘇生やAED（Automated External Defibrillator；自動体外式除細動器）などの救急対応を行います。

救急車が到着したら、上記の情報などを救急隊に知らせます。

また、介護職の責任者→ご家族→介護支援専門員（ケアマネジャー）の順で連絡をします（必要時、主治医や訪問看護師へも連絡します）。

2 意識レベル低下

意識レベルが低下している場合は、次のように対応します。

→バイタルサインを確認します。特に橈骨動脈触知可能かどうかを確認します。触知不可能な時は、脈の触知可能な場所により収縮期血圧が推測できます（上腕動脈触知可能なら収縮期血圧60mmHg）。

→脳血管疾患の疑いがある場合には、意識レベルの変化・触覚・しびれ・握力の左右差・呂律など会話の変化・立位保持状況・歩行障害の有無・頭痛を確認します。

→熱中症の疑いがある場合には、高い熱・目眩・頭痛・吐き気・発汗量の異常・環境が暑すぎないかを確認します。

必要時、救急車を要請します。

救急車が到着してからの対応は、前記1と同じです。

3 | 胸痛

胸痛がある場合は、次のように対応します。

→狭心症の既往歴または治療中の場合は、ニトログリセリンを舌下投与します（医師の舌下投与回数の指示を確認する必要があります）。基本的に2回目で効果がなければ救急車を要請します。

→ピンポイントの胸痛がみられる場合は、肋間神経痛など、緊急性が低いことが多いです。

→胸部全体が圧迫されるような、締め付けられるような強い痛み・息苦しさ・コールドショックの症状がみられる場合は、心筋梗塞の可能性があります。心筋梗塞の場合、ニトログリセリンの効果はありません。

→突然、胸や背中に杭が刺さるような激痛、苦しさ・胸部から腹部、足へと痛みが移っていく・コールドショックの症状がみられる場合は、解離性動脈瘤の可能性があります。

→突然の呼吸困難・脈拍数や呼吸数の増加・吸気時の胸痛や胸部圧迫感・コールドショックの症状・下肢の腫れや痛みがみられる場合は、肺塞栓症の可能性があります。

必要時、救急車を要請します。

救急車が到着してからの対応は、前記1と同じです。

4 | BPSD

徘徊・暴力・大声・弄便・もの盗られ妄想・暴言・異食・幻視などのBPSD（Behavioral and Psychological Symptoms of Dementia；行動・心理症状）がみられる場合は、その症状の要因を探し除去します。要因として、次のようなものがあります。

→身体的苦痛：発熱・疼痛・不眠・便秘・脱水・目眩・空腹・失禁　等
→精神的苦痛：不安・焦り・孤独・怒り　等
→社会的苦痛：家族や友人などの人間関係・金銭的トラブル・離職・環境の変化　等
→スピリチュアルな苦痛：生きがいの喪失、役割の消失、死生観の変化　等

　これは一部ですが、フィジカルアセスメントは、前記1～3のように、特に**生命に直結している問題**を解決する時に重要です。自分の五感をフルに活用して、アセスメントしましょう。もちろん、**生活を支える場面**でも活用できます。情報を意図的に集めて、判断し、共有することで、利用者さんの目的を阻んでいる問題を解決し、今の目標を達成して生活支援をしていきます。その時の思考訓練として本章では演習を行いました。

　最後にもう一度、フィジカルアセスメントを行う手順を説明します。まずは情報を整理します。さらに、その情報と、今起きている事実を照らし合わせてみると、不足している情報がみえてきます。それらの情報をまとめることで問題を解決することができます。この時に、絶対的に必要なのが、身体の基礎的な知識です。身体は、私たちに、緊急事態をいろいろな症状で教えてくれます。介護職は、利用者さんの日頃の生活を一番よく知る職種だからこそ、その症状に気づくことが可能です。その時に、なぜ、そのような症状が起きているのかを推測し、緊急時に適切な対応ができることが求められます。

　もちろん介護職は、医療職ではありません。ですから、できる行為も限られています。ですが、職域の中で、必要時に適切なアセスメントができ、その情報を伝えるべき相手に適切につなげられることが、利用者さんの生活を支えている介護職の大事な役割だと思います。そのために必要な学びが、フィジカルアセスメントなのです。

　いかがでしたでしょうか。本章の演習のように進めていくと、フィジカルアセスメントに必要な情報を効果的に集めて、利用者さんに起こっていることや現時点での目標をはっきりと形にすることができます。身に付ければ非常に有効な問題解決の手段になります。慣れるまでは、追加情報として何を聞いてよいかがわからないと思います。演習を参考にして情報取得の練習を重ねてください。さらに、情報取得に慣れてきたら、別の事例を用いて演習を行い、思考訓練を重ねてください。その積み重ねによって、介護現場で活用できるフィジカルアセスメント力が醸成されていくことでしょう。

第5節　本章のまとめ

参考文献

1) 山内豊明『フィジカルアセスメントガイドブック——目と手と耳でここまでわかる 第2版』医学書院、2011年
2) E・N・マリーブ、林正健二・小田切陽一・武田多一・淺見一羊・武田裕子訳『人体の構造と機能 第3版』医学書院、2010年
3) リッピンコット・ウィリアムズ・アンド・ウィルキンス、山内豊明監訳、青山弘訳『イラストでわかる病態生理——なぜ症状が現われるのか』総合医学社、2008年
4) 野尻晋一・大久保智明『リハビリ介護入門——自立に向けた介護技術と環境整備』中央法規出版、2009年
5) 三宅貴夫『認知症ぜんぶ図解——知りたいこと・わからないことがわかるオールカラーガイド』メディカ出版、2011年
6) タクティールケア普及を考える会編著『タクティールケア入門——スウェーデン生まれの究極の癒やし術 第2版』日経BP企画、2010年

おわりに

　10年以上前、介護の会社をやっていた時にケアマネジャーから「どんなに大変な利用者さんでも、その方が困っていれば受け入れ、スタッフ全員で誠心誠意、介護をしている素晴らしい施設がある」と聞きました。利用者さんのために皆で力を合わせて頑張っている姿に、ケアマネジャーが感激していました。ところが、入所されている方は、病状の不安定な方々ですから、容易に体調不良を起こします。ある日、利用者さんが体調を崩し、病院を受診したところ、そのまま亡くなってしまいました。そのうえ、その施設に警察が調査に入る事態になりました。もちろん、介護として何か問題行為があったわけではありません。皆、一生懸命介護をして、そのうえで起きたことでした。ですが、それ以降、その施設の管理者も介護職も、利用者さんの身体的な変化に怖さを感じ、そのつど、ケアマネジャーに相談の電話をかけてくるようになりました。

　私は、そのことに違和感を覚えました。介護のプロが利用者さんの身体的変化をどう判断して、どう対応すべきかをケアマネジャーに電話で相談してくることが不思議だったのです。もちろん気持ちはわかります。医師や看護師のいない場で自分が判断をくだすのは怖いことです。頑張って介護してきたのに、利用者さんが亡くなるようなことが起きて、皆、自信をなくしてしまったのでしょう。ケアマネジャー自身も、こんなに一生懸命やっている介護職の方々だからこそ、相談できる相手として、自分のできることを最大限やって、彼らを助けていこうと必死に相談に乗っていたのです。でも、何かおかしくないでしょうか？　一生懸命介護をすることは当たり前ですし、素晴らしいです。でも、病院へ行った時には手遅れという事態が起こったり、警察が調査しなければならないようなことがあるとしたら、それは、その介護施設の職員には「判断が難しい医療依存度の高い方々」を介護していく力も体制も不足しているということではないでしょうか？　さらに、改善できないのは、そのことを、自分たちで認識できていないということです。介護の現場は、命と向き合わなければならない厳しい現実があります。自分の判断で命が左右されるようなことが起きるのも事実です。

　もし、利用者さんの身体状況を適切にアセスメントできていたら、結果は違っていたかもしれません。適切なケアが行われていたと判断されれば**警察が調査に入ることもなかったかもしれません**。後になってからいろいろと考えることはできますが、利用者さんの命は一つです。私たちは、その命と毎日向き

合っているのです。だからこそ、自分の知識や技術にスキルアップが必要だと思うのです。その力が足りないなら、その判断をする医療職とつながるしくみをつくったり、力を手に入れるために自分から動くことが求められます。そして、その力こそが、フィジカルアセスメントなのです。

　介護職より医学的知識のある看護師ですが、そんな看護師である私たちも、医師のいない現場では自分が判断し、ケアにつなげなければならない現実に不安をもっていました。その判断は正しかったのか？　何を根拠に判断したのか？　そして、対応は間違っていなかったのか？　いつも不安がついて回りました。ですが、その不安をなくしてくれた学びこそがフィジカルアセスメントだったのです。そして、その素晴らしい知識を与えてくださったのが山内豊明先生でした。

　先生との出会いで私は変わりました。次にスタッフが変わりました。フィジカルアセスメント研修会を、日本中で回を重ねることで多くの看護師が変わり、教育システムや現場も変わりはじめました。

　在宅というフィールドは、特に介護職の役割が重要です。社会は、この重要な仕事を担う介護職をもっと認めるべきだと思います。でも、周りが変わることを待っていても何も変わらないのです。日々のケアの中で、介護職の皆さんが誇りのもてる仕事をすることで、周りが変わっていくのだと思います。

　利用者さんの生命に直結するような問題を、五感を使ってフィジカルアセスメントができ、適切なかかわりにつなげられることが、利用者さんの生活を支えることになるのだと思います。「誇りのもてるケアをしています」と胸を張って言えるように、自分たちで自分たちの職域を守り、広げていきましょう。自分から変わることが初めの一歩です。

　今回、介護職のフィジカルアセスメントの重要性を感じている自分の気持ちを山内先生にお伝えしたところ、先生は、お忙しいにもかかわらず本書の監修を快くお引き受けくださいました。心から感謝いたします。ありがとうございました。また、中央法規出版の中村強さんには、テキストをつくるという無謀な挑戦に挑んだ私を相手に誠心誠意のお力添えをいただき、本当に感謝しております。本書が、介護職の皆さんのケアにおける指南書になれば、この上ない喜びです。

2016年10月

大澤智恵子

索 引

アルファベット

AED	112
…が必要な時	112
…のパッドの貼り方	113
AIDS	99
ALS	44, 45
BMI	145
BPSDがみられる場合の対応	230
COPD	54
GCS	21, 22
JCS	21, 22

あ

あえぎ呼吸	86
アセスメント	11
…（移乗）	177
…（移乗に関する環境）	186
…（移動）	177
…（移動に関する環境）	186
…（動きにくさ）	183
…（栄養状態）	145
…（介護職）	29
…（看護師）	29
…（食事）	136
…（食事の姿勢）	147
…（食事の動作）	147
…（清潔動作）	160
…（清潔保持）	157, 160
…（爪）	158
…（入浴拒否）	155
…（尿失禁）	167
…（認知症）	105
…（排泄）	164
…（排泄行為）	166
…（皮膚）	158
…（便失禁）	168
…（毛髪）	158
アテローム血栓性脳梗塞	40
歩き方の観察ポイント	84
歩く動作	177
アルコール依存症	99
アルツハイマー病	97
息苦しさ	85
…の観察ポイント	87
意識	21
…がない場合の対応	229
意識レベルが低下している場合の対応	130, 229
異常呼吸	86
移乗に関する環境のアセスメント	186
移乗のアセスメント	177
痛みの観察ポイント	85
一過性脳虚血発作	39, 40
溢流性尿失禁	167
移動動作	175
…の基礎知識	175
移動に関する環境のアセスメント	186
移動のアセスメント	177
イレウス	120, 169, 170, 171
ウイルス性肺炎	53
ウェルニッケ失語	83
ウォームショック	94
動きにくさのアセスメント	183
動きにくさの症状と原因疾患	184
動きにくさの随伴症状	184
右心不全	93
…の状態	94
うっ血性心不全	58
うつ熱	18
運動性失語	82
栄養状態のアセスメント	145
栄養素	146
嚥下障害	50
嚥下の確認	143
円背	178
黄疸	84
起き上がる動作	176
温度覚の低下	52

か

外呼吸	19
介護職のアセスメント	29
介護職の倫理	34
疥癬	159
外側骨折	64
顔色の観察ポイント	69
下顎呼吸	86

下気道の構造	135	聞く力	12
拡張期血圧	20	「聞く」能力	12
過呼吸	20	「聴く」能力	14
ガス交換	52	起座呼吸	20, 86
肩呼吸	86	器質性便秘	170
喀血	120	機能性尿失禁	167
痒み	78	機能性便秘	170
加齢黄斑変性	48	機能的イレウス	120
感音性難聴	49	逆流性食道炎	62
感覚性失語	83	嗅覚の確認	143
換気	52	嗅覚の低下	51, 144
眼球の構造	46	急性腎盂腎炎	84
看護師のアセスメント	29	急性腹症	118
観察	11, 18	…の種類	119
観察ポイント（歩き方）	84	急性膀胱炎	84
…（息苦しさ）	87	胸郭の動きの確認方法	88
…（痛み）	85	狭心症	58, 59, 111
…（顔色）	69	胸痛がある場合の対応	111, 230
…（口）	75	虚血性の疾患	39
…（呼吸）	86	記録	15
…（言葉）	82	筋萎縮性側索硬化症	44, 45
…（姿勢）	84	緊急性の評価	11
…（食事の環境）	150	クスマウル呼吸	86
…（食事の姿勢）	149	口の開閉の確認	141
…（食事の動作）	148	口の観察ポイント	75
…（食欲）	77	口の機能	50
…（心不全の徴候）	90	くも膜下出血	39, 41
…（睡眠）	82	グラスゴー・コーマ・スケール	21, 22
…（咳）	76	クロイツフェルト・ヤコブ病	99
…（痰）	76	計算能力障害	101
…（爪）	81	痙攣性イレウス	120
…（入浴ケア）	158	血圧	20
…（尿）	83	血液循環	55
…（のど）	75	血液の流れ	55
…（鼻）	73	血管性認知症	98
…（皮膚）	78, 158	血痰	76
…（表情）	69	解熱	18
…（便）	83	減呼吸	20
…（耳）	74	言語的コミュニケーション	12
…（眼）	70	言語能力障害	100
…（指）	81	見当識障害	100
観察力	12	誤飲	140
肝性脳症	172	…の確認	139
関節位置覚の低下	52	構音障害	83
関連痛	119	交感神経	38
記憶障害	100	高血圧	21, 57
機械的イレウス	120	高次脳機能障害	45

甲状腺機能低下症	66		ジャパン・コーマ・スケール	21, 22
口唇の確認	141		収縮期血圧	20
口唇の機能の確認	142		出血が疑われる場合の対応	118
高体温	18		出血性ショックの場合の対応	126
後天性免疫不全症候群	99		出血性の疾患	39
行動・心理症状がみられる場合の対応	230		消化器の機能	62
硬膜下血腫	42		上気道の構造	135
絞扼性イレウス	120		情報共有	11
声がれ	76		上腕動脈	19
誤嚥	140		食事	133
…のしくみ	51		…における脳神経のはたらき	134
誤嚥性肺炎	50, 53		…のアセスメント	136
ゴール	28		…の偏り	51
コールドショック	94		…の環境の観察ポイント	150
呼吸	19		…の環境の整備	147
…の観察ポイント	86		…の姿勢のアセスメント	147
…のリズム	87		…の姿勢の観察ポイント	149
呼吸困難	20, 85		…の動作のアセスメント	147
呼吸数	87		…の動作の観察ポイント	148
呼吸パターンの異常	87		…のメカニズム	134
誤食の確認	139		食思の確認	137
言葉の観察ポイント	82		触診	9
混合性難聴	49		食道の確認	145
			食欲の観察ポイント	77

さ

細菌性肺炎	53		徐呼吸	20, 86
最高血圧	20		触覚の低下	52
最低血圧	20		ショック	94
左心不全	91		徐脈	19
…の状態	92		自律	35
嗄声	76		心拡大	59
思考能力障害	101		心拡張	59
自己決定	35		心筋梗塞	58, 59, 111
支持基底面	175		神経因性膀胱	61
脂質	146		神経難病	43
視診	9		心原性脳梗塞	40
姿勢の観察ポイント	84		腎臓	60
舌の機能の確認	143		…のはたらき	60
失行	101		心臓	55
実行機能障害	100		…の構造	56
失語症	82		…の疾患	55
失認	101		身体的苦痛	32
自動体外式除細動器	112		振動覚の低下	52
…が必要な時	112		心肺蘇生が必要な時	112
…のパッドの貼り方	113		真皮	154
社会的苦痛	32		心肥大	59
			心不全	58
			…の随伴症状	157

…の徴候の観察ポイント	90	食べられない身体的原因	150
随伴症状（動きにくさ）	184	食べるという行為	133
…（心不全）	157	単純性イレウス	120
…（排泄）	169	痰の観察ポイント	76
睡眠の観察ポイント	82	痰の種類	76
睡眠の変化	81	たんぱく質	146
スピリチュアルな苦痛	32	チアノーゼ	80
座る動作	176	チームケア	25
清潔	153	チェーンストークス呼吸	86
…の意義	154	注意力障害	101
清潔動作のアセスメント	160	中枢神経	36
清潔保持	154	昼夜逆転	82
…のアセスメント	157, 160	腸捻転	170
正常圧水頭症	99	腸閉塞	120, 169, 170, 171
精神的苦痛	32	痛覚の低下	52
生命徴候	18	伝える能力	14
脊髄	38	爪切り	159
脊髄損傷	38	爪のアセスメント	158
咳の観察ポイント	76	爪の観察ポイント	81
咳の種類	77	爪のチアノーゼ	81
舌下投与	111	爪の変化	80
切迫性尿失禁	167	爪白癬	159
全失語	83	低栄養状態	145
浅側頭動脈	19	低栄養でみられやすい症状	146
センター方式	102	低血圧	21
前頭側頭型認知症	98	低体温	18
前立腺がん	61	伝音性難聴	49
前立腺肥大	61	瞳孔の大きさ	23, 72
総頸動脈	19	瞳孔の左右差	73
足背動脈	19	橈骨動脈	19
咀嚼能力の確認	142	糖質	146
		糖尿病	65
た		糖尿病性神経障害	65
		糖尿病性腎症	62, 65
対応・対処	11	糖尿病性網膜症	47, 65
体温	18	洞不全症候群	112
体格指数	145	動脈硬化	57
対光反射	72	吐血	120
代謝異常	99	努力呼吸	86
体循環	55		
体性痛	119	**な**	
大腿骨頸部骨折	64		
大腿動脈	19	内呼吸	19
唾液の確認	142	内出血	78
タクティール® ケア	102	内臓痛	119
立ち上がる動作	176	内側骨折	64
食べ物の認識の確認	139	内分泌疾患	65

238

難聴	48	…のアセスメント	164
…の分類	49	…の基礎知識	163
二次性高血圧	57	…の随伴症状	169
入浴拒否のアセスメント	155	…へのケア方法	164
入浴拒否の理由	155	排泄行為のアセスメント	166
入浴ケアでの観察ポイント	158	バイタルサイン	18
尿失禁のアセスメント	167	排尿のメカニズム	164
尿失禁の種類	167	肺の中の血液循環	53
尿の観察ポイント	83	肺の役割	52
尿閉	169, 171	排便のメカニズム	164
…の緊急性	170	白内障	47
…の原因	170	ばち状指	54, 81
認知症	97	発疹	78
…のアセスメント	105	発熱	18
…の種類	97	鼻の観察ポイント	73
…の症状	100	羽ばたき振戦	172
認知症緩和ケア理念	102	バリデーション	102
認知症ケア	102	腫れ	78, 79
寝返り	175	判断力低下	101
熱中症	165	ビオー呼吸	86
脳	36	皮下組織	154
…の機能	36	非言語的コミュニケーション	12
…の構造	24	ビタミン	146
脳血管疾患	39	ビタミンB群の欠乏症	99
脳梗塞	39, 40	瞳の大きさ	23
…の種類	40	皮膚	153
脳出血	39, 41	…のアセスメント	158
脳腫瘍	99	…の観察ポイント	78, 158
脳神経	38	…の役割	153
膿性痰	76	紐とき法	102
脳内感染	99	評価	11
のどの観察ポイント	75	表在感覚の低下	52
喉の機能の確認	143	表情の観察ポイント	69
ノンバーバルコミュニケーション	12	表皮	153
		鼻翼呼吸	86
は		微量元素	146
		貧血	95
パーキンソン病	44, 45	頻呼吸	20, 86
…（認知症）	97	頻脈	19
パーソンセンタードケア	102	フィジカルアセスメント	8
バーバルコミュニケーション	12	…の過程	10
肺炎	53	…の手順	231
肺がん	54	フィジカルイグザミネーション	8
肺気腫	53	腹圧性尿失禁	167
肺呼吸	19	副交感神経	38
肺循環	55	複雑性イレウス	120
排泄	163	浮腫	78, 79

不眠	82
ブローカ失語	82
ペースメーカーの役割	112
ヘルペス脳炎	99
便失禁のアセスメント	168
便失禁の原因	168
便の観察ポイント	83
便秘	63, 170
泡沫状の痰	76
発疹	78
本態性高血圧	57

ま

巻爪	159
末梢神経	36, 38
麻痺性イレウス	120
慢性硬膜下血腫	99
慢性閉塞性肺疾患	54
慢性膀胱炎	84
味覚障害	144
味覚の確認	143
耳の観察ポイント	74
耳の構造	48
脈圧	20
脈の測定	19, 91
脈拍	18
味蕾	144
むくみ	78, 79
無呼吸	86
むせの確認	143
眼の観察ポイント	70
眼の部位	46
毛髪のアセスメント	158
目的	28
目標	28
問診	9

や

指の観察ポイント	81
ユマニチュード	102
腰椎圧迫骨折	64

ら

ラクナ梗塞	40

立位保持	176
緑内障	47
倫理	34
レビー小体型認知症	98

監修者・著者紹介

■ 監修者

山内豊明（やまうち とよあき）

名古屋大学大学院 医学系研究科 基礎・臨床看護学講座 教授

1985年、新潟大学医学部卒業。1991年、同大学院博士課程修了。
内科医・神経内科医として臨床経験後、カリフォルニア大学医学部勤務。
1996年、ペース大学看護学部卒業。1997年、同大学院看護学修士課程修了。同年、米国ナースプラクティショナー免許取得。1998年、ケース・ウェスタン・リザーヴ大学看護学部大学院博士課程修了。
2002年より現職。
著書に『フィジカルアセスメントガイドブック──目と手と耳でここまでわかる 第2版』（医学書院、2011年）など多数。

■ 著 者

大澤智恵子（おおさわ ちえこ）

一般社団法人日本プラウドケア教育協会代表
NPO法人アウトホスピタルケア研究会理事長

1981年、順天堂看護専門学校卒業。1998年、オーストラリア公立グリフィス大学卒業。
2016年、国際医療福祉大学大学院修士課程修了（医療福祉ジャーナリズム学修士）。
内科・外来看護を経験後、ホテルに勤務、その後、訪問看護師・ケアマネジャーとして20年以上従事。現在は、訪問看護師、短大・看護専門学校の非常勤講師、医療、福祉従事者の卒後教育事業を行っている。
看護師、スウェーデン王立財団法人シルヴィアホーム認定インストラクター、救急救命士、メンタルヘルスカウンセラー、UDCインストラクター、ホスピタリティコーディネータ、リスクマネジャー他30以上の資格をもつ。
著書に『フィジカルアセスメントのコツと落とし穴（Part 1）・（Part 2）』（分担執筆、中山書店、2005年）がある。

■ 編 集

株式会社パリウムケア

介護フィジカルアセスメント研修会および看護フィジカルアセスメント研修会を定期的に開催。また、東京都小平市で訪問看護ステーションあゆみを運営し、小平市、西東京市、東久留米市でサービスを提供している（株式会社パリウムケア代表取締役　門廣繁幸（かどひろしげゆき））。

介護現場で活かすフィジカルアセスメント
――利用者の生命と生活を支える知識と技術

2016年11月20日 初 版 発 行
2019年 6 月10日 初版第 3 刷発行

監　修：山内豊明
編　集：株式会社パリウムケア
著　者：大澤智恵子
発行者：荘村明彦
発行所：中央法規出版株式会社
　　〒110-0016　東京都台東区台東3-29-1　中央法規ビル
　　営　　業　TEL 03-3834-5817　FAX 03-3837-8037
　　書店窓口　TEL 03-3834-5815　FAX 03-3837-8035
　　編　　集　TEL 03-3834-5812　FAX 03-3837-8032
　　https://www.chuohoki.co.jp/
印刷・製本：株式会社アルキャスト
装幀・本文デザイン：澤田かおり（トシキ・ファーブル）
本文イラスト：イオジン

ISBN 978-4-8058-5428-0
定価はカバーに表示してあります。

本書のコピー、スキャン、デジタル化等の無断複製は、著作権法上での例外を除き禁じられています。また、本書を代行業者等の第三者に依頼してコピー、スキャン、デジタル化することは、たとえ個人や家庭内での利用であっても著作権法違反です。

落丁本・乱丁本はお取り替えいたします。